"上海老作家文丛"（第九辑）

乔谷凡 著

勾魂的玫瑰香

GOUHUN DE MEIGUIXIANG

文汇出版社

图书在版编目(CIP)数据

勾魂的玫瑰香 / 乔谷凡著. — 上海：文汇出版社，2020.10
（上海老作家文丛. 第九辑）
ISBN 978-7-5496-3312-8

Ⅰ.①勾… Ⅱ.①乔… Ⅲ.①广播剧本—作品集—中国—当代 Ⅳ.①I235.3

中国版本图书馆CIP数据核字（2020）第168388号

"上海老作家文丛"（第九辑）

勾魂的玫瑰香

作　　者 / 乔谷凡
责任编辑 / 张　涛
封面装帧 / 张　文

出 版 人 / 周伯军

出版发行 / 文汇出版社
　　　　　上海市威海路755号　（邮政编码200041）
经　　销 / 全国新华书店
排　　版 / 南京展望文化发展有限公司
印刷装订 / 启东市人民印刷有限公司

版　　次 / 2020年10月第1版
印　　次 / 2020年10月第1次印刷
开　　本 / 787×1092　1/16
字　　数 / 340千字
印　　张 / 22

ISBN 978-7-5496-3312-8
定　　价 / 50.00元

· 版权所有　　侵权必究 ·

作者简介

乔谷凡 （1938— ）生于上海浦东新区江镇（现为祝桥镇）。中国作家协会会员，中国戏剧家协会会员，上海电视艺术家协会会员。1961年毕业于上海戏剧学院戏曲创作研究班。先后任职上海淮剧团编剧、创作组长、艺术室主任，上海越剧院编剧。主要戏曲作品有《爱情的审判》《牙痕记》《吴汉三杀》《东瀛遣唐客》等，主要电视剧作品有《济公》《海啸》《玛丽娜一世》《杜十娘》等，主要广播剧有《凝聚》《勾魂的玫瑰香》等刑警题材20部121集。结集出版有《爱情的审判》《吴汉三杀》《济公》以及《海上谈艺录》之《生我不忘淮剧情——筱文艳》。

前 言

  这是本广播剧选集。广播剧，顾名思义，是通过广播演出的戏剧。首先是剧，起承转合，一样不能少。它的舞台是看不见摸不着的电波。广播剧同样能演绎出一幕幕的活剧来，或悲或喜，或庄或谐；金戈铁马，生离死别；情意绵绵，哀怨深深，天马行空，无所不能。而它的受众，无关贫富，无关文化高低，无关老幼，有它的天然优势。如果，同舞台剧、影视剧相比较的话，其可能达到的艺术感染力，毫不逊色，仅是异曲同工之妙而言。

  隔行如隔山。每一门独立的艺术样式，必然有其独特的艺术特点、表现手段、创作规律。1992年我接受了祖文忠先生的邀约，参加了《刑警803》的创作。这部剧是上海人民广播电台的拳头产品，誉满全国，受到几代人的喜爱。一旦接手，几分惶恐。因为过去几十年我是在舞台剧、影视剧的视觉艺术里跌打滚爬，突然间从视觉艺术转变为广播剧的听觉艺术，注定要打破习惯的思维模式，习惯的审美定势。于是创作的过程也就是学习的过程，不断实践，不断学习，渐渐领悟广播剧创作的真谛，在王小云、祖文忠、雷国芬、杨树华等各部门专业人员的帮助下，前后十多年创作了《刑警803》20多部121集。与此同时创作了《凝聚》《来自天堂的感谢》等反映现代生活的剧目。其中《凝聚》获得"五个一"工程奖，全国广播剧评比一等奖榜首、编剧奖，是对我创作广播剧的一种认可。

  每个独立的艺术品种，只是表现形式不同，没有贵贱高低之分。要搞好一个广播剧同样很不容易。

目 录

来自天堂的感谢 1
凝聚 15
公民意识 49
一诺千金 63
流星雨 107
飞翔的鸽子 161
勾魂的玫瑰香 207
呜咽的单簧管 237
红牡丹奇案 291

来自天堂的感谢

［手机铃声一个又一个，一片彼起此伏的铃声。
［回话：对不起，你拨打的电话无法接通。

解　说　四川汶川大地震，断水、断电、断交通、断通信。救护队雷队长率领他的战士在抗震救灾的第一线与时间抢生命，白天黑夜连续奋战，不知道已经多少天没有合上眼，当他在废墟中抢救出第二十一个生命时，终于支持不住了，他身不由己地背靠在一块断墙上，迷迷糊糊地睡着了，突然一声手机响，他本能地被惊醒，接电话。

雷队长　（兴奋）喂，喂，通讯恢复了吗？
母　亲　没有。通讯没有恢复。
雷队长　没有恢复？我们怎么会通话？信号还这么强烈，你讲的话，我听得清清楚楚。
母　亲　我是在用我的心给你打电话，你是在用你的心接听我的电话，这是一种心灵的连接，心灵的通话。
雷队长　心灵的连接？心灵的通话！
母　亲　这种连接，胜过光波电缆；这种通话，山崩地裂阻挡不了。
雷队长　请问你是谁？
母　亲　我是一个母亲，被掩埋在废墟里的母亲。
雷队长　一位川嫂！川嫂，你被救出来了吗？

母　亲　我已经被抬出废墟了。

雷队长　你打电话给我，我还能帮助你什么？

母　亲　我是要向你表示我的感谢，一个母亲发自肺腑的感谢，感谢你救了我的孩子。

雷队长　我们所做的一切都是祖国的托付，都是义不容辞的责任。我们是血肉同胞，是用不到感谢的。

母　亲　对你来讲是责任，对我来讲是恩泽。恩人哪，你知道我是哪个孩子的母亲吗？

雷队长　川嫂，你的声音很温柔，但是温柔里充满了坚强，我想你一定是我抢救的第七个孩子的母亲。

母　亲　第七个孩子？是什么样的娃？

[锯钢筋的声音。

战　士　队长，楼板吊走了，钢筋也锯掉了。

雷队长　人看到了没有？

战　士　没有。周围都是瓦砾，机械用不上。

雷队长　用手扒！

战　士　是。用手扒。

[丢弃瓦砾的声音。

解　说　这是一寸一寸的进军，这是世界上最艰难的进军，十多个小时过去了，才渐渐地靠近了埋在废墟里的生命。

战　士　队长，我看到了，是个女娃。

雷队长　她怎么样了？

战　士　她给了我一个笑容。

雷队长　什么，笑容？

战　士　是的，一个灿烂无比的笑容。队长，你看！

雷队长　孩子，你受苦了！

女　娃　叔叔，我不怕！

雷队长　好孩子，叔叔把你抱出来。

战士们　闪开！闪开！

雷队长　救护车！

[救护车远去的声音。

母　亲　　女娃得救了。
雷队长　　川嫂,你要知道,这孩子已经被掩埋八十多个小时了。
母　亲　　三天多了!
雷队长　　在伸手不见五指的废墟里,没有吃的,没有喝的。
母　亲　　也没有亲人。
雷队长　　一分钟一分钟地挨,一秒钟一秒钟地熬,这是什么滋味!
母　亲　　担心、忧愁。
雷队长　　恐怖、绝望。
母　亲　　是的。
雷队长　　可是我们看到她的第一眼,她不是恐怖,也不是哭泣,却是一个灿烂的笑容!
母　亲　　这就是我们四川的娃。
雷队长　　她说的第一句话,不是喊痛,不是叫爹叫娘,而是叔叔,我不怕!
母　亲　　不怕,什么都不怕,这就是我们的川妹子!
雷队长　　有道是男子有泪不轻弹,何况我是个军人,但是我被这娃感动了,我被她一张灿烂的笑脸,一句不怕的话感动了。被她的心态,被她的坚强感动了。
母　亲　　你流泪了?
雷队长　　情不自禁,热泪盈眶啊!
母　亲　　谢谢你们救了她。
雷队长　　不是我们在救她,而是她在给我们输送抗震的必胜信心,救灾的精神力量。
母　亲　　那是你说得好。
雷队长　　我们老家有句话,不知道四川有没有?
母　亲　　是句什么话?
雷队长　　穿娘的鞋子学娘的样。
母　亲　　有其娘必有其娃。我懂。
雷队长　　这都是你这个做母亲的,身传言教得好啊!

母　亲　这女娃几岁了？
雷队长　初中一年级，十二三岁吧。
母　亲　这么说，我不是她母亲，她不是我的娃。
雷队长　不是？
母　亲　我的娃，是男娃。
雷队长　那肯定是我第十八个救出来的娃了。
母　亲　为什么你这样肯定？
雷队长　因为你的声音里虽有伤感，但是伤感中不乏自信。
母　亲　那是个什么样的男娃？
雷队长　那是一个要喝可乐，还要冰镇可乐的男娃。
母　亲　如今的娃都喜欢喝可乐喝果汁。
雷队长　他和他的同学、老师，都被倒塌的教学大楼压住了，压在一个狭小的空间里。
母　亲　有多少学生娃被压住呀？是生，是死，恐怕谁也不知道吧。
雷队长　不。他们知道。
母　亲　怎么知道的？
雷队长　他们在相互点名。
　　　　［点名。
葛平平　邓知秋。
邓知秋　到！
葛平平　王知章。
王知章　到！
葛平平　谢秋理！
谢秋理　到！
葛平平　陆萍！
陆　萍　我在你上面。
葛平平　赵飞！赵飞。
　　　　［没有回答。
陆　萍　（哭声）他走了！
葛平平　赵飞，你是我们班最优秀的，你聪明绝顶，无人可比。为什么走

　　　　　　的是你而不是我，不，我们都不能走，你走得可惜了！你不应该走啊！
陆　萍　葛平平，我也熬不住了，呼吸困难，我要走在你前头了。
葛平平　不许走，你是我们全班最漂亮的女娃，沉鱼落雁、闭月羞花、亭亭玉立，用在你身上都不过分，你知道吗？
陆　萍　你过去为什么不说？
葛平平　我还要告诉你。
陆　萍　告诉我什么？
葛平平　我一直暗恋着你，我喜欢你。
陆　萍　葛平平，你表白得太迟了。
葛平平　我要拥抱你，我要亲吻你。
陆　萍　你过去为什么对我无动于衷，现在迟了。压在我身上的楼板，随时会夺走我的命，我真的不行了！
葛平平　不许说不行，坚持就会胜利。
陆　萍　我们还有希望吗？
葛平平　有，怎么会没有。陆萍，你看，你看！
陆　萍　什么？
葛平平　我看到胡锦涛爷爷一脸焦急地向我们走过来了。
陆　萍　胡爷爷，你看见我了吗？
葛平平　陆萍，你听！
陆　萍　什么？
葛平平　我听到温家宝爷爷痛心疾首地在呼喊我们了！
陆　萍　温爷爷，我想你。
　　　　［陆萍哭出声。
　　　　［温总理声音：孩子，别哭，别哭！
陆　萍　温爷爷，我听你的，我不哭，不哭。
葛平平　陆萍，我还看到……
陆　萍　还看到什么？
葛平平　解放军叔叔过来了，海陆空、消防警、特警、武警，冒着塌方流石，过来了！都过来了！

　　　　　［行军的脚步声。
陆　萍　听到了，我听到脚步声了。
　　　　　［直升机的声音。
葛平平　哦，还有飞机！飞机在我们头顶上盘旋！
陆　萍　葛平平，我们还有救是吗？我们还有救是吗！
葛平平　当然，对此我充满信心，毫不怀疑！因为我们是祖国的孩子，祖国不会放弃我们，只要有百分之一的希望，祖国会尽百分之百的努力来救我们的。
陆　萍　葛平平，谢谢你，我舒畅得多了。
葛平平　好，很好！你多想想，有个人还爱着你！（轻吟）只道平生不会患相思，想不到今日患相思。不见你，魂灵儿飞上半天，见了你气息又微微！
陆　萍　谢谢你给了我力量。现在我有勇气告诉你了。
葛平平　你想告诉我什么？
陆　萍　今天不是我的忌日，而是我的生日。
葛平平　真的？
陆　萍　真的。
葛平平　同学们，生死与共的同学们，你们听好了，今天是陆萍同学的生日，让我们祝贺她，大家跟着我唱《祝你生日快乐》。（领唱）祝你生日快乐……
　　　　　［同学们随声唱。
　　　　　［突然，葛平平的声音戛然而止。
陆　萍　葛平平，怎么没有你的歌声了！葛平平，你不能走在我前面啊！你要挺住，我也向你保证，只要我们活着出去，我一定把初吻给你！葛平平！
葛平平　嗯。
陆　萍　你没有死？
葛平平　没有。我是在想。
陆　萍　你想什么？
葛平平　想喝可乐。冰镇可乐。

陆　萍　　只要活着出去，我给你买，一箱两箱，冰镇的。
葛平平　　（复唱）祝你生日快乐！
　　　　　［母亲哭泣。
雷队长　　川嫂，你哭了？
母　亲　　我是被感动。
雷队长　　今天不是忌日，而是生日，孩子们讲得多好呀。
母　亲　　恩人，这些孩子都得救了吗？
雷队长　　大多得救了。
母　亲　　大多？什么意思？那个男娃走了吗？
雷队长　　不是男娃，而是那个女孩，带着同学们的友情，带着微笑走了。
母　亲　　多好的娃呀！香消玉殒！
雷队长　　喂！喂！川嫂，你挂线了吗？
母　亲　　没有，没有挂。这么说，那个男娃得救了？
雷队长　　是的。他要求我们先救别的同学，他是最后一个被抬出废墟的。
　　　　　［队长的吆喝声：抬高，抬高！
　　　　　［一片嚷嚷：抬高！抬高！
　　　　　［队长：喂！快把他的眼睛遮住！
　　　　　［一片嚷嚷：快，遮住！遮住！
葛平平　　静一静，请大家静一静。
雷队长　　同志们，别出声！
　　　　　［绝静。
葛平平　　请问，我出来了吗？
雷队长　　你出来了。
葛平平　　我能提个要求吗？
雷队长　　什么要求，你说。
葛平平　　我要喝可乐。
雷队长　　嗯。可乐！
葛平平　　我要加冰的！
雷队长　　快去找可乐。
战　士　　是，找可乐。

雷队长　一定给他冰镇的！

战　士　是！冰镇的！

母　亲　这个不懂事的娃，现在是什么时候，老天已经夺走了我们的一切，还要可乐，还要冰镇的可乐。恩人，请你原谅这个不懂事的川娃子！

雷队长　不，川嫂，他没有什么不对的，他没有什么要人原谅的。大地窒息，在一片沉闷的悲情中，他给我们带来了一股振奋人心的别样色彩。

母　亲　谢谢你的理解。

雷队长　这就是你们的川娃子，在大震面前显露出无所畏惧的勃勃生机；在万物遭劫时，表现出无比旺盛的生命力；在遍地废墟面前，表现出对生活的无比热爱，在死神面前，充满着不可战胜的豁达，乐观和自信，在他闲庭信步的风度中，我似乎看到了一个崭新的汶川、绵阳、都江堰、北川将在废墟上崛起！

母　亲　恩人，你讲得多好！

雷队长　川嫂，你应该为你的孩子感到自豪！

母　亲　娃是好娃，但不是我的娃。

雷队长　还不是你的孩子。

母　亲　我的孩子没有这么大。

雷队长　那你的孩子？

母　亲　我的孩子只有三个月零五天。

雷队长　三四个月大小吗？

母　亲　你记起来了吗？

雷队长　让我想想。

母　亲　那是在北川。

雷队长　北川。

母　亲　中午十二点左右。

雷队长　中午时分。

母　亲　红底黄花的小被子！

雷队长　红底黄花的小被子里，包裹着一个白白胖胖的孩子。

母　　亲　　那就是我的娃呀。

雷队长　　你就是那个双膝跪在地上，上身向前匍匐，双手支撑着身体的母亲！

母　　亲　　双膝跪地，双手支撑，身体匍匐，我是为了给孩子创造一个生存的空间。

雷队长　　在我看来，这是你用肢体，用生命搭建起来的一座母爱的摇篮！

母　　亲　　摇篮！

雷队长　　我就是在你母爱的摇篮里，抱出了你的孩子。

母　　亲　　他伤着了吗？

雷队长　　毫发无损啊。

母　　亲　　这么说，我做到了，娃，你没有死，你没有伤。

雷队长　　非但没有受伤，他还咂着小嘴，睡得又甜又香。

母　　亲　　娃，你活着，我做到了！

雷队长　　当我们的医生打开红底黄花的小被子时，还有一个惊人的发现。

母　　亲　　什么发现？

医　　生　　队长，手机，孩子怀里有部手机。

雷队长　　看一看，有没有留下信息。

医　　生　　有，有信息。

雷队长　　什么信息？

医　　生　　孩子母亲留给孩子的短信。

雷队长　　什么，短信！地动山摇下还有短信，这真是个奇迹。

徐医生　　让我念一念。

雷队长　　好，你念。

医　　生　　（念）亲爱的宝贝，如果你能活着，一定要记住我爱你。

　　　　　　［母亲轻轻吟唱的《摇篮曲》：宝贝……

雷队长　　徐医生，把手机给我，让我亲眼看看这位母亲留下的短信。

　　　　　　［战士们争先恐后地：队长让我也看看。让我看看。

雷队长　　（念）亲爱的宝贝，如果你能活着，一定要记住我爱你！

战士们　　（接念）亲爱的宝贝，如果你能活着，一定要记住我爱你！

母　　亲　　宝贝，妈妈爱你！

雷队长　我有一点不明白，川嫂，我想问问你。

母　亲　什么？

雷队长　这封短信你在什么情况下写的？

母　亲　我是跪在地上写的。五月十二日下午二点二十八分十三秒写的。

雷队长　地震发生时你在干什么？是在给孩子讲故事，还是陪着孩子睡觉？

母　亲　我在给娃缝制小被子。

雷队长　那条红底黄花的小被子不是买的？

母　亲　倒不是没有钱买小被子，而是游子身上衣，慈母手中线的古训，促使我一针一线为孩子缝制，也是我初为人母的情感表达。当我缝制完成小被子，正好包裹在孩子身上时，地震发生了。

雷队长　来不及逃生吗？

母　亲　想逃生啊。我下意识地抱起孩子往外走，哪里知道一根水泥梁砸了下来。

雷队长　砸在你身上？

母　亲　不是身上，而是脚上，把我的脚骨砸断了。

雷队长　你寸步难行了。

母　亲　我知道凶多吉少了，于是我跪在地上，拿出手机，写下了短信，藏在娃的小被子里。

雷队长　为了保护孩子，你又迅速地作出了反应？

母　亲　是的。我双腿跪在地上，我把脊梁匍匐着，我用双手支撑在地上，我把孩子放在胸前，随你什么东西可以砸在我的身上，不允许砸在我孩子的身上。

雷队长　我看到了，是一块沉重的预制板砸在你的身上。

母　亲　是的，一块预制板倒下来，重重地砸在我的身上，把我的五脏六腑都震碎了！

雷队长　上千斤重的预制板往下砸，为什么砸不断你支撑大地的双臂！

母　亲　也许是我把救护孩子的信念全部注入了我的双臂，信念胜过了钢筋水泥！

雷队长　人世间的母爱可以顶天立地！川嫂，你知道吗，当我和我的战友把你从废墟里抬出来的时候，你依然保持着那个姿态，双腿跪屈，双手支撑，胸前留出空间，那是一座塑像，一座注满母爱的雕塑。
〔雷声滚滚。

母　亲　我感觉到你们冒着雷声，冒着余震，小心翼翼地抬着我，把我抬出废墟。

雷队长　天上下起了大雨，我的战友们，在你面前排成两队。

母　亲　我仿佛听到了你的口令！

雷队长　立正！脱帽！敬礼！

母　亲　我只是个普普通通的年轻母亲，我担当不起啊，恩人！

雷队长　不，你是个伟大的母亲，你的母爱可令天地动容，可与日月齐辉！

母　亲　不，不，我担当不起。

雷队长　军人向你致敬，人民向你致敬，你都受之无愧！
〔孩子的笑声传来。

母　亲　这是哪个娃的笑声。

雷队长　是你孩子的笑声。

母　亲　娃的笑声，就是我的希望。

雷队长　也是人民的希望，祖国的希望，民族的希望！

母　亲　我没有死，我的生命在延续！
〔一群孩子的呼叫：妈妈，妈妈！

雷队长　川嫂，是谁在叫妈妈？

母　亲　一群孩子奔到天堂里来了！

雷队长　哦！天堂里有这么多孩子，令人心痛！

母　亲　我是天堂里的妈妈，我要去照顾天堂里的孩子，再见了，恩人！

解　说　雷队长似梦非梦地结束了和天堂里一个母亲的通话，又投入了紧张的抗震抢救的工作中。

凝　聚

（本剧曾获"五个一"工程奖；广播剧全国评比一等奖榜首、编剧奖）

第 一 集

　　[登楼脚步声。

陈小妹　为什么要偷我的钱包（气喘）偷我的钱包……
　　[周晓冬辩解。

方　娟　（掏钥匙开门）进来。都给我进来。坐下，都给我坐下。喂，我叫你呢。

周晓冬　是。你叫我呢。

方　娟　老太太指认你偷了她的钱包，你老实交代？

周晓冬　对不起，我能不能问一声？

方　娟　问吧。

周晓冬　这是什么地方？

方　娟　新阳街道办事处，党工委书记的办公室。

周晓冬　哦，不是派出所。我还以为你走错门了。

方　娟　什么意思，你以为我们管不着，是吗？二级政府三级管理，街道是区政府的派出机构，我明白告诉你，在我们街道地面上发生的事，大至杀人放火，小到偷窃扒拿，我们都要管，都能管。

周晓冬　我明白了。

方　娟　本来不想做笔录的，看你的态度，还得白纸黑字写下来。（翻纸）老太太，我先问你，你叫什么名字？

陈小妹　我叫陈小妹。

方　娟　　钱包里有多少钱?
陈小妹　　不少,是我们家三天的菜金。
方　娟　　多少?
陈小妹　　三元六角。
方　娟　　(以为自己听错了)什么?三元六角?
陈小妹　　怎么?钱少你们就不管是吗?
方　娟　　不不,三千三万是偷,三元六角也是偷,管都要管!
陈小妹　　那就好,那就好。
方　娟　　喂,你叫什么名字?
周晓冬　　周,圈吉周,晓得的晓,冬天的冬。
方　娟　　无业人员吗?
周小冬　　我有工作。
方　娟　　什么单位?
周晓冬　　新阳街道是办事处。
方　娟　　我警告你,给我老实点。
周晓冬　　我很老实,新阳街道是我的单位,你坐的办公桌就是我坐的。
方　娟　　你?!……(念)周、晓、冬……你是周书记?!
陈小妹　　什么?周书记,我抓错人了,抓错人了……
　　　　　[转身走碰倒凳。夺门而出,急促小跑。
周晓冬　　老妈妈,别跑,(大声)当心跌倒……
方　娟　　周书记,不好意思……你坐,我去倒开水。
周晓冬　　别忙。坐下坐下,现在我要问你了。怎么我不认识你?
方　娟　　昨天才报到,你在区里开会。
周晓冬　　这么说,你就是那位志愿到社区工作的大学毕业生了。
方　娟　　我叫方娟。
周晓冬　　昨天报到,今天上班,第一件事就是审问党工委书记,有点意思。
方　娟　　对不起。组织部门要我跟您见习。
周晓冬　　好,我交给你第一个任务。
方　娟　　什么任务?
周晓冬　　陈小妹为什么误认为我偷了她的钱包,研究一下,写成文字,三

　　　　　天交卷。还有，你去查一下陈小妹的地址，我马上要。
方　娟　是。
　　　　〔哗哗水流声。
陈小妹　（边洗边嘟囔）糊涂……真是老糊涂，怎么去冤枉人家周书记……
　　　　〔铛，铛，两记破小锣声。
陈小妹　来了，来了……老头子，你要什么？
李阿康　（无力地）水，把水龙头关小点……
陈小妹　好好，我马上关小……
　　　　〔水流声小了。
　　　　〔碗打破了，陈小妹心疼不已。
　　　　〔铛，铛，又是两记破锣声。
陈小妹　来了，来了……你又怎么啦，不停地叫我，不能让我安定一会儿。
李阿康　老太婆，你今天怎么了，从菜场回来，我看你就心神不定的。
陈小妹　老头子，我闯祸了！
　　　　〔拍击电脑键的声音。
周晓冬　方娟，陈小妹的住址查出来了吗？
方　娟　请你稍等片刻，先看看我的研究成果，提前交卷。
周晓冬　（念着）关于陈小妹误认周晓冬同志偷钱包的分析。一、现场只有周晓冬同志；二、周晓冬同志向菜摊上问东问西，却不买菜，提供了误认的心理因素，即故意滞留，为了扒窃；三、周晓冬同志因为工作忙，很长时间没有理发，也忘了刮胡子，提供了误认的形象基础。建议……
　　　　〔电脑骤停。
周晓冬　怎么停下了，建议什么，啊？
方　娟　街道干部不修边幅，穿着随意，认为这样可以和居民打成一片的观念已经过时了。建议街道干部应该在社区里带头塑造新市民的形象，仪表仪容要充分体现出现代文明，我认为这样更有利于工作，至少引起居民的敬重……你怎么不说话，我建议错了，不该提建议？
周晓冬　希望你把更多的新观念带到社区来。

方　娟　现在回答你的问题，我们街道一共有十二个陈小妹，其中十个年龄不对，剔除了。剩下两个，一个住在新阳小区……

周晓冬　那是商品房，住在那里的人家是不会到菜场拾菜皮的。

方　娟　那么，就是这个陈小妹了，丈夫叫李阿康，住在石子湾路112号。

〔破锣扔地作响。

李阿康　老太婆，你真的闯祸了，党工委书记能得罪吗！

陈小妹　怪我糊涂！

李阿康　扶我下床。

陈小妹　下床干什么？

李阿康　我是当家人，我去赔礼道歉。

陈小妹　你怎么走得动。

李阿康　爬也要爬过去。

陈小妹　你身上这么脏，这么臭，能见人吗？

李阿康　（倒下，叹气）我还算什么当家人。

〔敲门声。

陈小妹　谁呀？

方　娟　是陈小妹吗，周书记看你来了。

陈小妹　他们来了，怎么办？

李阿康　是祸躲不开，开门，开门！

〔开门。

陈小妹　周书记，是我错了，我错怪你了，向你赔罪！

周晓冬　老妈妈，千万别这样……

陈小妹　钱包已经找到了。

方　娟　哪里找到的？

陈小妹　马夹袋里，裹在菜皮一起。怪我老糊涂，冤枉了周书记。

周晓冬　这是常有的事，刚到街道工作的时候，一天我回到家，手里抱着女儿，心里想着街道里的事，走到摇篮跟前，忽然大呼小叫女儿呢，女儿怎么不见了！我爱人说你不是抱在手里吗？

方　娟　这叫意识错位。

周晓冬　这叫抱着孩子找孩子，骑驴找驴，人人都会有，所以你不要放在心里。

方　娟　你拾菜皮干什么，是养鸡吗？

陈小妹　我晓得城里不准养鸡，我是烧粥，自己吃……

方　娟　自己吃？菜皮粥？

陈小妹　真的，我不会骗人……你来看……

　　　　〔走动声，绊撞声。

　　　　〔揭盖声。

方　娟　你们两个人，烧这么多？

陈小妹　烧一次，吃几天，可以省几只煤饼。

方　娟　天这么热，不要馊了？

陈小妹　不要紧的，我们一直这样……

　　　　〔铛……铛……破锣响了。

陈小妹　来了，来了……

方　娟　谁？

陈小妹　是老头子，他在叫呢。

方　娟　敲锣叫你？

陈小妹　（轻声）他有病，没有力气大声叫。我给他在床边挂面拾来的破锣……

　　　　〔铛铛，铛铛紧急呼叫。

陈小妹　来了，来了……

　　　　〔匆忙的脚步声，匆忙中的碰击。

李阿康　哪位是周书记？

周晓冬　别起来，别起来。我是周晓冬，你是李阿康老伯吧？

李阿康　不敢当。周书记，老太婆得罪你，罪孽不小。我还有一口气，还算当家人，我要向你赔罪！

周晓冬　我还要感谢陈小妹老妈妈呢……

李阿康　感谢她什么……你这是在宽人心啊。

周晓冬　真的。她使我看到许多以前不知道的事，我这个街道党工委书记没有尽到自己的责任哪。

李阿康　周书记，你真的不生我们的气？

周晓冬　真的。这只是个误会。我怕你们放在心里，所以马上来看你们。老伯，您生的是什么病？

李阿康　肝……肝硬化。

周晓冬　去医院看了吗？

李阿康　没有。

周晓冬　为什么不到医院去？

陈小妹　哪来的钱？

周晓冬　老伯没有工作单位？

陈小妹　以前在水上运输合作社做过，后来撤销了，他回家了。

周晓冬　你们靠什么过日子？

陈小妹　他每月有一百五十元的劳保工资。

周晓冬　一百五十元，两个人生活……

陈小妹　过去我拾垃圾，还可以补贴家用。后来右手断了，用不出力了……这么热的天，想给他擦擦身都办不到……

周晓冬　你们生活这么困难，为什么不请求帮助？

李阿康　过去有困难找党组织，现在找谁？党组织在哪里啊！这日子自己能挨过去就可以了。

周晓冬　陈妈妈，水壶在哪儿？

陈小妹　在这儿，在这儿。

〔自来水灌入烧水壶，叮咚作响。

方　娟　周书记，你出来一下好吗？

〔关上水龙头，把水烧上。

周晓冬　（走到屋外）什么事？

方　娟　你烧水干什么？

周晓冬　给老人擦擦身。

方　娟　你知道他生的什么病？

周晓冬　我知道。

方　娟　你没有看到他背上的褥疮，那条破席子千疮百孔，上面沾满了脓血……

周晓冬　看到了。

方　娟　那你为什么还要……
周晓冬　老人身上脏了，他们没有能力擦身、洗澡。我有能力，帮帮他们。
方　娟　万一传染着了？
周晓冬　（缓和地）方娟，你是个女同志，留下来不方便，你先走吧。
　　　　［方娟迟疑了一下，走了。
　　　　［水倒入脚盆。
周晓冬　李老伯，我来给您擦擦身。
陈小妹　周书记，不行不行，你是贵人哪，怎么可以帮他擦身……
李阿康　我身上脏呢，又是这个病……周书记，你千万不要费心！
周晓冬　（洗手巾声）不要紧的，擦了不就干净了……
李阿康　担当不起，担当不起的……
陈小妹　把毛巾给我……给我……你是贵人哪！
周晓冬　我不是什么贵人。小时候住过滚地龙，三年自然灾害也拾过菜皮，爸爸妈妈生病时，我端尿擦身服侍过，你们两老没有儿女，就把我看成是自己的小辈，小辈，啊……老伯，把身子侧一侧，好，好……（擦）疼吗？
陈小妹　刚才，我们还担心大祸临头，周书记你……（哭了）
　　　　［脚步匆匆
方　娟　周书记……
周晓冬　你没有回去？
方　娟　我去买了一条席子，一条被单……
周晓冬　还是你想得周到……我把老伯抱起来，你把席子换上去……老伯勾住我的脖子……好……
　　　　［抽破席子的声音。
周晓冬　好，好……躺下，躺下……新被单盖好……老伯，您好好休息，我会再来看您的。
　　　　［街道杂声，两人的脚步声……
方　娟　周书记，你在想什么？
周晓冬　我这个书记不称职。
方　娟　你不是社区先进工作者吗？

周晓冬　徒有虚名。

方　娟　是不是对自己要求太高了？

周晓冬　这几年，什么都抓，获得了文明社区的称号，安全社区的奖牌，但是我这个党工委书记却不知道陈小妹这样的特困户。社区工作，千条万条，关心居民第一条。方娟，我现在心里真有一种犯罪的感觉……

方　娟　周书记，我有一个同学的父亲是肝病专家，专治肝硬化的，是权威哪！

周晓冬　是吗？那我们马上去请这位肝病专家！

方　娟　是。

［门铃响。

保　姆　来了……（开门）你们是？

方　娟　你好，我们是来拜访陆教授的。

保　姆　教授不在家。

方　娟　阿姨，到哪里去了？

保　姆　你们是？

方　娟　我是你们家倩倩的同学。这位是街道党工委周书记。

保　姆　对不起，教授洗桑拿浴去了。

周晓冬　阿姨，他什么时候回来？

保　姆　起码要两三个小时。

周晓冬　那我们明天再来……

保　姆　明天不行……

周晓冬　明天不行就后天……

保　姆　后天更不行了。

周晓冬　看来阿姨不欢迎我们来是吗？

保　姆　看你说到哪里去了。明天早上教授出远门。

周晓冬　出远门？

保　姆　到加拿大，讲学。

周晓冬　要去多少天？

保　姆　不是几天，是半年。

周晓冬　唔，原来是这样……那我们等吧。
保　姆　你们不知道，教授有个习惯，桑拿了睡一觉；睡醒了再桑拿；还要敲背，扦脚，起码要三四个小时才回家。
方　娟　周书记，我看算了吧。你已经尽心尽力了……
周晓冬　阿姨，你知道哪个浴室吗？
保　姆　弥尔顿，新开张的浴室，中外合资的，路很远的。
方　娟　你到浴室去找？
周晓冬　你不是说尽心尽力吗？
　　　　［水泼在烧红的石头上，吱吱有声。
　　　　［热浪袭向浴客，有吐气、有呻吟。
周晓冬　（小声）请问，这里有没有医生？
　　　　［吐气、呻吟。
周晓冬　有医生吗？
甲　　　哪里不舒服？胸闷？头晕？
周晓冬　你是？
甲　　　心脏科医生。
周晓冬　谢谢。
　　　　［休息室。
　　　　［轻轻的嘈杂声。
陆教授　服务员！
服务员　先生，需要什么服务？
陆教授　敲背……
服务员　请稍等片刻。
乙　　　唔，是陆教授……
陆教授　你是……
乙　　　我是兴兴实业公司的……
陆教授　王老总……对……王老总……
乙　　　上次，你为我开了张方子，真是药到病除，妙手回春啊。
周晓冬　（拖着鞋上前）陆教授，你要敲背？
陆教授　对，敲背。

周晓冬　请你往前坐坐……
陆教授　哎，好……
周晓冬　陆教授，你准备好，我下手了。
陆教授　来好了。
　　　　〔有节奏的敲背，似音乐、似艺术。
陆教授　你会敲穴位？
周晓冬　有什么不舒服？
陆教授　舒服，舒服。
周晓冬　重点，还是轻点？
陆教授　重点，重点……舒服，舒服……上次好像不是你？
周晓冬　教授好眼力。
陆教授　感觉大不一样。
周晓冬　实话告诉您，今天我第一次。
　　　　〔拳如急风暴雨。
　　　　〔陆教授哼哼哈哈，不迭声地喊好。
敲背工　先生，是您要敲背吗？
陆教授　嗯，你问谁？
敲背工　是您要敲背？
陆教授　不是敲了吗？
敲背工　没有。
陆教授　怎么没有呢？
周晓冬　他们没有，是我给您敲的。
陆教授　唔，我已经浑身舒服，不需要了……对不起，你是我病人的家属吗？
周晓冬　不是的。
陆教授　我明白了……给你三十元……
周晓冬　三十元？
陆教授　技术不错，按质论价，五十元，够了吧？
周晓冬　给我钱干什么？
陆教授　你不是来赚外快的吗？

周晓冬　不，不，你需要敲背，我有这个技术，仅此而已。
陆教授　我和你萍水相逢，没有交情啊。
周晓冬　相逢何必曾相识，一敲不就敲出个交情来了。
陆教授　对，对，敲出交情来了……
周晓冬　有个叫方娟的你认识吗？
陆教授　岂止认识，我是看她从黄毛丫头长成大姑娘的……你同方娟是什么关系？
周晓冬　同事……
陆教授　是她叫你为我敲背的……不，不，她怎么知道我在这里呢？
周晓冬　刚才我同方娟到府上拜访过了。
陆教授　我明白了，这敲背不是白敲的了。
周晓冬　有个肝硬化病人，急需教授妙手回春。
陆教授　今天晚上？
周晓冬　你明天不是要到加拿大去了吗？一去就是半年，救命在分秒之间啊。
陆教授　不，不，今晚怎么可能呢？
周晓冬　教授的医术是数一数二，教授的医德更是有口皆碑的……
陆教授　你别给我戴高帽子了。今晚绝对不行。
周晓冬　这么说，我这个背白敲了。
陆教授　算了，算了，不看敲背的面子还得看方娟的面子，不看方娟的面子还得看敲背的交情……走，走，快走吧……

第 二 集

［陈小妹的抽泣声。
陈小妹　阿康，你醒醒，你醒醒……
李阿康　（吐了长长一口气）小妹，你不要哭了，我一时三刻也走不了。
陈小妹　阿康，你可千万不要抛下我，两个人才算个家呀。周书记一会儿就要请专家来了。
李阿康　是啊是啊，以前我想早点死，现在有了盼头，就想活下去……可是我又怕太麻烦周书记，专家我们请得起吗？生死由命啊……

［敲门。

陈小妹　他们来了。

李阿康　你就回掉吧。

陈小妹　周书记，我们已经睡了。

方　娟　陈妈妈，是我，方娟，周书记还没来？

陈小妹　（开门）是方娟哪，好姑娘，你叫周书记不要来了，好吗？

方　娟　陈妈妈，你瞧，周书记的爱人和女儿来看你，（沈惠芳和莹莹跟陈小妹打招呼）她们还送来了电风扇和收音机。

陈小妹　啊呀，不敢当，不敢当的……家里脏得很，连条像样的凳子也没有，我就不请你们进屋了……

莹　莹　我说陈阿婆，这只电风扇我帮你装好，这只收音机我送给老伯伯的，让他听听沪剧、越剧，了解了解国内外大事，我要教会他开、关，调立体声，不进去怎么教……

陈小妹　我怎么好领受……请进，请进。

［汽车声，脚步声。

周晓冬　陆教授，小心，就是这家。

方　娟　周书记，陆教授他们来了！陆伯伯。

陆教授　方娟，你也在。

莹　莹　爸爸。

沈惠芳　晓冬。

周晓冬　莹莹、惠芳，你们也来了，东西带来了？

沈惠芳　带来了。

陆教授　病人在哪儿？

周晓冬　在这儿，在这儿！这就是病人。

陆教授　请转过身来……

李阿康　（哼哼声）哎……

陆教授　这里痛不痛？

李阿康　还好。

陆教授　这里呢？

李阿康　痛，痛……
陆教授　怎么，病到这种地步才想到看病……
李阿康　我……
周晓冬　是的，我们请得迟了。
陆教授　这位是你爱人？
周晓冬　是的。
陆教授　她是你女儿？
周晓冬　对。
陆教授　我看你们一家穿得挺体面的，营养也很充足，怎么能不顾老人的死活，到今日才良心发现，想到请医生……
方　娟　陆伯伯，你错了！
陆教授　方娟，你不必打圆场，这样的事我不是第一次看见，羊有跪乳之恩，鸟有反哺之义……这种人连禽兽都不如……我不想为这种人贴金……这个病人我不看！
周晓冬　陆教授！
陆教授　别拦我！
莹　莹　你凭什么骂人，还不是没有本事，找个台阶下吗！
陈小妹　医生，他们同我无亲无故啊！
陆教授　什么，他们不是你的子女？
陈小妹　不是。他是我们街道的周书记啊！（哭泣）
陆教授　这，怎么可能呢？
方　娟　陆伯伯，我说你错了吧。
陆教授　简直不可思议……无亲无故……为了请我帮我敲背……这比孝子还孝……老人家，你们有这样的好书记福气，好福气……这个病人我看，我免费看！

〔开门声。
阿　毛　晓冬，打扰一下。
周晓冬　什么事？
阿　毛　捐赠给特困户的棉毛衫裤都送来了。

周晓冬　一共几套？

阿　毛　最终核实，我们社区特困户共八十九户，一百零八人，一人一套，不多不少。

周晓冬　天渐渐冷了，赶紧送下去。

阿　毛　我有个建议，是不是开个会，搞个发放仪式。

周晓冬　这八十九家特困户你不是跟我一家一家访问过吗？老的老、小的小、病的病、残的残，叫他们开会，容易吗？

阿　毛　搞个仪式有意义。

周晓冬　天女散花、蜻蜓点水，大旱天下点毛毛雨，帮困远不能解困，这只能表示一点关心而已。还是一家一户地送去！

阿　毛　好的。我们民政科照办就是了。

周晓冬　哎，你回来。你手里拿的棉毛衫怎么有明显的色差？

阿　毛　本来买的就是次品。有些有色差，有的有污斑，有的袖子裤脚还有些长短。

周晓冬　谁叫买次品的？特困户只配穿次品是吗？要送送好的，要送正品！

阿　毛　晓冬，你别发火。钱，钱哪里来？街道机关帮困共捐款一万三千多元；两个基层企业要办厂庆，你动员他们把活动费捐出来，也只有六千元。李阿康的药费已经用去将近四千元，还要用下去，这一百零八套正品棉毛衫裤至少要六七千元……

周晓冬　钱，你去想办法。你是民政科长。

阿　毛　你怎么不讲理的，我手里没钱。

周晓冬　你去想办法，不然要你这个民政科长干什么！

阿　毛　好，好，我照办，不过，这些棉毛衫裤怎么办。

周晓冬　退！统统退掉。

阿　毛　谁去退掉？

周晓冬　谁买的谁去退。

阿　毛　那好，就叫周家大嫂子去退。我走了。

周晓冬　回来……

阿　毛　我不打扰你了。

周晓冬　回来……

阿　毛　你还要怎样？
周晓冬　你叫谁去退？
阿　毛　周家大嫂子。
周晓冬　哪个周家大嫂子？
阿　毛　周晓冬家的大嫂子，莹莹的娘，你的老婆！
周晓冬　怎么是她？
阿　毛　她是好心，还通过关系，才买到这些便宜货。你当我的家，她可当你的家，卤水点豆腐都有克星。
方　娟　挑起家庭矛盾，阿毛科长，唯你是问！
阿　毛　怎么样，还退不退？成哑巴啦？
周晓冬　你走吧，这件事由我处理。
阿　毛　好，看你念什么经。

[撕稿纸的声音。

沈惠芳　晓冬。
周晓冬　嗯。
沈惠芳　几点了？
周晓冬　十二点刚敲过。
沈惠芳　怎么还不睡。
周晓冬　我要把调查报告先修改好。
沈惠芳　什么？调查报告？
周晓冬　特困户的调查报告。
沈惠芳　你们不是到区里反映过了吗？
周晓冬　是啊。
沈惠芳　区里不重视？
周晓冬　不能这么说。主管副区长，局长，人大副主任，政协副主席都来了。能说不重视吗？
沈惠芳　结果呢？
周晓冬　深表同情，无能为力。
沈惠芳　你大概狮子大开口，要求太高了。

周晓冬　高什么。我只是要求把这些特困户列入国家民政补助范围。
沈惠芳　现在什么人才能享受国家民政补助呢?
周晓冬　三无人员,无工作、无子女、无配偶的三无人员。
沈惠芳　那你们的特困户呢?
周晓冬　有的一人工作养活三四人;有的虽然有子女,但子女无力赡养老人;更多的是一老养一老,像陈小妹家那样,每月一百五十元要养活两个人。
沈惠芳　是呀,比民政补助对象的生活水平还要低得多。确实不合理。
周晓冬　民政补助有具体条例,条例就是政策,不能随便修改。
沈惠芳　应该向市里反映。
周晓冬　市局主管也在场。
沈惠芳　他们怎么说?
周晓冬　他们说,这不是一个街道的问题。
沈惠芳　当然不是。
周晓冬　他们说,你们街道有八十九户,一百零八人,那么全区有多少户,全市有多少个陈小妹,这笔钱不是小数,从哪里来?
沈惠芳　结果呢?
周晓冬　要我们街道多关心特困户。
沈惠芳　政府也有政府的难处。
周晓冬　我也知道,是个棘手的问题。
沈惠芳　你拾到几根柴,就烧几把火吧。
周晓冬　这柴又到哪里去拾?我们街道又能拾到几根柴,又能烧几把火……
沈惠芳　哎,哎,轻点,半夜三更的你大声嚷嚷什么?
周晓冬　我心里烦。
沈惠芳　那你想怎么办?
周晓冬　我想通过新闻媒体,呼吁社会帮助。
沈惠芳　一口气吹不成个胖子,这种事急不得,睡罢,明天还要上班呢!
周晓冬　我睡不着……(抽烟)
沈惠芳　不要在房间内抽烟!

周晓冬　　好，我到阳台上抽，可以吧。
　　　　　〔开阳台门。
周晓冬　　（内心独白）今晚真是繁星满天啊……一颗星星再亮，也照不亮整个天空，这么多的星星，你照我，我照你，才把整个天空照得通亮通亮……

　　　　　〔滴水声，一阵窸窸窣窣声。
李阿康　　你怎么起身了，离天亮还早着呢。
陈小妹　　你没有听到？
李阿康　　听到什么？
陈小妹　　滴水声。水龙头没有关紧，作孽，要浪费多少水啊……
李阿康　　当心，不要着凉。
陈小妹　　新的棉毛衫裤穿在身上，暖着呢。
　　　　　〔关龙头。
李阿康　　睡吧。
陈小妹　　我把你吵醒了？
李阿康　　不，我醒好久了。
陈小妹　　睡不着？
李阿康　　我突然想到……
陈小妹　　想到什么？是不是胃口好了，想吃什么？
李阿康　　你还记得吗？周书记第一次到我们家里来，我讲了一句不知轻重的话。
陈小妹　　我倒没在意，你讲了什么？
李阿康　　我讲党组织在哪里……
陈小妹　　你瞎说了吧，共产党不是在我们身边吗？你的嘴没遮没盖，真的这样说过？
李阿康　　好像说过。
陈小妹　　你这个没有良心的，周书记给你擦身，给你请医生……身上穿的这么好的棉毛衫你一辈子没穿过……
李阿康　　所以我越想越睡不着。

陈小妹　那怎么办？
李阿康　我也不知道。
陈小妹　我看这样吧，周书记还没喝过我们家一口水，我想请他吃顿饭……
李阿康　你在说梦话吧？你能请周书记吃什么？就算我们请得起，他也不会来……这世难了，图来世吧。
陈小妹　我不相信。
李阿康　睡吧睡吧，不要痴人做痴梦了。

〔煎荷包蛋的声音。
沈惠芳　莹莹，你把牛奶吃了……荷包蛋让你爸爸吃，你吃面包，我上班去了。
莹　莹　知道了。
〔开门。
沈惠芳　咦，门刚才我打开了，怎么又锁上了。钥匙呢？（翻包寻钥匙）莹莹，我的钥匙你看到吗？
莹　莹　我还在床上呢，怎么会看到呢。你问爸爸。
沈惠芳　（敲厕所门）晓冬……
周晓冬　干什么，我在方便。
沈惠芳　你今天怎么啦，关在里面足有半个小时了。
周晓冬　催工不催方便。
沈惠芳　我要上班了。
周晓冬　要我送你吗……不送了吧……
沈惠芳　谁要你送了。
周晓冬　那就请便。
沈惠芳　我的钥匙不见了，大门打不开，我怎么走。
周晓冬　不能走就别走。
沈惠芳　什么意思。
周晓冬　你自己心里明白。
沈惠芳　明白什么？钥匙早上我用过，明明白白放在包里的，眼睛一眨就

	不见了。
周晓冬	怎么说呢。我修改好的调查报告，明明白白放在写字台上的，一早上起来也不见了。
沈惠芳	不是我拿的，你别诬赖好人。
周晓冬	你心虚什么？
沈惠芳	我干吗心虚。（敲门）有本事你出来，关在卫生间里逞什么英雄？
周晓冬	还是先谈判吧，谈好了再出来。
沈惠芳	有什么好谈的？
周晓冬	你把调查报告还给我，我把钥匙交给你。
沈惠芳	周晓冬，我告诉你，上次棉毛衫裤的事算我多管闲事，我自认倒霉也就算了，这次你想把调查报告交给报社发表，我坚决不同意。
周晓冬	这话没水平了吧，你一不是报社主编，二不是我的上司，同意不同意从何说起？
沈惠芳	不吃一锅饭我不管，只要同睡一张床我就要管！
周晓冬	啊呀，浦东新区的干部，政策水平都是很高的，怎么你连侵犯人权都不知道，向报社投稿是宪法给予每个公民的权利呀！
沈惠芳	哼，我没工夫同你磨嘴皮。钥匙丢了我去配。
周晓冬	稿件丢了，我可以重写。
沈惠芳	你？！（走进女儿房间），莹莹，把你的钥匙借给我。
莹　莹	一句话，助人为乐是我们家的光荣传统……
沈惠芳	还是我女儿好。
沈惠芳	怎么？
莹　莹	我的钥匙也长翅膀飞了，长脚跑了！
沈惠芳	什么？（气愤地敲厕所门）好你个周晓冬，你给我出来！
周晓冬	我早就出来了，正在吃荷包蛋呢！
沈惠芳	周晓冬，我求求你好吗？让我们母女俩太太平平过日子，行不行？
周晓冬	你把话说明白，我怎么让你们不太平了？
沈惠芳	你这调查报告如果在报上发表，你想我们还太平得了吗？
周晓冬	我为贫困户呼吁，呼吁社会帮帮他们，这有什么？
沈惠芳	你不觉得这篇文章有负面作用吗？陈小妹他们的生活质量这样差，

你这不是丑化改革开放为大上海抹黑吗？不说你恶毒攻击，至少说你心里阴暗，甚至说你恶毒攻击，这样你永远也别想有太平日子过了……

周晓冬 过去政治生活不正常也许会这样……

沈惠芳 不管怎么说，歌功颂德总是好的，揭伤疤总有人会喊痛的。

周晓冬 美国摩天大楼下不是还有冻死骨吗？日本地铁旁不还有乞丐吗？全世界哪个国家没有贫富？我国还有几千万人没解决温饱，我们的政府不也实事求是报告联合国吗？我们的中央领导不也在访贫问苦吗？

沈惠芳 你这人怎么能拿政治开玩笑。

周晓冬 我可以跟你开玩笑，从不拿政治开玩笑。

沈惠芳 你糊涂了，迟钝了……

周晓冬 你又讲错了，看反了。为老百姓着想是最大的政治。

沈惠芳 你在这篇调查报告中例举的菜皮烧粥，酱油汤下饭，两块豆腐吃一个星期等等，只是极少数现象，这不是大多数老百姓的生活实际。

周晓冬 惠芳，这些贫困现象听起来是有隔世之感；是同改革开放的年代联系不起来；是同南浦大桥、东方明珠、地下铁路和繁荣昌盛格格不入，但是他们确确实实存在，而且就生活在我们身边。如果我周晓冬视而不见，听而不闻，那还要我这个街道党工委书记干什么？

沈惠芳 这座城市里有一百多个街道党工委书记，有谁站出来呼吁的？

周晓冬 有。

沈惠芳 谁？

周晓冬 我，周晓冬。

沈惠芳 你……出头椽子先烂！

周晓冬 惠芳，我记得第一次到陈小妹家里去，李阿康无意之中讲了句话……

沈惠芳 他讲了什么？

周晓冬 党组织在哪里？！惠芳，这真是振聋发聩啊！这句话使我想得很多很多，怎么样才能使普通老百姓感受到党就在身边？就要靠我们基层党组织啊！

沈惠芳　你一个小小的处级干部有多少能量？
周晓冬　你又错了，共产党员是不分大小的。
沈惠芳　你要帮，我赞成，也支持，我也是党员嘛？你夺下我嘴里吃的，身上穿的，抬走冰箱彩电，我也心甘情愿。
周晓冬　那还有什么可怕的呢？
沈惠芳　那也得有个尺度，有多少能力就帮多少，凭良心办事嘛！
周晓冬　我帮得了一时帮不了一世，帮得了一个两个，帮不了十个百个！
沈惠芳　我还是那句话，拾到几根柴，就烧几把火。
周晓冬　我一个人能拾几根柴，能送多少暖？通过新闻媒介发动更多人来拾柴，这就叫众人拾柴火焰高，能使所有的特困户都能得到温暖，使他们的生活质量得到提高，这对塑造我们大城市的整体形象有百利而无一害，你说呢？
莹　莹　好了，好了，争论已有胜负，应该收场了。妈，你输了。
沈惠芳　谁说的？
莹　莹　这还用说吗……输了就输了，爸，稿件在妈的包里，给你……
周晓冬　还是女儿好……
沈惠芳　我算白养你了，老是背叛我。
莹　莹　母女情深，我是在帮助你。
沈惠芳　去去去，晓冬，我再说一句，三思而后行啊。

第 三 集

[电话铃响。

周晓冬　喂，我是周晓冬……唔，徐主任……是的是的，是我给你打过电话……好的……谢谢你的支持，今天我一定送到编辑部……我代表特困户谢谢报社！（挂电话）方娟……方娟！
阿　毛　晓冬，你叫方娟呀？
周晓冬　人呢？
阿　毛　喝咖啡去了。

周晓冬　什么，工作时间去喝咖啡。
阿　毛　有人请的。
周晓冬　男朋友？
阿　毛　女家属。
周晓冬　谁？
阿　毛　周家大嫂。
周晓冬　怎么又是她。
阿　毛　大嫂一叫，心惊肉跳。大概你又惹什么麻烦殃及了方娟，这咖啡好喝吗？
周晓冬　快点，你给我把她找来。
阿　毛　你又不讲理了吧。那么多咖啡店叫我怎么找。
　　　　〔高跟鞋着地有声。
方　娟　阿毛科长，找什么？
阿　毛　找什么，找你……头找你呢。
方　娟　周书记，我来了。
周晓冬　哦，你把调查报告打印一下，一式四份，下午送报社编辑部。
方　娟　是。
　　　　〔方娟返身欲走。
周晓冬　回来。
方　娟　还有什么？
周晓冬　李阿康的药送去了？
方　娟　不是告诉过你已经送去了。周书记，你干脆直截了当地问吧，沈阿姨为什么请我出去喝咖啡。
周晓冬　对，对……为什么？
方　娟　我能不能先问你个问题？
周晓冬　你问，你问，有问必答。
方　娟　街道上上下下都说你天不怕地不怕，就是怕老婆，你真的惧内，怕沈阿姨？
周晓冬　做街道工作的最怕后院起火，自己家庭不和，怎么好去做居民工作？再说家庭生活和为贵，现在上海女同胞得意的是什么，就是丈夫听话。既然她有这个虚荣心，你就满足她。无伤大雅，怕又何妨，即便是碰到原则问题，你也得把自己的观点，自己的主张转变成她的观点，她的主张，然后再根据她的观点说话，根据她的主张办事，她的虚荣心满足了，我的目的也达到了。

方　娟　说你怕夫人，这是现象。
周晓冬　本质呢？
方　娟　沈阿姨怕你。
周晓冬　抬举我了。（轻声）你是为我翻案第一人……说吧，她请你喝咖啡干什么？
方　娟　你说呢。
周晓冬　为了这篇调查报告？
方　娟　她求我帮她忙。
周晓冬　帮什么？
方　娟　其一，要我劝你不要拿去发表。
周晓冬　有其一，必有其二。
方　娟　一定要发表，不署真名署笔名。
周晓冬　其三呢？
方　娟　一定要署真名，由我出面。
周晓冬　太自私了。你答应了。
方　娟　我同意她部分观点。不是每个领导都虚怀若谷的，提到成绩笑，提到问题跳的也有……如果调查报告发表，说不定真有人给你戴帽子，也会有人请你吃棍子。
周晓冬　这么说，你答应了？
方　娟　为什么不？你能满足她的虚荣心，我就不能让她吃颗定心丸？
周晓冬　三种方式，你选择哪一种？
方　娟　这是你的事，干吗要我选择。我什么也不选择。
周晓冬　我明白了，你要滑头，白白地喝了咖啡。
方　娟　周书记，这叫迂回战，不正面冲突。跟你学的。
周晓冬　你自己就没有观点？
方　娟　我的观点，要怕不要做，要做就不怕。

周晓冬　好,下午,把调查报告送到编辑部!
　　　　〔早晨,早锻炼声音。陈小妹买菜回来。
李阿康　回来了?
陈小妹　哎……买了三斤面条。
李阿康　买这么多干什么?
陈小妹　这你就别管了。
李阿康　你真请周书记了?
陈小妹　我是跟方娟讲的。
李阿康　她答应了?
陈小妹　她答应告诉周书记。
李阿康　真来了,你拿得出什么?
陈小妹　不是你生日吗?青菜大排面……
李阿康　这样寒酸,叫你不要请……
陈小妹　心意,这是我们一片心意……
李阿康　我看周书记不会来的……你呀,不要瞎忙了……(打开收音机)
　　　　〔传来广播员的声音"……一老养一老,夫妻俩每月只有一百五十元收入……"
陈小妹　讲谁家呀?
　　　　〔播音员"陈小妹的丈夫有病没钱医治,身下的席子已经用了十几年,上面布满了洞,没有钱买新的……"
陈小妹　不是讲我吗?
李阿康　快听!
　　　　〔播音员"陈小妹拾菜皮烧菜粥,为了节省几只煤饼,烧一锅吃几天。她一年三百六十五天闻不到鱼腥味,尝不到肉滋味。生病的丈夫想吃肉,陈小妹狠狠心买了四两,丈夫想吃吃不下,她想吃不舍得。结果四两红烧肉发了霉还舍不得丢掉……还想留到过生日……"
　　　　〔李阿康抽泣。
陈小妹　这都是真的……你哭什么?
　　　　〔播音员"周晓冬、方娟在调查报告的最后这样写道:他们无声无息地生活在我们身边,他们失去了创造财富的能力,他们干枯的手数着极为有限的钱，计算着如何打发日子。文章写道：生命对每个人都是宝贵的，为此，周晓冬和方娟向社会呼吁，希望我们伸出热情的手搀扶他们一把，让他们感到社会的温暖，生活的美好……"

〔急促的脚步声

莹　莹　爸，爸！……（跑着叫着）
沈惠芳　莹莹一清早发什么疯……你爸昨夜又工作到深夜，才睡。
莹　莹　爸，别睡了！
周晓冬　（惊起）什么，又出了什么事？
莹　莹　你的调查报告发表了，电台正在广播呢！
周晓冬　快，让我听听……
莹　莹　990千赫的早新闻……

〔收音机里传来间奏曲

周晓冬　没有呀。
莹　莹　播完了。
沈惠芳　我不相信。都过去一个多月了。还会发表，还会广播？
莹　莹　妈，信不信由你……可惜我也只听到一个尾巴。
周晓冬　……我马上到街道去！

〔小菜场的喧闹声

卖蟹的　阿根，广播听了吗？
卖肉的　听了，是我们街道的。
卖蟹的　怎么样，总得意思意思……
卖肉的　今天的营业额准备捐了。
卖蟹的　我同你一起去。少了拿不出手。千儿八百的怎么样？
卖肉的　行啊！（继续叫卖）

〔几个孩子敲着大门。

男　孩　街道事处里面有人吗？
女　孩　里面有人吗？
周晓冬　（按了下脚踏车铃）小朋友，你们有事吗？
男　孩　大伯伯，你是街道的吗？
周晓冬　是的，我是街道的。

女　孩　总算等到了……还犹豫什么，交给这位伯伯呀。
男　孩　大伯伯，我把它交给你……
周晓冬　唔，一封信？
女　孩　我们的一点心意……
男　孩　快走，升旗仪式要来不及了！
女　孩　快跑！
周晓冬　小朋友，当心！……（拆信）唔，里面还有钱……
　　　〔女孩子的声音"叔叔、阿姨……这一百五十元是我们的零花钱，捐给有困难的爷爷奶奶。我们一定努力学习，天天向上，长大了把祖国建设得更加富裕，让人人过上美好的日子。新阳小学三年级学生。"
方　娟　周书记，早……你怎么啦……你在流泪？
周晓冬　这是第一笔捐款，一百五十元，是新阳小学孩子们的……方娟，看来，今天还是会有人捐款，我们快准备接待。走。（进屋）
　　　〔电话铃此起彼伏方娟、周晓冬忙不迭地接电话。
周晓冬　对。我们是新阳街道……感谢你伸出热情的手……我们二十四小时接待。
方　娟　喂，对，我们是新阳街道……我们欢迎你到特困户家里去看看……
周晓冬　喂，喂……我们希望这是最后一代贫困户……是的，我们社会福利制度还不完备……所以需要大家献爱心。谢谢。（挂电话）方娟，太好了！
　　　〔敲门声。
施老伯　周书记，打扰一下行吗？
周晓冬　行行，施老伯伯有什么事？
施老伯　我是享受民政补助的……
周晓冬　对，您是孤老。
施老伯　手续是你帮我办的……
周晓冬　您符合政策。
施老伯　我今年七十八，你看我还能活几年？
周晓冬　施家伯伯长寿。

施老伯　我心里有底，五脏六腑没有毛病，伤风咳嗽同我无缘，阎王爷把我忘记了，我起码还能活十年。你相信吗？

周晓冬　相信。

施老伯　相信就好。这里是一千二百元……

周晓冬　你这是干什么？

施老伯　还有人比我更艰难呀！

周晓冬　您是吃补助的呀！

施老伯　矮子里拔长子，穷的当中还算富的。承蒙政府关心，我比陈小妹他们好过，张口一张嘴，躺下一个人，公园天天去，三餐顿顿有，兴致高时看场戏，逢年过节抿口酒，小日子过得像模像样的。

周晓冬　施老伯，您叫我为难了。

施老伯　原来还想走趟火葬场，准备了这些钱，现在火葬场也免了。（悄声）我已经签了遗体捐献的合同……无牵无挂……再说共产党就在身边，我什么也不用担心！

周晓冬　施老伯，您的好意我心领了。

施老伯　这是什么话？看不起我？我在特困户面前还是富裕户呢！

〔李阿康收听着沪剧《罗汉钱》选段"为了迭个罗汉钱"。

李阿康　小妹，小妹……

陈小妹　是你在叫我？

李阿康　是我。

陈小妹　你怎么不敲锣了？

李阿康　这么多药吃下来，叫得动了。

陈小妹　多少年没听到你大声叫我了，声音都变得陌生了，我还当是谁呢。

李阿康　小妹，当初你也送我一个罗汉钱，你还记得吗？你看，就是这个，我一直穿在腰带上……

陈小妹　阿康……

李阿康　什么？

陈小妹　吃药吧。

李阿康　不是已经吃光了吗？

陈小妹　周书记又派人送来了十四帖……

李阿康　　大恩难报啊。

　　　　　［敲门。陈小妹关了收音机。

冯部长　　家里有人吗？

陈小妹　　同志，你找谁？

冯部长　　我找你，你叫陈小妹吧？

陈小妹　　我不认识你。

冯部长　　我认识你……让我进去好吗……（进屋）你是李阿康吧……身体怎么样了？

李阿康　　托共产党的福，已经能走动了……

冯部长　　（听到滋滋声）唷……煎的药漫出来了……（走动）

陈小妹　　我来，我来……

冯部长　　你手不方便，让我来吧……

陈小妹　　看我顾了这头忘了那头……

冯部长　　唔，今天什么日子呀，买了这么多面。

陈小妹　　今天是老头子生日……想叫周书记来吃顿寿面……恩人哪，连我家里的水都没有喝过一口，心里过意不去呀。

冯部长　　这菜还没有洗……我来帮你洗……

陈小妹　　不可以的……

冯部长　　没关系，我和你们周书记是一家人！

陈小妹　　难怪你和周书记一样亲近人。

　　　　　［洗菜声渐隐。

　　　　　［周晓冬、方娟在堆放衣物。

周晓冬　　方娟，把那个包给我。

方　娟　　好的。周书记，中国毕竟是雷锋的故乡，中国人的血是热的……想不到一个上午有这么多人捐款捐物……

周晓冬　　方娟，有天晚上我看天上的星星，心里非常感慨，想这满天的星，你照我，我照你，才把整个天空照得通亮通亮的。

方　娟　　周书记，一直想成为一个社会学家，现在看来，街道社区是培养社会学家的摇篮，我的选择是对的。

周晓冬　　当然，社区需要有文化有知识的人。

方　娟　　对了，周书记，中午，你还有个应酬，大西洋公司开张。
周晓冬　　不是陈小妹请我们去吃寿面吗？
方　娟　　我没有同她说定。你去大西洋也许会有意外收获，那些老总们也许会捐个十万八万的。
周晓冬　　你知道陈小妹请人吃饭要鼓起多大的勇气？我们去不在于吃什么，而是带去一股人气……人是群居的，礼尚往来不可少，从社会学的角度怎么说？
方　娟　　情感流通。
周晓冬　　对。别人请可以不去，陈小妹请一定要去。
方　娟　　听你的。那我给沈阿姨和莹莹打个电话，她请的是你们一家。
周晓冬　　好。

　　　　　〔炒菜的声音。收音机播放着音乐。

陈小妹　　现在炒，太早了？
冯部长　　不要紧，煸好了，放在一边，当面浇头。
陈小妹　　你蛮在行的。
北部长　　有空就下厨，也是业余爱好。
陈小妹　　还不知道他们来不来呢？
冯部长　　不来也没关系，你呢隔壁邻居一家送一碗，长寿面嘛，啊……
陈小妹　　人家不会吃的。
冯部长　　为什么？
陈小妹　　都知道我家穷，我家脏啊！
李阿康　　小妹，小妹……
陈小妹　　老头子叫我了……来了，来了……
李阿康　　你看，已经十二点多了，我看不会来了！
方　娟　　谁说的，我们都来了……
周晓冬　　我们一家都来了。
莹　莹　　我还带来了两个同学……
同　学　　老爷爷老奶奶好。
陈小妹　　好，好……坐……坐……下面条……
冯部长　　（内应）知道了！

沈惠芳　陈妈妈，这一盒蛋糕，是送给李伯伯的，祝老人家健康、长寿！
陈小妹　又叫你破费……（抽泣）
莹　莹　阿婆，你怎么哭了？
陈小妹　多少年了，我家断了六亲……想不到今天……老头子，这是哪世修来的福分！
李阿康　我起来！
周晓冬　不不，你还是躺着好。
李阿康　不，不，今天，家像个家，人像个人……我能起来……
周晓冬　李老伯慢点，慢点……当心……
冯部长　（端上面）来，大家吃寿面……
周晓冬　冯部长！你怎么在这里？
冯部长　我在你的领地里已经活动好几天了。
周晓冬　哎呀，怎么可以劳你下厨房下面条……
冯部长　下面条是我的强项，保证不硬不软，不糊不烂……
陈小妹　这位同志问长问短，还炒菜烧排骨，已经来了好些时候了。
周晓冬　他是我们冯部长……
陈小妹　冯部长？比周书记大还是小？
莹　莹　阿婆，这不能比，我爸是八品芝麻官，这市里的部长嘛，至少三品官，相差五级呢！（众笑）
陈小妹　这怎么好，老头子，我又犯错误了。
莹　莹　这不好比的，我爸最多八品芝麻官，冯部长至少正三品！
冯部长　阿婆，对不起……我们关心得晚了……晓冬同志，你下面打算怎么办？
周晓冬　成立个帮困基金会，创造条件办个福利院，做到老有所养，老有所靠……
冯部长　听说你提出口号"串百家门，知百家情，解百家难，暖百家心"？
周晓冬　是啊，建立送温暖工程。
冯部长　从党的角度来讲，应该叫凝聚力工程。
周晓冬　凝聚力？好！
沈惠芳　冯部长，晓冬他们的调查报告您看过了吗？

冯部长　当然看过了。

沈惠芳　没有政治问题?

冯部长　怎么不是政治问题，关心群众就要最大的政治。市委、市政府非常重视这篇调查报告，非常感谢两位作者。目前，我们要向社会发出呼吁，希望人们伸出援助之手，帮助特困户解决一些困难。但是这不是长久之计，以后必须要成为政府行为!

方　娟　好呀! 同我想的一样。

冯部长　你叫方娟吧，很有见地。尽管这几年地方财政并不宽余，要造好几座大桥，还要造高架路，地铁造了一条还要造一条，这些是上海发展的大事，都要花大钱。但是，我们不能亏待这些特困户，勒紧腰带也要拿出钱来，明年开始，全市的特困户都要列入民政补助范围，还准备发放补助卡，大米、食油低价供应!

莹　莹　阿婆，这下可好了。

陈小妹　老头子，你听到了吗?

李阿康　共产党到底是共产党!

冯部长　来，来，吃面，吃长寿面，尝尝我的手艺。

〔一阵铃声。

阿　毛　陈小妹老妈妈在家吗，杜老板给你送肉来了。

杜老板　陈小妹……给你送红烧肉来了……

陈小妹　不敢当的……

周晓冬　杜老板，谢谢你的热心!

杜老板　周书记，你也在，怎么你们一家子都在? 好哇，你叫大家伸出热情的手搀扶他们一把，你自己却伸出手，端人家的碗!

冯部长　杜老板，你误会了。

杜老板　我他妈的干什么呀，生意丢在一边，烧了一锅红烧肉，一家一家地送，发神经病呀，我不送了，你要吃，这桶肉都给你一家子吃! (转身就走)

阿　毛　阿杜，回来! ……这火药包脾气。

方　娟　怎么啦，不就一桶肉吗，阿毛，把它倒了。

周晓冬　方娟，你又孩子脾气了。阿毛，你代他一家家送去……讲清楚，

　　　　是杜老板送的。
阿　毛　我一个人送？
周晓冬　这我不管，反正你给我一家一家送到！
阿　毛　（打铃，骑走）真不讲理！
冯部长　小姑娘，刚才人家骂你爸，你怎么一声不吭。
莹　莹　哎，这算什么？我爸说当街道干部受委屈是小事一桩，当不了出气筒别做街道干部。再说有您部长在，怎么轮到我发言。
冯部长　好，你是见多不怪，这就是我们街道干部的家属。
周晓冬　好了好了，不说了，莹莹还等什么？为老伯祝寿！来，让我们祝李老伯身体健康。
全　体　寿比南山！
　　　　［音乐

公民意识

〔轿车行驶声。偶尔喇叭声。

〔咳嗽，接连的咳嗽。

司　　机　小姐，你怎么咳嗽咳不停的。

乘　　客　是呀，倒霉，已经两三天了，买了药片，又买药水，吃了也不见好。

司　　机　痰倒不多。

乘　　客　不多。

司　　机　有热度吗？

乘　　客　早上起来三十七度一，中午三十八度，三四点钟，三十七度三。

司　　机　那你到乡下去干什么？

乘　　客　回老家。乡下空气好，休养三四天，咳嗽会好的。

司　　机　为什么不去医院？

乘　　客　这个时期我能到医院去吗，没有毛病也要吓出毛病来了。

〔停车。

乘　　客　喂，师傅，你停车干什么？

司　　机　让我把后备厢锁锁好。

〔开车门。关车门。

乘　　客　你把后备厢关起来干什么？

〔咳嗽。

司　　机　小姐，请你把窗门也关起来。

乘　　客　非典时间，应当把窗门开足，让空气流通。

司　　机　情况特殊，请你关一下。

乘　客　不关窗，我是顾客，听我的。走吧。
司　机　我不能走了。
乘　客　怎么，车子出毛病了吗？
司　机　车子很正常。
乘　客　那为什么不走？（咳嗽）
司　机　你干咳太厉害了，并且有热度……
乘　客　什么意思，你怀疑我是非典啊。
司　机　小姐，跟你商量一下，让我打一个电话。
乘　客　不用客气，打吧。
　　　　〔拨打手机。
对　方　喂，喂，我是非典热线……
司　机　你好，我是出租汽车司机，我现在拉的乘客干咳非常厉害，并且有热度……
乘　客　你这个人怎么能这样……（夺过手机）
司　机　小姐，夺我的手机干什么？请你把手机还给我……
乘　客　你把后备厢打开，让我把东西拿出来，我不坐你的车子了。
司　机　对不起，我不能打开后备厢，你也不能离开我的车子。
乘　客　你想软禁我吗？
司　机　不是软禁。是保护你。
　　　　〔手机响。
　　　　〔乘客下意识地接听。
乘　客　喂……
对　方　我是非典热线，刚才有位司机打电话过来，怎么手机断了……
乘　客　没有事，他是虚报军情！
司　机　我怎么变成虚报军情了呢。
乘　客　你是卫生局的？
司　机　不是。
乘　客　你是防疫站的工作人员？
司　机　不是。
乘　客　你是抗击非典监督员？

司　机　不是。

乘　客　你什么都不是，管什么闲事？

司　机　我是一个公民！关心你也好，管你也罢，既是公民的权利，也是公民的义务。

乘　客　我告诉你，你这是有意耽误顾客时间，我要举报你。

司　机　欢迎你举报，本公司的举报电话是57865786，本人的车号是3456789342。

乘　客　你看，你看，车子停着，车价一元二元地往上跳……

司　机　你放心，我一分钱也不会要你的。我把计价器关上了，可以吧。

乘　客　（硬的不来来软的）师傅，师傅，我向你保证，我不会是非典。我是一个服装设计员，一天到晚地在办公桌上搞设计，从来不到公共场所去的，没有接触病源的可能性，我的住宿地方和办公室，通风条件特别的好，我是个女孩子，本身喜欢清爽，现在每天要洗十七八次手。咳嗽，我这是老毛病，我从小有支气管炎，请你相信我。

司　机　小姐，不是我不相信你，我最好你不是非典。但是，恐惧之心不可有，防他之心不可无。如果万一感染着了它，城市的医疗条件好，你能得到及时的治疗，你能尽快地康复。你到乡下就不一样了，现在农村还是一块干干净净的地方，万一有了非典的感染源，不但害了家里的亲人，还要牵累农村一片净土，后果没法设想了。

乘　客　不会的，不会的，我不会拿自己的生命开玩笑。

司　机　我也不会拿责任开玩笑。请你把手机给我。

乘　客　手机不给你，给你钱吧。

司　机　不，我要我的手机。

乘　客　师傅，我身边的钱带得不多，只有三千元……

司　机　三千元钱干吗？

乘　客　我统统给你。

司　机　为什么要给我三千元？

乘　客　非典时期，你生意难做。

司　机　支援我？

乘　　客　　只求你把我送到家。
司　　机　　小姐，生意再难做，公民的责任是不可以出卖的。
乘　　客　　不是出卖，是我求你。
司　　机　　我不要你的钱，只要你把手机还给我，让我给有关部门报个信，让他们派一辆专用车把你接到医院，让医生给你仔细检查一下，如果排除了非典，我免费把你送到老家。
乘　　客　　你这是见风就是雨，宁可错杀一千不放过一个人，社会上的恐惧心理就是被你们这样的人造成的！
司　　机　　小姐，不能这样说，你不是服装设计员吗，应该知道小洞不补大洞吃苦的道理，辛辛苦苦的千针万针，哪怕漏了一针，也许整个线脚都脱了，你说是吗？
乘　　客　　你这个人真会兴风作浪。后备厢里的东西我不要了，就算对你的公民意识的奖赏吧，我不坐你的车了。
　　　　　　〔前面有辆出租过来。
乘　　客　　师傅，停车，停车。
　　　　　　〔急刹车的声音。
司　　机　　喂，同行，她是我拉的客人……
对　　方　　对不起，她要坐我的车……
司　　机　　她有非典嫌疑。
对　　方　　生意难做，嫌疑也要做。
司　　机　　这么说，你要钱不要命了……
　　　　　　〔乘客不停地敲打车盖。
乘　　客　　开后备厢，开后备厢，把我的书和资料拿出来！
对　　方　　喂，听到吗，叫你开后备厢。
　　　　　　〔乘客咳嗽。
司　　机　　听到吗，她咳得厉害吗？
对　　方　　真的，真的。
司　　机　　你实在要，我把这位顾客转让给你。
对　　方　　朋友，你中彩了，我走了。
乘　　客　　喂，你怎么开走了！停下，停下！

对　方　姑娘，你还是听这位师傅的。
　　　　［车子开走。
司　机　上车吧，站在车外不安全。
乘　客　你，混蛋，混蛋！
对　方　你怎么骂人了！
乘　客　骂你了，怎么样！
司　机　不怎么样，想骂就骂吧，只要你把手机还给我。
乘　客　我把你的手机砸了！
司　机　千万不能砸，砸了手机，就会造成危机！
乘　客　我恨你，恨你！
　　　　［一个春雷。
司　机　要下雨了，进去，到车里去！
乘　客　我不关你的事，我不进你的车！
司　机　（大吼）进去！
乘　客　进去就进去，我怕你吃了我！
　　　　［啪、啪、关车门。
司　机　对不起，我刚才吼你了……你已经咳得这么厉害，淋上夜雨要加重毛病的。
乘　客　（抽泣。哭）我恨你，我恨你……
司　机　你哭什么，把手机还给我，一切都会好的。
乘　客　你知道吗？
司　机　你想让我知道什么？
乘　客　我是通过成人自学考试才拿到大专文凭的……
司　机　不容易。
乘　客　苦苦追求了五个年头，才当上了服装设计员……
司　机　不容易。
乘　客　过几天就要参加服装设计师的考试……
司　机　不容易。
乘　客　我害怕到医院看病。
司　机　不应该。

乘　客　一到医院，弄不好就要隔离观察，弄不好还会交叉感染。
司　机　不会的。
乘　客　隔离观察，起码十五天，我就失去了设计师考试的机会。
司　机　可能的。
乘　客　我好比曲蟮修龙，朝也修夜也修，修了这么多年，我不想把理想和机遇变成一枕黄粱，付之流水，统统泡汤。
司　机　不会吧。
乘　客　后备厢里都是我的书，我的参考资料，我的前程，我的理想，都要毁在你的手里了，恻隐之心，人有之，哪里想到偏偏碰上你这样的铁石心肠！
　　　　〔越哭越响。
司　机　（叹一口气）你是不容易，别哭了！我见不得女人的眼泪。
乘　客　失去这次考试的机会，我又要等五年，爱管闲事的师傅，你明白吗，叫你一声大哥，如果我是你的妹妹，你会怎么想，你会怎么做……
司　机　唉，别哭了，求求你别哭了，女人的眼泪，胜过五十二度的老酒，你一哭，我头昏！
乘　客　我伤心才哭的。不哭可以，只要你送我回家。
司　机　好吧，好吧，我违背良心，我硬着头皮，我就冒险送你回家吧。
乘　客　谢谢师傅，谢谢师傅！
　　　　〔发动。熄火。发动。熄火。
乘　客　师傅，发动不起来，车子坏了吗？
司　机　车子没有坏，是我头脑坏了！
乘　客　我不是不哭了吗？
司　机　姑娘，我不能送你回家呀，如果有个万一，这小东西，一传十，十传百，百传千，我对不起你，对不起你的亲人，对不起农村，也对不起这座城市，我要成为千古罪人！
　　　　〔又一个春雷。
　　　　〔下雨声骤起。
乘　客　你看，老天都可怜我了，为我哭泣……

司　机　你刚才在车子外面又是咳嗽，又是喷嚏的，不行，我得到外面去，关照行人，车辆和我们保持距离……

乘　客　把我看成洪水猛兽了！

司　机　不是对你，是对非典病毒！喂，前面卡车，别靠近我，离开我五米距离！

　　　　〔汽车行驶声。

司　机　朋友，靠左，靠左行驶！

对　方　喂，下雨天你站在公路上，你作死啊！

司　机　靠左，离我远一点。

　　　　〔车辆唰、唰地一辆辆飞驰而过。

　　　　〔拨打手机的声音。

对　方　喂，这里是非典热线电话，请讲话……

乘　客　我，我是乘客，出租车上的乘客……

对　方　乘客，怎么啦，我是非典热线……

乘　客　我拨打的就是非典热线……

对　方　请讲……

乘　客　我是被出租车的"的哥"感动了，请你稍等……大哥，手机接通了，接通了，你一定要讲，你来讲吧……

司　机　喂，喂，你好……

对　方　我是非典热线，我是非典热线，有话请快讲……

司　机　是这样的，我车上的乘客有干咳，咳得很厉害，还有热度，请求派一辆非典专用车，把她接到医院去检查……

对　方　请问，你现在在哪里？

司　机　八号公路和九号公路的交界处。

对　方　为了防止扩散，请你原地等候，专用车马上就到；为了防止扩散，请你原地等候，专用车马上就到。

司　机　我明白。（关机）姑娘，谢谢你，没有想到你拨打电话……

乘　客　你胜利了，是吗？

司　机　不，不，姑娘，是你胜利了，是你战胜了自己。

乘　客　说真的，大哥，我是被你感动了。

　　　　　［雨下着。
　　　　　［专用车鸣叫着。
乘　客　大哥，你到车里来吧，还淋在雨里干什么？
司　机　不，不，我要等专用车，天黑，又不雨，怕他开过头……（拨打手机）喂，老婆，请你帮个忙，你呢第一，给我送一碗饭菜和一套干净的衣服来；第二，公司发的消毒液也给我送来；第三，你不要肉疼钞票，打的过来，越快越好；第四，记住，送到八号公路和九号公路交界处；第五，什么都别问，你来了，我会向你解释的！
　　　　　［专用车呼啸而来。
司　机　停车！停车！
　　　　　［专用车原地鸣叫。
医　生　病人在哪里？
乘　客　我在这里！
　　　　　［咳嗽。
医　生　请上车。
乘　客　我的书和资料。
司　机　来了，来了……这是这位姑娘的书和资料，无论如何要保管好。
乘　客　大哥，我走了。
司　机　姑娘，这是我的手机号码，我在这里等你的消息，希望你排除非典，让我送你回家。
乘　客　我恨你……
司　机　好，好！
医　生　司机同志，政府感谢你，人民感谢你！
司　机　不敢当，我是共和国的公民，应该做的。姑娘，祝你好运！
　　　　　［专用车呼啸而去。
　　　　　［雷声。
司　机　（仰天高喊）老天，帮帮忙，消灭非典！
　　　　　［的士车嘟、嘟、嘟、嘟，一边开一边鸣叫。
司　机　停车，停车！

　　　　［停车声。
司　机　是老婆吗？
老　婆　老公，是我，我来了！
司　机　别动，站住，站住！
老　婆　老公，怎么啦？
司　机　离开我五米，别过来，五米，必须离我五米！
老　婆　你怎么啦，中邪了，神经兮兮的，不要吓人好吗！
司　机　老婆，听我解释，刚才我载了个顾客，她有非典的症状，我花了足足一个多小时的口舌，才叫来非典专用车，把她送到医院……
老　婆　你说什么？你是个挣钱，养家活口的司机，发动机一响，黄金万两，发动机不响，没有进账，时间就是金钱，你就熄火停车，让你的车子淋在雨里，你有毛病啊！
司　机　老婆，老婆，亏你与我同床共枕十几年，怎么能算这样的账。你想想，万一她真是个非典病毒感染者，哪怕她传染一个人，国家要花多少治疗费，政府要操多少心！
老　婆　那你也够笨的，你不会直接把她送到医院去，可以节省多少时间，也可以多做几差，也可以多少赚点钱。
司　机　老婆呀老婆，亏你还是个司机的老婆，我的车子是没有防护设备的，我明明知道我的乘客有非典症状，我再往市区人群中开去，你要我的车子成为非典病毒的播种机呀！
　　　　［嘟嘟、嘟嘟。
老　婆　唷，送我来的出租车还没走啊。
司　机　你车费付了吗？
老　婆　喔唷，我看到你，我急急忙忙地下车了，忘记结账了……我付，我付！
　　　　［车子启动。
老　婆　你别走，我付钱给你。
同　行　（嘟嘟）同行，我向你致敬！
老　婆　钱，钱，车钱！
同　行　免了！免了！

老　婆　不可以的，不可以的！
司　机　站住！
老　婆　我追他。
司　机　站住，你要超过五米线了。
老　婆　他车钱还没有拿呢。
司　机　我已经记住他的车牌号了，我会给他的。
老　婆　非典时期，出租司机，一个个变憨了，把钱看得淡薄了。
司　机　你又说错了。不是把钱看淡了，而是把责任看重了，人心更靠拢了。
老　婆　那好，让我也向你靠拢吧。
司　机　别动，我和你此时此刻不能靠拢。
老　婆　不靠拢，这消毒药水、这饭菜、这干净衣裳怎么给你？
司　机　放在地上。你再退后五米。
老　婆　地上湿的，这衣裳怎么放。
司　机　你把衣裳扔过来。
老　婆　好，都听你的。（扔衣）接好了。
司　机　接住了。你回去吧。
老　婆　怎么回家，还打的呀。
司　机　我是个司机，不是老板，回去乘公交车。告诉你，穿过马路，向左转，往前走五百米，有往市区的班车。
老　婆　你怎么办？
司　机　我么，先给车子里里外外地消毒，然后换上衣裳，吃饱肚皮……
老　婆　再去做生意。
司　机　生意是不能做了。我和那位小姐是零距离接触……
老　婆　什么，你同小姐零距离接触了……
司　机　不，不，是近距离接触，近距离接触。如果她诊断下来是非典病毒感染者，我的车，我这个人都要做严密的消毒处理。
老　婆　这人怎么处理？
司　机　你带着宝宝回娘家，我在家里自我隔离十五天。有病进医院，无病再出车。

老　婆　作孽啊，那你今夜怎么办？

司　机　我就在这里，坐等医院的消息。唉，你快走，你在这里多等一刻就会多一分危险，快走，快走。

老　婆　那我走了，你自己当心。

司　机　走吧，走吧。我要为车子消毒了。

　　　　［打药水的声音。

　　　　［吃饭的声音。

司　机　雨也停了，车子消毒了，肚皮吃饱了，车子里面躺一会儿，神经紧张，特别累人啊！（打喷嚏）休息，休息，增加免疫力。

　　　　［鼾声大作。

　　　　［摩托车声。

巡　警　谁把车停在路边的，啊。

老　婆　嘘，轻声。

巡　警　这车是你的？

老　婆　不，是我老公的。

巡　警　把公路当作停车场了？

老　婆　不是的，不是的，他是为了防治非典。

巡　警　听不懂，睡在出租车里，防治什么非典？

老　婆　是这样的，他拉了一个有非典症状的顾客，他说服了顾客，叫来了非典专用车，把顾客送到了医院；他怕病毒扩散，放弃了生意，就地消毒，就地等待，等待医院对那乘客的最后诊断……

巡　警　你是他什么人？

老　婆　我是他老婆，他赶我走，我又回来了，我不放心他啊，我已经在这五米线外，守候三个多小时了。

巡　警　的嫂，你回家吧。你爱人的公民意识叫我敬佩，我在这里守护这位可敬的"的哥"。

老　婆　这是怎么啦，一场非典，天没有塌下来，人心靠得反而近了，人情变得更加亲了！

　　　　［手机响。

司　机　喂，喂……

乘　客　大哥，我已排除了非典嫌疑，也不是支气管炎，是感冒引起的。
司　机　好，好，我对不起你了……
乘　客　不，不，你给我上了一堂公民意识的课，教会我怎样做一个社会的人。
司　机　难为情，难为情，你等着，我马上来接你，送你回家。
老　婆　老公，五米线应该撤了吧。
司　机　你怎么没有回家？
老　婆　我这是曲线抗非典，我能回家吗。
司　机　巡警同志，我是不是违反了交通规则。
巡　警　敬礼！你模范地执行了公民义务！
　　　　〔嘟嘟。车走。

一诺千金

第 一 集

解 说 　上海家庭装潢行业中的龙头老大九州家庭装潢公司向社会公布了254项装潢标准，并且向社会承诺，如果有一项不合格，赔偿人民币五千元。九州装潢公司的这个举措，受到上海市民的欢迎，认为这是九州装潢公司对装潢质量的一种自律；业内人员认为这是对九州装潢公司诚信经营的一种考验。

　　　　［高升一炸两响；鞭炮连珠。

殷　红 　喂，放高升的朋友，你是谁？
彭宝山 　你不是叫我朋友吗！当然不是敌人。
殷　红 　谁叫你在我们公司门前燃放鞭炮的？
彭宝山 　没有人叫我放鞭炮，我是自愿的，发自内心的，因为我已经接受了贵公司的装潢服务。
殷　红 　我明白了，你是用燃放高升来表达对本公司的感激之情。
彭宝山 　对，释放一种强烈的感情。
殷　红 　本公司每个月都要接到成百上千的感谢电话、感谢信、感谢的伊妹儿，可是从来没有接到过感谢的高升鞭炮，先生你真是别出心裁了，我代表公司谢谢你。不过我提醒你，你选择错了方式，你突然袭击地燃放鞭炮，已经惊扰了我的客户。
彭宝山 　那就对不起了。小姐，怎么称呼你？

殷　红　我叫殷红。
彭宝山　做什么工作的？
殷　红　是直属分公司的业务经理。
彭宝山　殷小姐，殷经理，你只知其一，不知其二了！
殷　红　还有原因吗？
彭宝山　有。当然有。
殷　红　什么原因？
彭宝山　严格来讲，我为我手中拿的东西放的高升。
殷　红　你手里拿的不是本公司的广告吗？
彭宝山　不错，我拿的就是九州广告，一整版，外加套红，我念给大家听听，"本公司诚信为本，质量第一，特向社会公布254项装潢标准，并且郑重承诺，如果有一项不合格，将赔偿人民币五千元，总经理郑谷风。"
殷　红　这是本公司质量自律、人性化装潢的新理念，正常的经营之道。
彭宝山　是呀，不错。贵公司花样翻新，不断推出新观念，值得庆贺。不过，我想请问小姐，这是有意炒作，还是诚信承诺？
殷　红　既然掷地有声，当然一诺千金。
彭宝山　我要的就是你这句话。我家里刚刚接受了贵公司的装潢服务，根据你们公布的装潢标准，有七八项不合格，现在我来讨个说法。
殷　红　先生用心良苦，先礼后兵啊！
彭宝山　如果你们兑现承诺，赔我四五万人民币，这才叫一诺千金贵；如果你们不赔我的钱，这叫一曝十日寒。登的是虚假广告，打着诚信为本的幌子，引客户上钩，然后掏空客户口袋里一张一张的人民币，客户成了冤大头，我也成了牺牲品。殷小姐既然是业务经理，那就请你代表公司给我个说法吧。
殷　红　问我讨说法？
彭宝山　你说应该不应该赔？
殷　红　装潢不合格，当然应该赔。
彭宝山　爽快。到底是龙头企业，一诺千金。我也谢谢你。
殷　红　不敢当。不过，赔款我不管，管不着，管不了，赔一千赔一万，我说了不算的，因为我只是分公司的业务经理。
彭宝山　这点小事堂堂的业务经理还做不了主吗？
殷　红　彭先生的胃口倒不小，七八个地方不合格，那可是创我们九州公司的历史纪录了，还要赔几万元钱，还小事啊？这会引起的连锁反应，负责工程质量的副总经理要做检讨扣奖金，负责施工的有关人员要被炒鱿鱼，七八个人的饭碗就要被你的七八个不合格敲碎啊，小事不小吧！
彭宝山　那我应该找谁？
殷　红　这么多不合格，恐怕要找负责施工质量的马副总经理了。由他认定，然后由总经理批准，你就可以得到赔款了。
彭宝山　怎么找马副总经理呢？
殷　红　抱歉，马副总经理不在公司。
彭宝山　在哪里？
殷　红　下工地了。
彭宝山　那就一步到位，劳你大驾，请你带我去找你们家的掌门人，郑谷风吧。
殷　红　真的不巧，今天我们总经理也不在公司。
彭宝山　我说是吧，说得真情实意，要想当真的，就变成了虚情假意，推三阻四地搪塞我了。
殷　红　实话告诉你吧，我们有个客户叫柯兰，是个律师，她把我们的总经理告上法庭了。现在郑总正和她对簿公堂呢。

〔法庭上。
〔嚓嚓嚓的拍照声。
〔法槌声。
审判长　我提醒旁听席上的新闻界朋友注意，没有本庭同意，不要摄影拍照。请原告继续陈述。
柯　兰　尊敬的审判长，我是律师，我知道谁主张谁取证。我手里的这两块色板，就是铁打的证据。一块是浅灰色的，一块是浅红色的。当时，我选择的是浅红色的，浅红色的墙面配上蓝色调的灯光，将会制造出一种现代气息的温馨。然而，九州公司却自作主张地给我漆成灰色的墙面，完全违背了业主的意愿。本律师，不，本业主充分注意到九州公司招揽生意的广告，向社会承诺一项不合格将赔款五千元，那么我这四个墙面近百平方米的不合格应该赔偿多少，五千还是五万？我知道九州公司财大气粗，敢夸海口的也只有九州公司。既然你的承诺见了报，就要负法律责任。我有权请问应该赔多少？

审判长 原告，你想要赔多少？

柯　兰 尊敬的审判长，我也注意到目前虚假广告很多，我也不想评价九州公司广告的真与假，因为我本不想得到赔款，正确地说我放弃索赔。

审判长 你只是要求被告返工吗？

柯　兰 不。如果只是要求返工，我也不打官司了。正确地说，我也放弃返工。

　　　　　［旁听席上轰然："那你打什么官司？""柯律师，目的何在！"

　　　　　［法槌声声。

审判长 安静！原告，那你要求什么？

柯　兰 赔礼道歉。

郑谷风 审判长，我们九州公司愿意向柯兰客户赔礼道歉。

柯　兰 郑总，郑谷风总经理，你也太天真了。你听好了，我要求的不是一般意义上的赔礼道歉。

郑谷风 那是什么样的赔礼道歉？头顶清香，手捧猪头三牲，一步三叩首地登门道歉吗？

柯　兰 用不着如此隆重。

郑谷风 什么样的道歉？

柯　兰 我只要你登报道歉，在市一级的报纸上登报道歉。

记　者 本报愿意提供道歉版面。

审判长 被告，原告的要求你听清楚了吗？

郑谷风 是的。一字一句如雷贯耳，一字一句统统听清了。

审判长 本庭问你，你愿意登报道歉吗？

郑谷风　原告既然明确了要求,那我就请求审判长,庭下协商解决。
审判长　原告,你同意庭下协商解决吗?
柯　兰　不,我反对。
郑谷风　咄咄逼人,没有道理。

　　　　[砰、砰,榔头敲击墙头的声音。
殷　红　阿林师傅!阿林师傅……
　　　　[砰、砰……
殷　红　阿林师傅!
马庆林　殷红,你夺我榔头干什么!
殷　红　我问你,你敲墙头干什么?
马庆林　这是业主的要求,缩小厨房面积,扩大厅堂容量。敲掉旧墙砌新墙,你懂吗?
殷　红　我只知道你是九州公司的副老总,施工质量一把抓的副老总,不是泥水匠,要你敲什么墙头!
马庆林　这个副总我做不下去了,三代祖传的水泥匠,还是干老本行省心。
殷　红　谁得罪你了,抡起榔头是为了发泄啊,你发泄什么呀你……
马庆林　小姑奶奶,你没有看到吗,莫名其妙地向社会公布254项装潢标准,一项不合格赔款五千大洋,这种生活我还能做吗?
殷　红　你能不能做我不管,但是你没有辞职之前,在其位,就要负起职责,我就要找你解决问题!听明白了吗,在其位,就要负起责任!三十好几的人了,还要耍小孩子脾气吗?
马庆林　殷红,你别昏了头,你别以为我阿林喜欢你,你就可以用这种口气同我讲话了!在其位负起责,没大没小,我先要撤你的职。
殷　红　你看你蛮看重头上乌纱,屁股下的位子的嘛。
马庆林　这几天我心情不好,你不要惹我发毛,自讨没趣,小泥刀朝你头上砍!
殷　红　马庆林副总经理,直属分公司业务经理有事向您汇报,并且请你指示。这样行了吗?
马庆林　都怨我,平时把你惯坏了。什么事?

殷　红　有个客户要求索赔！
马庆林　索赔？索什么赔，啊？
殷　红　不是有一项不合格，要赔五千元的承诺吗！
马庆林　嘿，好戏开场了！我不想在这场承诺游戏中扮演什么角色，赔款我不管，叫他去找老总，他才是总导演。
殷　红　老总不是去打官司了吗！
马庆林　那就等啊，等老总回来。
殷　红　怎么，你真想看好戏啊？
马庆林　把榔头给我。
　　　　〔砰、砰。
殷　红　（大声）阿林师傅，告诉你，这个客户胃口很大，说我们有七八个地方不合格……
马庆林　什么，七八个地方不合格！
殷　红　他要求赔他四五万呢。
马庆林　牛皮！我马庆林抓的施工质量会有这么多不合格？（掷榔头）喂，阿五头，注意施工质量，有一个地方不合格，我就剥你一层皮。殷红，带我去见这个狮子大开口的混蛋家伙！
殷　红　气不顺啊，开口骂人；你是九州的副总，不是马路上的小混混，文明一点好不好！
马庆林　什么副总，泥水匠，大老粗！
阿五头　哎，马副总，你的经理服……
马庆林　阿五头，你黄鱼脑袋啊，叫你不要叫我马副总，人家以为我是"马虎种"呢，我马庆林马虎吗？不马虎！从来不马虎，所以九州公司才有今天！
阿五头　晓得，以后叫你马种……不，不，马种难听死了，还是阿林师傅好。
马庆林　你看，你看，打工仔也来寻我阿林开心了！殷红，我们走吧，走吧……哎，殷红，那个客户叫什么？
殷　红　不知道。他说他是知音花苑十二零五室的。
马庆林　哦，知音花苑十二零五室的……他叫彭宝山，是这个家伙啊，他

	家装潢我去过两三次，都没有见到过他的人影子，验收了，交房了，忽然冒出来了，找上门来了……善者不来，来者不善！
殷　红	走呀，怎么又不走了？
马庆林	殷红，我不去见他了，十七八个不合格也不关我的事，你叫他直接去找始作俑者郑老总吧……
殷　红	咦，你怕见彭宝山吗？
马庆林	上至部长级干部，下至皮匠师傅，七十二行，三教九流，我马庆林哪一种客户没有见过；猛男泼妇，哪一种人没有较量过，我怕谁！
殷　红	那干吗又缩回去了？
马庆林	这是社会承诺惹的祸，你懂吗？
殷　红	你没有到现场检验，就下结论，主观了吧。阿林师傅，走吧，我陪你一起去面对彭宝山，面对七八个不合格。
马庆林	我有病，我请病假！
殷　红	八磅榔头甩得动的，你有什么病？
马庆林	突发心脏病，懂吗？突发心脏病！可以吗？

［法槌声。

审判长	被告，你有什么陈述吗？
郑谷风	谢谢审判长给我陈述的机会。我要陈述的是三个想不到。第一个想不到是做错颜色会走上法庭，成了被告；第二个想不到是还会惊动新闻界的朋友，拨冗旁听；第三个想不到是……
审判长	被告，与本案无关的事不要谈。
郑谷风	好的。三两棉花四张弓，不能弹（谈）。尊敬的审判长，本公司没有使客户满意，愿意道歉，愿意返工，愿意给柯大律师一点面子，是的，只是给柯律师劳师动众的一点面子。
柯　兰	这是什么话，我反对！
审判长	被告，请你谈实质性的意见。
郑谷风	审判长，两块色板铁证如山；做错墙面已成不争的事实。这场官司我是从头到脚都输了，输到底了！我本来想庭下解决，但是柯

	律师得理不让人，一点面子也不肯给我，我前思后量，只得认了，认一个输字。
审判长	被告，你到底想说什么？
郑谷风	我是想说礼多人不怪。本公司愿意登报道歉。

〔敲打的金属声音。

殷　红	哎，哎，彭宝山先生，你这是干什么？
彭宝山	刚才我放高升的时候，没有注意到这辆别克停在旁边，漂亮的身上溅满了烟屑，这是我的过失，所以我给它敲敲，根据震荡的原理，把烟尘震掉，到底是名牌轿车，啊……（捶车盖，咚咚响声，越敲越重，越来越响）锃亮，锃亮的……咚咚咚，你听这声音多好听多美妙啊！
殷　红	再好的轿车经不住你这样敲打呀，冤家对头啊？告诉你，敲坏了，要赔的！
彭宝山	我还想放火烧呢！
殷　红	你讲什么？
彭宝山	赔，赔，赔，希望贵公司兑现承诺……千万不要逼良为娼啊……本人什么都好，就是脾气不好……
殷　红	老总在法院，副总在生病，这样吧，今天下午一定派人到你家核实，该赔的，一分也不会少你。
彭宝山	殷经理，我这个人有个毛病，不到黄河心不死，到了黄河跳过去。你告诉我，你家掌门人在哪个法院，我直接去找他！

〔轻柔的音乐。

郑谷风	柯大律师，能够请到你喝杯咖啡，实在荣幸。
柯　兰	输了官司，还请我喝咖啡，郑总，你真大度！
郑谷风	这咖啡是现磨的，哥伦比亚品牌，要不要加糖……随意，啊！
柯　兰	不必客气。
郑谷风	小柯啊，难道你看不出来吗，我是在帮你忙，我是在成全你，所以才认输的。

柯　兰　什么意思，输了官司，就想卖乖吗？
郑谷风　小柯啊，用错色板，就要打官司，那我这个总经理一天到晚都要泡在官司里了。这是装潢过程中的失误，既不是质量问题，更谈不上违约。
柯　兰　法院不是立案了吗？
郑谷风　这就是你柯律师的本领。
柯　兰　你是说不应该打官司。
郑谷风　我们都是聪明人，你打官司有你的目的，我认输有我的目的，彼此的目的很清楚。
柯　兰　什么目的，我想听听。
郑谷风　好吧，我来梳理一下。对不起，让我先打个电话。
柯　兰　没关系。
郑谷风　谢谢。（拨打手机）喂，工程部吗，我是郑谷风，请你调派最好的漆匠，用最好的环保油漆，到柯兰律师家返工墙面，漆成浅红色的，越浅越好，给人梦幻般的视觉享受，返工费用全部由公司负责……
柯　兰　不必返工了。因为我已经表示过放弃返工了。
郑谷风　放弃返工是你的客气；立即返工是我的责任。
柯　兰　还是请教一下彼此的目的。
郑谷风　先说说你的目的。你同有社会知名度的企业打官司，从而提高自己的知名度，你是在锻造你律师的品牌。当然，苍蝇不叮无缝的蛋，恰巧我们用错了色板，给了你施展才能的机会。我也注意到一个律师同知名的企业打官司，这便是新闻，再加上家庭装潢是热点，所以新闻界的朋友也愿意来……
柯　兰　以小人之心，度君子之腹。
郑谷风　你不要不承认，这里是咖啡馆，不是法庭。一起喝咖啡就是朋友，是朋友，就要友情为重，诚信相待。
柯　兰　你的目的呢？
郑谷风　我的目的，就是不能输官司。因为输官司，就是输品牌。输了品牌，就是输人气；输了人气，就是输生意。小柯啊，不瞒你说，九州的品牌曲蟮修龙修了七八年，道行不深，根基还浅，还没有修成正果变神仙啊，保护品牌，义不容辞！

柯　兰　你不是输了吗，在法庭上你承认从头到脚都输了。

郑谷风　其实，我没有输，从头到脚没有输。

柯　兰　我告诫你，法庭上的每一句话，都不是儿戏。难道你认输是假的？

郑谷风　我不是讲了吗，礼多人不怪，给你一点面子。你想想，你劳师动众，咄咄逼人，如果我针锋相对，把你驳得体无完肤，有什么好处？你也输不起啊，你想想，柯兰律师为自己打官司输得一塌糊涂，那将会是什么后果？所以我让步，我让你赢，身为装潢公司的老总，我历来倾向于满足客户要求，保护客户利益，再说和气生财是千古不变的经营之道，多个朋友多笔生意，我们九州公司，有百分之三十的回头客，这是明证。

柯　兰　要我称赞你是绅士、儒商吗？可惜我不领你的情。登报道歉总是假不了的。

郑谷风　那要看怎么道歉了。

柯　兰　你想怎么道歉？

郑谷风　登报道歉的内容我已经拟好了，我读给你听一听。'本公司为业主装潢过程中'，注意是过程中，不是交房后，'不慎用错了色板，本着质量第一，诚信为本的原则，着令施工队在交房之前整改返工，并向业主柯兰大律师表示真诚的道歉。'

柯　兰　你，郑谷风！你这不是在讽刺我吗！

郑谷风　怎么，不满意吗？

柯　兰　这哪里是道歉，分明是借着道歉为你公司做着诚信广告！为你公司在树碑立传！

郑谷风　所以我说没有输！至少你赢我也赢，双赢！

柯　兰　郑谷风，你老谋深算，我要你为此付出代价，包括你的公司！

郑谷风　你别走，咖啡没有喝完呢，浪费了可惜……

柯　兰　后会有期，你等着吧。

郑谷风　年轻气盛，还要磨练，否则啊，永远出不了名，成不了品牌，啊。

〔音乐声。郑谷风轻轻哼着。

彭宝山　你好，先生。
郑谷风　我不认识你呀。
彭宝山　我认识你就够了。你是九州公司的老总，郑谷风，郑总，是吗？刚才气冲冲走的女人，一定是和你打官司的柯律师了，她输了，你赢了，输赢都写在脸上了。恭喜你呀，郑总。
郑谷风　名义上她赢，骨子里我赢。你想想，在装潢过程中用错色板，我们公司不但要为业主返工，还要登报向业主道歉，这是何等的风格，何等的气派，舍我九州，还有谁家？你是谁？为什么我要对你论输赢呢！
彭宝山　我是你的客户，姓彭，生在宝山，所以叫彭宝山。
郑谷风　哦，是我的衣食父母，我的上帝。
彭宝山　哦，好香的咖啡，哥伦比亚，现磨咖啡，八十元一杯……郑总，能不能请我喝一杯……
郑谷风　公司不能报销，本人没有能力……我是说请每个客户喝一杯的经济能力。
彭宝山　没关系，不用花销，这里有现成的。
郑谷风　这一杯柯律师已经喝过了……
彭宝山　没关系，咖啡香加上女人香，味道更好；我接柯律师的班……
郑谷风　彭先生慢慢品尝，我就不奉陪了。
彭宝山　郑总，你别走，请留步！

　　〔汽车发动。
　　〔摩托车发动。
　　〔追车。

　　〔直属公司。
客　户　喂，能不能快一点，我已经排了两个多钟头了，签订张装潢合同就这么难吗？
殷　红　先生，真是对不起了。如果你有事情的话，请你留下电话地址，我们上门为你服务。

客　户　人生一世，能买几次房子……我是冲着你们的社会承诺来的，你告诉我今天能不能轮到我……

殷　红　能，就是不睡觉也要把你的单子做好。

客　户　你讲诚信，我就诚心，那就等吧，早签合同早放心。喂，前面的朋友不要插队！

〔一阵鸟语。

郑谷风　彭先生，来，来，我们就在绿化带谈谈吧，坐，坐，真对不起，我以为你要跟我闲聊，而我没有时间闲聊……

彭宝山　哪里呀，我不是走过路过和你邂逅，而是大海捞针把你捞到手的。众里寻觅千百度，猛回首，郑总却在咖啡店。

郑谷风　你有什么急事找我？

彭宝山　郑总，我是想告诉你，我有几个亲戚都是搞家庭装潢的，我的表哥就是飞马家装公司的老板。

郑谷风　是余老板。

彭宝山　你认识？

郑总风　岂止认识，还是炒过的核桃是熟仁（人）。那你为什么不叫你表哥装潢，而要叫我们九州给你装潢呢？

彭宝山　因为自己人反而会斩自己人。儿子斩老子，亲家公斩亲家母，比比皆是。

郑谷风　不见得吧。家庭装潢是有不少问题，至少没有你讲得这么阴暗。

彭宝山　我是有前车之鉴。我的小表妹就是叫表哥装潢的。被他斩得血赤淋漓的，惨不忍睹。

郑谷风　你说说看，惨到什么程度？

彭宝山　郑总，你忙，没有时间闲聊，你看我管不住自己的嘴，和你闲聊了。

郑谷风　没关系，你说，你家小表妹惨到什么程度？

彭宝山　一百出头平方房子，包工包料，一共花费十三万元装潢费。

郑谷风　那要看用什么材料。

彭宝山　德国苹果牌的龙头，小日本的拖拖马桶，西班牙的瓷砖，美国大师牌的油漆，缅甸瓦城的柚木地板，瑞士弗雷卡的水槽。

郑谷风	都是风行世界的名牌,不是很好吗?
彭宝山	好什么呀,到结果都是假冒伪劣产品。只有柚木地板是真的。不过是一小段一小段接起来的。
郑谷风	这叫指接地板。是规格化地板卖价的三分之一。
彭宝山	要想打官司吧,因为是打断骨头连着筋的至亲,拉不下脸来,只能打落了门牙往肚里咽。所以,我家装潢就请你们九州公司,响当当的龙头企业,找九州就是找放心!
郑谷风	看来我应该请你喝杯现磨咖啡。
彭宝山	郑总,你别客气,你请我喝咖啡你要后悔的。
郑谷风	你花十几万元……
彭宝山	不,是二十一万。
郑谷风	花二十多万叫我们装潢你不后悔,我请你喝一杯现磨咖啡,不过八十元,我后悔什么。
彭宝山	问题是我叫你们装潢已经后悔了,后悔得已经一塌糊涂了。
郑谷风	什么,你讲什么?为什么后悔?
彭宝山	你有绅士风度,你敢于向社会公布254项装潢标准;我有点小家之气,拿着你的标准一项一项地鸡蛋里面挑骨头,不挑不要紧,一挑吃一惊。
郑谷风	有不合标准的?
彭宝山	有七八个地方不合格!
郑谷风	彭先生,你不要吓我,怎么会有七八个地方不合格呢。
彭宝山	千真万确。我已经到贵公司报了案,谁都不管,他们说只有你有权赔款。郑总,你就绅士做到底,赔我四万元,兑现社会承诺。否则,我要接柯律师的班,和你对簿公堂。幸亏你没有请我喝咖啡,否则要后悔了。
郑谷风	彭先生,你错了。我非但不后悔,还要庆幸呢。你是第一个向我们公司索赔的客户,我对你保护自己利益的行为表示赞赏,同时因为你检查出我们工程的不合格而表示感谢。
彭宝山	郑总,总经理多如牛毛,你不是牛毛,而是虎毛,不可多得的虎毛。你的态度,令我动容,你的话比咖啡还提神醒脑。请问郑总,

什么时候能够拿到赔款？

郑谷风 很方便的，只要履行一下手续。

彭宝山 什么手续？

郑谷风 请我们全面负责工程质量的副总经理，他叫马庆林，到你家里一项一项地确认一下，我签上名，你就可以到财务部拿钞票了。不需要上税。

彭宝山 你们副总生毛病了。

郑谷风 怎么会生病呢，早上我还跟他碰过头，鲜蹦活跳的，铁棒都打不死的。

彭宝山 真的。突发心脏病。

郑谷风 不要紧，我能看好他的毛病。专治他的突发心脏病。

彭宝山 郑总，你真是了不起，既能打官司，还能看毛病。

郑谷风 告诉你，我还喜欢吃马屁。

彭宝山 郑总，你幽默，同你打交道，轻松！什么时候到我家里来确认，我好恭候你们。

郑谷风 急事急办，今天下午三点。

彭宝山 请你不要失约。

郑谷风 本公司诚信为本，失约是要罚款的。

解　说 家庭装潢是一件麻烦事，家家搞装潢家家遭麻烦，甚至于一只钉子的使用不当，也会引起一场装潢战争。九州公司公布254项装潢标准，并且公布赔款的社会承诺，其中也有另一层意思，就是把客户从麻烦中解放出来，没有想到郑谷风被告上法庭，彭宝山又找上门来索赔，麻烦一件一件地惹上身了。九州公司有没有兑现社会承诺，彭宝山有没有拿到赔款，且听《一诺千金》第二集。

第 二 集

解　说 马庆林和郑谷风一起创办起九州家庭装潢公司。郑谷风善于管理，马庆林精通业务。一文一武，统治着这个装潢帝国。但是，郑谷风每一次提出新的装潢理念，必然遭到马庆林的反对，结果总是马庆林臣服，他又成为忠实的执行者，公司也就上了一个台阶，有人说郑谷风是在马庆林的反对中成熟的，也有人把它戏称为郑马定律。郑谷风明白要兑现社会承诺，首先要治好马庆林的突发心脏病，因为他是全面负责装潢质量的副总。

〔叮咚、叮咚的门铃声。

殷　红　阿林师傅，郑总来看你了，开门。
　　　　〔传出呼噜呼噜的打呼声。
殷　红　郑总，他睡大觉呢，鼾声像三级地震。
郑谷风　他睡觉从来没有鼾声。看我的，我来叫门。（叩门）阿林啊，你什么病不好生，偏要生个心脏病。生了心脏病，等于吃绝了装潢饭。锯木板，嘎嘎嘎；敲墙头，砰砰砰；冲击钻，格格格，格格格，对心脏都是要命的。看来我们兄弟俩要分手了，敲锣卖糖，各干各行了。怎么，还不开门？
殷　红　你的激将法不灵了。他不开门，不开口，连隔壁戏也唱不成。
郑谷风　他会开门的。（小声地）他是嘴硬骨头酥，屏不住的。
殷　红　我比你了解他，姓马的是牛脾气，发起犟，按不下牛头喝不了水。
郑谷风　打赌吗？
殷　红　打赌！
郑谷风　一顿中饭。唐宫海鲜馆。
殷　红　（敲敲门）阿林师傅，你不要开门，你要开门，我要输一顿中饭的。
郑谷风　你再叫也没有用。三分钟内我保证他开门，还会朝我扑上来。殷红，把地上的大剪刀拿给我。
殷　红　你要剪刀干什么？
郑谷风　（试着剪刀。嚓嚓嚓）你看这一盆老榕树十年前，是我帮阿林师傅在江阴路花鸟市场买的。枝繁叶茂，现在起码值三千元。可惜，阿林师傅整天忙工作，没有辰光为它梳妆打扮，让我帮他修理一下。（修枝的剪刀声，嚓、嚓、嚓）

〔鼾声渐小；且间歇。

殷　红　郑总，一分三十秒过去了。

郑谷风　还有一分三十秒呢！（嚓嚓嚓）

殷　红　（故意大声）啊呀，不得了，那么多枝叶剪下来，不心痛啊！

郑谷风　这你就不懂了，盆景艺术讲究的是层次，层次要分明，近看似宝塔，远看似浮云……（嚓、嚓、嚓）

殷　红　倒计时，五、四、三、二、一……（轰然开门）

马庆林　放下，你把剪刀放下！腰里挂只死老鼠，冒充打猎的，你懂什么园林艺术啊，瞎起哄，糟蹋我的老榕树！

殷　红　阿林师傅，你怎么不长气的，谁叫你出来的，你就不能掐住鼻子屏一屏，哪怕再屏一秒钟也好啊！完了，你一开门，我就输了！

马庆林　他，他剪我老榕树，是剪我心头肉啊！浇水施肥，一枝一叶长出容易吗！你看，你看，已经剪坏了，心痛啊，血都吐得出！你看，多毒，他知道我最喜欢这棵老榕树，就拿老榕树来掐我的软肋。

殷　红　没办法。卤水点豆腐，一物降一物。

〔摩托声。一紧一慢，追人的摩托声。

柯　兰　喂，你这个人想干什么！你想制造车祸害人啊。

〔熄火。

彭宝山　柯大律师，别误会。不是我要害你，而是我要你帮我……

柯　兰　帮你？

彭宝山　准备打官司。

柯　兰　要打官司，请你到我事务所谈。本律师街上不接业务。喂，出租车！

彭宝山　柯律师……请你等一等，我是要同九州装潢公司打官司！九州，同九州打官司。

柯　兰　你要同九州打官司？

彭宝山　是的。

柯　兰　你先简单地陈述一下原因。

彭宝山　是这样的，我的房子是九州装潢的，现在发现有六七个地方不合格，但是要他们赔款难上又难。所以我必然要做好打官司的准备。就是赔不到钱，也要揭露他们的虚假广告，也算是我彭某人对社会的一点贡献吧。

柯　兰　你为什么要找我？

彭宝山　因为……我知道，柯律师也领教过他们的所谓"诚信"。

［隔壁传来《英雄交响曲》。

郑谷风　阿林，你隔壁放的什么曲子？

马庆林　不知道。

郑谷风　蹬蹬蹬，蹬……贝多芬的《英雄交响曲》，振奋人心哪。

马庆林　你振奋，我不振奋。殷红，把窗关上。

郑谷风　怎么，你讨厌这音乐？

［音乐声小了。

马庆林　别东拉西扯了，还是言归正传吧。我知道你们来的目的，我郑重声明，凡是涉及赔款的事，我一概不处理。

殷　红　哎，阿林师傅，我提醒你，我是你下属，当着下属的面，表示你对公司的社会承诺有一肚子的意见，不太好吧？

马庆林　没有啊。你看，多好的社会效果，顾客排队，业务员还忙不过来，盛况空前，也许绝后……

殷　红　有客户，你反而不高兴，看起来我这个业务经理失业，你才高兴是吗？

马庆林　高兴？队伍排得越长，我越是心惊胆战，好像有根绳子套在脖子上，越抽越紧，有一种上吊的感觉，对，总有一天要上吊的。

殷　红　郑总，你说话啊。你是主角，我是配角，阿林师傅要上吊了，你替他把绳子解下来吧。

郑谷风　董事会讨论的时候，我好像没有听到你的反对意见呀。是你阿林变得城府深了，还是牙痛，张不开口，说不了话呀。

马庆林　我能说什么，九个董事，八个投赞成票，我不是武林高手，双手难敌四拳；我也不是崔永元式的铁嘴，没有舌战众人的本领。我只有自知之明，就是免开尊口！

殷　红　　一副被压迫受委屈的样子,真没劲。

马庆林　　小毛丫头,你懂什么,你少多嘴……

殷　红　　好好,我不懂,我不开口!居高临下,难怪民工们叫你暴君!

马庆林　　他们才是暴君,他们是用橡皮榔头在敲打我,看不出外伤,只有内伤。你不疼我,我只能自疼自爱。

殷　红　　没得命,又是心脏病,又是内伤,伤痕累累,阿林师傅真可怜!

马庆林　　那些董事们一唱一和,坐着举手不会腰痛,可我是负责施工质量的,我吃得消吗!他发明的赔款承诺好像给我戴上了紧箍咒,他只要"诚信为本,质量第一"的咒语一念,我就会着地打滚,痛得死去活来!

郑谷风　　堂堂七尺男儿,顶天立地,造福百姓,怎么会怕担风险,怕负责任!

马庆林　　你吃了灯草灰啊,讲话轻飘飘的!家庭装潢是手工操作,手高手低在所难免,满口饭好吃满嘴活难说。公司的社会承诺,比满嘴话还满嘴话也就成了屁话。我把公司的老本全部赔光,岂不成了千古罪人!

郑谷风　　天塌下来,不是还有我顶着吗?

马庆林　　反正我是泥水匠出身,大不了脱下乌纱帽,再拿小泥刀。

郑谷风　　人家说你阿林粗,不粗啊,细得很,至少粗中有细,连后路都想好了。

殷　红　　郑总,都是你不好。太太平平的日子不要过,偏偏花样翻新,心血来潮,又是公布254项装潢标准,又是赔款的社会承诺,你这不是把阿林师傅放在火上烤吗,火烤马肉……

马庆林　　你不要东一榔头西一棒的,乱棒打师傅!我白白地喜欢你了。

郑谷风　　殷红,你别惹阿林师傅生气了。来,我来考考你……

殷　红　　考我什么呀?

郑谷风　　八年前,全市只有我们一家家庭装潢公司,而现在你知道全市有多少家庭装潢公司?

殷　红　　我没有统计过。

郑谷风　　告诉你,不包括马路游击队,单单注册登记的就有一万六千多家。

马庆林　众人皆醉，唯我独醒。一万五千九百九十九家没有想到这样的社会承诺，唯我九州公司一鸣惊人，独领风骚！
郑谷风　你知道全市家庭装潢的盘子有多大吗？我们占多少份额？
殷　红　真的不知道。
郑谷风　这也不知道，那也不知道，这可不行啊。我们应该眼看四面，耳听八方，胸中有全局。告诉你，全市一年有三百多个亿，而我们九州公司，所谓的龙头老大，只占整个盘子的百分之三！可怜得很哪，如果能占百分之三十，那才叫名副其实的龙头老大了。
马庆林　企业要生存，企业要发展……但是，这个社会承诺，就是自绑手脚，自己上吊，是种自杀行为！
郑谷风　别插嘴，我在考殷红，要你多什么嘴！
马庆林　你明里考殷红，暗里考我马庆林，你又想用橡皮榔头敲打我了，告诉你，你这小把戏，对我已经不灵光了。
殷　红　郑总，你这一考，我忽然开朗了。公司的诚信理念，出自市场竞争的需要，不是自杀，而是居安思危，是一种积极的自救行为！
马庆林　马屁精！
郑谷风　殷红啊，家庭装潢不单单是赚赚钱的营生，捧在手里的饭碗。家庭装潢是一种文化，也是一种政治……
马庆林　不要吓我！我的心目中只有三件事，做生活、赚钞票、过日子。
郑谷风　叫你不要多嘴，你偏要多嘴！
马庆林　我不是理论家，充其量是个实干家。你一谈理论，我只能举手投降。你可以踏上一只脚，你可以叫我马庆林永世不得翻身。
郑谷风　什么踏上一只脚，乱七八糟的，说穿了，你是心虚！心虚！
马庆林　哎，你说说清楚，我心虚什么？我有什么好心虚的！
郑谷风　对公司的装潢质量缺乏自律的精神，缺乏自信的态度。一句话，你没有抓好质量！
马庆林　我没有抓好质量，市里年年质量评比，九州年年名列榜首。第一名是假的吗？
郑谷风　那是过去，不能说明现在，更不能保证将来。
马庆林　杞人忧天，危言耸听！

郑谷风　我问你，知音花苑的彭宝山有六七个地方不合格你知道吗？
马庆林　不可能！
郑谷风　你没有去检查验证，怎么知道不可能！你敢不敢去面对，去面对七八个不合格，啊！
马庆林　我有什么不敢的……天大的笑话，接触过成千上万客户，解决过成千上万的装潢纠纷，我有什么不敢面对的……我不会心虚的，我……不，我不上你的当，我申明在先，凡是涉及赔款的，我一律不管！
殷　红　郑总，彭宝山的生活是我们直属公司做的，既然阿林师傅不管，还是我来管吧。我去面对彭宝山，我去面对七八个不合格。
郑谷风　你去？
殷　红　郑总，我中专毕业后进了公司，阿林师傅带我做业务，后来又向公司推荐让我上了两年大学，知恩图报，当然由我帮阿林师傅去面对。
郑谷风　好，好，小丫扛大旗，应该培养接班人了。
马庆林　黄毛丫头，你给我回来！
殷　红　阿林师傅，你不敢去，你又不让我去，怎么向客户交代？
马庆林　腰里挂只死老鼠……
殷　红　我不是打猎的，我也不想冒充打猎的。
马庆林　你懂什么！你充什么能！254项标准你知道几项！啊！
殷　红　我不懂啊。
马庆林　不懂还去干什么？帮我忙，帮倒忙啊！
郑谷风　哈哈哈……
马庆林　你笑什么你……有什么好笑的……
郑谷风　你这人也太霸道了，连笑都不准人家笑……
马庆林　你笑里藏刀，毒！你拿殷红来掐我的软肋……好，我去，我去面对彭宝山，我去面对七八个不合格。不过你要做好思想准备，你哭在后面！

〔流行歌曲。

［门铃响。

彭宝山　谁呀？
马庆林　九州公司的！
彭宝山　不是约好下午三点钟的吗？
马庆林　是例行的质量检查。
彭宝山　免了，免了，三点钟，你们的马庆林副老总要来……
马庆林　我就是为他打前站的，没有我的报告，他不会来的。
彭宝山　一个装潢公司再大也是个小公司，规矩到蛮多的，进来吧。（开门。吱呀声）
马庆林　开门，就给我一个下马威啊。
彭宝山　你说什么？
马庆林　我说这扇门装得不合格。开、关有声音。（吱呀声）听到吗？
彭宝山　老装潢！（热情）师傅，请进，请进……不要脱鞋了……
马庆林　这怎么行呢，你已经保洁过了，不能把鞋底下的垃圾带进房间，这是规矩。
彭宝山　那你就穿羊皮拖鞋……日本本土买的。
马庆林　谢谢。羊皮拖鞋，舒服。唔，家具也进场了。
彭宝山　柚木实木的，定做的。
马庆林　好呀，柚木是木中之王，大气，不同凡响。背投是东芝的，沙发是港澳的，空调是新科的……
彭宝山　佩服。老装潢，眼睛是杆秤，斤斤两两，一目了然。
马庆林　入住了吧？
彭宝山　过几天把老婆孩子从日本接回来，那才叫真正的入住了。
马庆林　彭先生对本公司的装潢质量满意吗？
彭宝山　刚才你也看到了，进门就有不合格，还有六七个地方不合格，你说能满意吗？
马庆林　不对吧。本公司有三道验收关。第一道施工队自查，254项项项合格；第二道分公司监理部门检查，质量是优良；第三道是总公司总监理部检查，也是优良工程。检查单上也有你业主的签名，你对工程的评价是满意，怎么现在冒出这么多的不合格？

彭宝山　看来你这位先生是装潢老油子,你干什么的?
马庆林　泥水匠。
彭宝山　噢,捣糨糊朋友,看来,你穿这双羊皮拖鞋不对脚,我给你换一双。
马庆林　不必了,我穿着袜子……袜子新买的,一尘不染,彭先生你检查一下。
彭宝山　冒出这么多的不合格,这是很好解说,很好理解的。
马庆林　请教彭先生。
彭宝山　哎,对不起,请你别坐新沙发,来,坐到这里来,不好意思。
马庆林　没关系。我站着。
彭宝山　你听我讲。第一,说明你们的工程质量经不住时间的考验;第二,原来你们的质量是暗箱操作,业主不是装潢专家,你们说好,跟着说好,好比雾里看花朵朵鲜,现在你们公布了254项装潢标准,业主才知道什么叫合格,什么叫不合格,把质量监理权真正交给了客户,客户才有了发言权……
马庆林　有道理。绝对有道理。彭先生,哪里不合格,你别客气,你一项一项指出来。(小声)我告诉你,我们的郑谷风总经理财大气粗,赔得起。
彭宝山　来,你看这里的地板有问题吗?
马庆林　看不出。眼睛不是秤,看不出轻重。
彭宝山　请你走动一下。到这边走动一下。
　　　　〔发出吱嘎吱嘎声响。
彭宝山　听到吗?表里不一,败絮其中!
马庆林　地板在作怪。
　　　　〔吱嘎、吱嘎。
彭宝山　作怪的地板。请问,你们地板的装潢标准是什么?
马庆林　横平竖直,平整度不得有误差,就是零误差;地板必须吃牢搁栅,不得起拱,不得翘裂,不得有空心。地板会唱歌,说明是空心地板,绝对的不合格。
彭宝山　看来你这个泥水匠不错,还精通木匠生活。
马庆林　马马虎虎,还有哪里不合格?你给我列张清单。

彭宝山　请你跟我来，厨房里的瓷砖碎了。
马庆林　不要看了吧。
彭宝山　为什么？
马庆林　窥一斑略知全豹。下午三点，我把郑总请来，我们再一项项验证，决定赔款事宜。
彭宝山　师傅，师傅，你既然打前站，你就一项一项地打到底！我允许你抽烟！我允许你穿羊皮拖鞋，我允许你坐沙发！啊！
马庆林　对不起，我一不穿你羊皮拖鞋，二不坐你新沙发，三不抽烟，啊！下午三点，我请郑总亲自来处理，包你满意。
彭宝山　郑总会亲自来？
马庆林　在中国凡是第一个总是占便宜。第一个炒股票的发财，第一个买商品房的便宜，第一个买保险的优惠，就是开门第一个买小菜的也让利三分。你是第一个索赔的，老总当然要重视十分。

[电风扇呼呼地吹。
柯　兰　殷经理，我请你来，是想请你下命令，叫漆匠把电风扇关上，统统关上……
殷　红　柯律师，你要什么颜色，我们听你的，漆匠怎么施工不能听你的。质量好与坏，尽你挑剔。电风扇不能关，请你原谅。
柯　兰　用电风扇吹干墙面，我倒没有见识过，我也接受不了。
殷　红　你是要风干？
柯　兰　对，我要的是让油漆自然风干。
殷　红　今天要交房的，自然干来不及了，你想想，你的墙面至少要漆三遍。这样的天气刷一遍，自然干起码要两三个小时，用电风扇吹干也是不得已而为之。绝对不会影响质量的，因为我们有水分监察仪器。
柯　兰　什么来得及来不及的，我又不是明天要搬家。
殷　红　可是我同你订的合同是今日交房。就是说，今天晚上十二点之前必须要返工完毕，否则就是违约，违约是要负法律责任的。
柯　兰　我不追究你们的法律责任就是了。

殷　红　但是，对我们来讲，言必信，行必果，必须要不折不扣完成合同的约定。不安约定交房，就是违约，违约是绝对不允许的，这就是我们九州公司的文化，诚信服务的一部分。再说，我们不敢落下违约的把柄，一波未平，一波又起，打不完的官司，赔不起的时间。

柯　兰　殷经理，你还年轻，不要这样尖刻！

殷　红　柯律师，我讲的是大实话，绝没有伤害你的意思。

［电风扇的声音。

柯　兰　好吧，随你们怎么施工。谁叫我是律师呢，我要到我的客户家去，对手又是你们九州。

［瓷砖敲击声。

郑谷风　柯律师，想不到这么快我们又见面了。

柯　兰　我讲过，后会有期。

郑谷风　有缘啊，又要唱对手戏了。

柯　兰　是呀，我唱罢他登场。为你铸造品牌。

郑谷风　彼此，彼此。彭先生选择的瓷砖不俗啊，是什么品牌？

彭宝山　是亚细亚。

郑谷风　柯律师家好像用的是西班牙瓷砖。

柯　兰　是的。不瞒你说，是贵公司的库存物质，处理品。

郑谷风　库存不假，但不是处理品，应当说是极品。装潢材料，也是风水轮流转，前几年西班牙瓷砖红得发紫，这几年被国产品牌打得落花流水。

彭宝山　郑总，你看好端端的瓷砖怎么会碎了一块。

郑谷风　非常抱歉，这只能等我们的副老总来鉴定了。

彭宝山　你们副老总比你老总的派头还要大，不是他等你，而是你等他。

郑谷风　我约他的是三点钟。是我早到，不是他迟到。

彭宝山　三点钟不是到了吗？

郑谷风　还差五秒钟……（滴答，滴答的钟声）应该到了。

［叮咚。

彭宝山　果然分秒不差。我来开门（吱嘎地响）……怎么是你……
马庆林　是我……彭先生不欢迎是吗？
彭宝山　泥水匠，你还来干什么？
马庆林　我本来不想来，老总硬是要我来，我就不能不来。
彭宝山　郑总，你们的副老总没有来，来的只是个打过前站的泥水匠。
郑谷风　泥水匠就是副老总，副老总的确是泥水匠……
彭宝山　郑总，你别开玩笑！
马庆林　你还想验明正身吗？这是我的工作证。
彭宝山　啊呀，副老总，我给你的幽默幽倒了，请进，请进，不好意思，大人不记小人过，坐，请坐……沙发上坐……
马庆林　我从工地上来，身上龌龊。我坐硬板凳，柚木的，舒服……
郑谷风　阿林，这位是柯兰大律师，是我们的客户……也是彭先生的律师。
马庆林　久仰，是老沪闵路阳光花园，五号楼801室的业主。今天应该交房的。
柯　兰　好记性，你的头脑胜过电脑呀，马副总经理……
马庆林　这样叫我很别扭。你还是叫我阿林师傅吧。
柯　兰　阿林师傅，大家都很忙，还是直奔主题吧。我想知道，你对我的委托人所指的几项装潢不及格，你都验证了吗？
马庆林　验证了。不是全部而是抽查。
柯　兰　请你告诉我们，验证的结果怎么样？

马庆林　这些地方，全部不符合我们公司制订并且向社会公布的装潢标准。
彭宝山　大将风范，不护短，令人敬佩。
柯　兰　这些不合格是谁家的责任？开发商的、供应商的，还是贵公司的？
马庆林　不是开发商的，也不是供应商的，都是我们公司的责任。
彭宝山　绅士，上海滩上难得一见的绅士。
柯　兰　郑总，你还有异议吗？
郑谷风　他是专家，一言九鼎，听他的。
柯　兰　不，你是法人，听你的。请你原谅，对你的老谋深算不能不防。
郑谷风　此一时不是彼一时。那我就明确地告诉你，没有异议。为了表明

　　　　　我的诚信，我把支票也带来了。
柯　兰　那很好，根据你们公司的社会承诺，是不是可以履行你们的诚信，签订下赔款协议书。
郑谷风　柯律师，你也太直奔主题了吧，少了艺术性，缺了点悬念，这场戏就不精彩了。阿林师傅还没有说到赔款呢。
柯　兰　阿林师傅，请你明明白白地表述，公司应该赔款吗？
马庆林　不应该赔款！
彭宝山　什么，泥水匠，你想玩弄我吗！
柯　兰　当事人，请你不要激动……阿林师傅，如果我没有听错的话，你刚才明确地表明是你们公司的责任。
马庆林　是的。我现在还是认为是公司的责任。
柯　兰　什么责任？
马庆林　公司不应当有这样的社会承诺；因为有了这样的承诺，才会有这样的要求赔款。
柯　兰　什么意思？
马庆林　有些人冲着本公司的社会承诺，企图获得赔款，采取了不正当的手段！
柯　兰　什么手段？
马庆林　自残装潢！自己破坏自己家的装潢！
彭宝山　（击桌）你他妈的胡说八道，血口喷人……
柯　兰　当事人，别激动……
彭宝山　你赔不起登什么狗屁广告……你诬蔑客户，你是诬蔑我的人品！我追加你的诬蔑罪！
柯　兰　（喝道）当事人！
彭宝山　柯律师，他，他……他在亵渎我彭宝山的人格！
柯　兰　你再要这样激动，我就拒绝为你服务！出口伤人，不成体统！
彭宝山　你怎么批评我……
柯　兰　你这样吵吵闹闹，你还要我律师干什么！
彭宝山　他不直奔主题，他打迂回战，他玩弄我感情，我被他激怒了，我被他气昏了……好，我三缄其口，全权委托你……

柯　兰　　郑总,你一言不发,倒也消闲,你对你助手的话,有何高见?

郑谷风　　用人不疑,疑人不用。阿林的话,不会是空穴来风。我相信他的专业水平,我更相信他的人品。

彭宝山　　这是什么话,你是怀疑我的人品了?

柯　兰　　当事人,你是不是自残装潢了?

彭宝山　　怎么会呢?

柯　兰　　心虚了?

彭宝山　　我心虚什么?

柯　兰　　那就请你心平气和,笃笃定定地喝你的咖啡就是了。

彭宝山　　我抽支烟。

柯　兰　　阿林师傅,那就请你举证,我的当事人是怎么自残装潢的?

马庆林　　先说大门吧。现在开门关门都有吱嘎声。这就是不合格。这个不合格哪里来的呢?你们看,铰链上的油漆没有了,铰链上的螺丝落掉了一个……

柯　兰　　你想证明什么呢?

马庆林　　这就说明,这扇大门被拆下来过。为什么要拆下来呢?我观察过,业主定做的家具,其中有两件,一件是大衣橱,一件是装饰橱,调不过头,进不了门,所以必须把大门拆下来……

彭宝山　　这扇大门我讲过是你们装潢不合格吗?没有。它不包括在七八个不合格之内的,你这不是强加于人吗?

马庆林　　那就说厨房里的瓷砖吧。瓷砖破裂一般有三种情况。一种情况是房屋地基下沉引起的,但是房屋下沉不可能只碎一块瓷砖,我也从邻居那里了解到他们没有这种情况,所以这种可能可以排除;第二种情况,买的瓷砖有质量问题,但是彭先生买的是亚细亚特等品,质量完全可以保证的;第三种情况那就是施工问题了,就是砌上去的时候没有吃透水,水泥干透之后的收缩力,使得瓷砖破裂。但是这种破裂是有规律的,都是纹路型的。你们看一看,这块瓷砖的破裂是块状形的,中间粉碎状,从力学角度来看,中间受了外力的猛击造成的,结论是人为击碎的。顺便提醒一下,我是六级泥水匠,贴瓷砖是我老本行。

彭宝山　一个泥水匠高谈什么力学，好吧，还有什么奇谈怪论……你就出招吧。

马庆林　再说这块作怪的地板，破坏得非常专业。

柯　兰　什么叫破坏得专业？

马庆林　破坏者先用薄薄的利器，切断地板的企口，然后小心地撬起地板，然后在搁栅上做文章，就是削去一层至少二厘米的厚度，再把地板复原，这样就变成了空心地板，脚踏上去，就产生嘎吱嘎吱的声音。

郑谷风　阿林，你能证明你的经验之谈吗？

马庆林　我能。我只要在四周用力踏上两脚，松动的地板可以跳出来。

〔嘭、嘭……

彭宝山　地板跳出来了吗，啊，怎么没有跳出来的？

马庆林　不要急，有人用胶水胶上了。让我慢慢把地板撬起来！

彭宝山　我不准你破坏现场！你不要吹牛了。奸商，奸商，无商不奸。叫你们自己验证，只能是制造各种推托。彭某人不要你们验证了！

郑谷风　我提醒你一下，本市有完整的质量监察机构。属于政府的有室内装饰监察站，他们是检验装潢质量的权威机构，民间的你也可以向消费者协会投诉，协会里有专门接受装潢投诉的部门。

彭宝山　用不到你指点，我已经请好了柯律师，只能和你们公堂上见，只能从法官手里拿赔款了！

〔街上的喧嚣。车声。人声。

马庆林　（拨打手机）郑总……

郑谷风　（手机响）哎，阿林，你不要命了……开车打什么手机？

马庆林　前面停车，我请你到避风塘吃点心。

郑谷风　宴无好宴，酒无好酒。现在请我吃点心，别有用意吧。

马庆林　你看你多心了吧。

郑谷风　你是想以彭宝山为例证，说明公司的社会承诺有负面影响，是惹祸坏，说服我取消它，是吗？

马庆林　你已经撞到南墙了，还不想回头吗？

郑谷风　开弓没有回头箭。你要明白，装潢公司没有选择客户的权力，客户有选择装潢公司的权力。彭宝山是个例，不是事物的本质。你只有忠实执行公司承诺，做好三件事，抓好队伍，练好内功，保证质量。

马庆林　彭宝山给我们敲响了警钟，此风不能长……关机了，真是茅坑里的石头，又臭又硬！

［一个急刹车。刺耳的声音。

柯　兰　彭先生，我有几个问题想问问你，与本案无关，你可以拒绝回答。

彭宝山　现在我和你同乘一条船，有问必答。

柯　兰　你有时讲话，很有文化；有时讲话，俗不可耐，请问，什么文化程度？

彭宝山　高中毕业，混迹社会，混到日本，读了两年语言，读了两年大学，回来了。

柯　兰　现在干什么事业？

彭宝山　什么都干，什么都不干。摆过鱼摊，贩过爆竹；炒过股票，做过期货。小小白鸽两头尖，哪里有钱往哪里飞！

柯　兰　彭先生，你自残过装潢吗？

彭宝山　没有。柯律师，你也在装潢，你会自残自己的装潢吗？

柯　兰　彭先生，你真要打官司？

彭宝山　我铁了心了。打！不获全胜，决不收兵。

柯　兰　你有把握吗？

彭宝山　柯律师，我实话告诉你，我表兄也是装潢公司的老板，他带了技术人员来检验过，完全确定是九州的装潢质量问题。

柯　兰　谁主张，谁取证。我们必须请市里的权威部门来做鉴定。

彭宝山　花多少代价我都不在乎，我只要扳倒九州公司就行了。官司打定了！

解　说　装潢的质量过去没有量化，缺少操作性。九州的254项标准的特点，就是把标准量化了，操作性强了。但装潢毕竟是手工操作，并且还有伸缩性,也就涉及同样标准的解说权。彭宝山不服九州的解说有道理的。彭宝山有没有拿起法律的武器,向九州的诚信进行挑战呢?请听《一诺千金》第三集。

第 三 集

解　说　彭宝山没有马上请权威部门对他家的装潢质量进行鉴定,而是去了日本,接回了在日本生活、工作的妻子和儿子。而郑谷风似乎忘记了这场官司的存在,生活是滚动的,他滚动在生活中,接待不完的关系户,谈不完生意的供应商。难得忙里偷闲,打一场保龄球。用他的话来讲,出一身臭汗,赢一个轻松,增加一分精神。

[保龄球的滚动、撞击声音。

殷　红　嘀,丑球,左右两边又是留下两个看门神。郑总,你输了。
郑谷风　拳不离手,曲不离口,是千古真理。好久不打保龄球,手艺生疏了。
殷　红　阿林师傅,轮到你了。
马庆林　小玩意,兴趣不大……
殷　红　你干什么呀,一天到晚地紧锁双眉,忧思重重的样子。
马庆林　社会承诺一日不取消,我的身心一日得不到解放,如坐针毡,寝食不安啊!
殷　红　你这个人啊,就是拿得起放不下,钻到牛角尖里就是不能解脱了,老是破坏人家的好心情!
郑谷风　这叫天下本无事,庸人自扰之。殷红,他是一没有文化,二没有情趣,三不懂生活,你同他讲什么,他哪能会玩保龄球,他只能做看客,还是你自己来吧。
马庆林　什么话,欺人太甚,玩一把给你们看看……
殷　红　这就对头了,一天到晚忧国忧民,吃力吗?来,给你个彩球!
马庆林　你讲什么?彩球……
郑谷风　你看你,黄鱼脑袋,木讷了吧,殷红抛给你彩球,是彩球,还不快接彩球呀，这可是走过这个村没有这个店的好事情啊……
马庆林　好，我马庆林得到了彩球，把我的烦恼丢在河里，埋在土里……高兴，啊，照打！
〔保龄球的滚动、撞击声。
殷　红　哇，该出手时就出手，一鸣惊人，统统倒下，就是姿势有点不伦不类。
郑谷风　告诉你们，我研究过，凡是泥水匠，手腕子活络，只要练上几次，打保龄球小菜一碟，不是行家就是里手。
马庆林　殷红，你记住，你今夜已经把彩球抛给我了。
殷　红　你不是又把它抛出去了吗？
马庆林　咦，你言而无信。
郑谷风　哈，阿林有进步，晓得向人家讨诚信了！
殷　红　郑总，你脱鞋干什么？难得出来一次，你就想溜啊。
郑谷风　不是溜，是身不由己啊，德国的油漆商约我八点半面谈，还有一场谈判戏等着我粉墨登场呢。
殷　红　在哪家宾馆？
郑谷风　本人拒绝宾馆。约在公司贵宾室。
殷　红　要不要帮忙？
郑谷风　不要，办公室的叶主任会张罗的。我先走一步，你们俩尽兴玩吧。不过我告诉你小殷，你是主动抛彩球给阿林的，由我见证，三百年也不能赖！

〔掏钥匙声。
彭宝山　儿子，到家了；老婆，让我给你一个惊喜，保证你充分感到老公会办事，充分意识到没有错嫁夫君。儿子，闭上眼睛，爸爸开了门，开了灯，你再把眼睛张开，张得大大的。
〔开门。
彭宝山　（念七字真经）哄，哞哩嘛里哄，张开眼，大放光明，一片辉煌！老婆，儿子，请！
儿　子　（日语）水，水……

彭宝山　什么水？
儿　子　（日语）房间里都是水。（中文）家里都是水！
彭宝山　啊，怎么水漫彭公馆了！闯祸了，闯祸了！给我当头一棒啊！
彭　妻　这就是一流的楼盘，一流的装潢？给我们母子这样的一个惊喜！
彭宝山　郑谷风……垃圾公司，你给我搞的什么装潢啊！我要死在你手里了！
　　　　〔敲门声声。
彭宝山　谁呀！
江小泉　彭先生，我是你楼下……谢天谢地，终于把你等回来了。
彭宝山　找我什么事？
江小泉　彭先生，你们家的水漏到我楼下了，漏得一塌糊涂，天花板、墙面、地板、家具，一塌糊涂，还有我夫人的法国时装，请你去看看，再给我一个说法！
彭宝山　你一塌糊涂，我也是一塌糊涂，你进来看看，你给我一个说法好吗？
江小泉　彭先生，你怎么不讲理的，是你家的水漏到我家的……滴滴答答，漏了三四天，还是我帮你关了总阀门，否则还要一塌糊涂。
彭宝山　水是自来水公司的水，楼是开发商造的楼。水不是我的水，楼不是我造的楼；自来水公司的水漏在开发商造的房子里，关我什么事？你找我，我找谁，啊，你要讨说法，我就告诉你，你半斤我八两，我家你家，都是受害者……
江小泉　你……彭先生，你太令我失望了……不讲理，不讲理！太无礼了！
彭宝山　我浑身上下都是理，怎么变成无理了？
彭　妻　阿彭，怎么这样讲话……对不起，楼下的邻居……
江小泉　我姓江……
彭　妻　江先生，真的对不起……你们家的损失由我们负责，该修的修，该赔的赔……
江小泉　是彭夫人吧，多大气，有文化……那我就不打扰了……对了，我对你家的不幸深表同情！
彭宝山　同情我？我刚刚到家，就找我算账，打我闷棍……
彭　妻　宝山！
彭宝山　老婆……听我老婆的，该修的修，该赔的赔……我也是诚信为本，信誉第一。我马上打电话!
彭　妻　打给谁?
彭宝山　九州装潢公司……打给质量第一,诚信为本的九州装潢公司,我要他们出血,我要他们把溢出来的水,统统吃进!

〔低缓的民乐。
彭宝山　马副总经理、殷经理,你们都看到了?
殷　红　是的,我们都看到了。
彭宝山　马副总经理,你说惨不惨?
马庆林　惨,惨不忍睹!
彭宝山　那你说,我家的地板,我家的家具……
马庆林　你家的地板、踢脚线、柚木家具,统统浸水了,浸了很长时间的水,地板肯定报废了,家具都要开裂走形,必须维修。
彭宝山　马总,这软管是你们供应的……
马庆林　是的,是我们公司供应的。
彭宝山　根据你们公司的承诺……
殷　红　全部有我们公司负责。
彭　妻　谢谢贵公司重承诺,守信用。
马庆林　夫人,对不起,由于某种原因,我还不能兑现承诺。
彭宝山　又来了,又来白相我感情了。
马庆林　没有兴趣白相你,你就那么好玩吗……
彭　妻　对不起,副总经理,我能请问一下什么原因吗?
马庆林　因为这水管我无法确定是人为破坏的,还是自然爆裂的,所以我还得回公司研究。
彭宝山　你,马庆林,你讲的是人话吗!你杀人不用刀啊……水和电我敢动吗?你没有看到吗,我是到日本接回我老婆孩子的!
殷　红　阿林师傅……阿林师傅……他一小时前才到家的。
马庆林　走,到楼下人家去看看。
彭宝山　不能走,话不讲明白,别想离开我的家!
马庆林　彭先生,你不至于软禁我吧。

彭 妻　阿彭，让他们走！
彭宝山　走，走，我被九州公司白相到家了。
　　　　［出门的脚步声。
　　　　［门砰然关上。
彭宝山　马庆林，你比流氓还流氓！
彭 妻　阿彭你干吗？
彭宝山　老婆，我喉咙口甜津津的，我要吐血了！吐血！

　　　　［夜阑人静的脚步声、气喘声。
殷 红　郑总，郑总！请你出来！
郑谷风　殷红，你明知道我同瓦特斯先生谈判，大呼小叫的不懂规矩……
殷 红　我有急事！有火烧眉飞的急事。
郑谷风　再急的事明天再说。
殷 红　不。不能等到明天。我在外面等你。

　　　　［民乐。
彭宝山　搬场，搬场，把合同搬走了……到哪里去了，啊，找到了，找到了，老婆，你看，这是我同九州公司签的合同，这是九州公司的社会承诺。白纸黑字，一清二楚！
彭 妻　他们说回去研究，也没有什么不对啊。
彭宝山　老婆，你身在海外，已经变成桃花源中人了，你不知道国情，研究研究就是打水漂了，就是肉包子打狗，有去无回了。
彭 妻　信用是企业的立命之本。怎么会这样呢？我不相信，宝山，我们国家已经加入了世贸组织，不会的，不会的，他们会遵守规则的。
彭宝山　老婆，对他们来讲，规则是面粉做的，若要长拉一拉，若要短拍一拍，这一次损失惨重，我得马上去找柯律师。
彭 妻　打个电话不就行了？
彭宝山　我已经打过了，她关机了。
彭 妻　那就明天吧。
彭宝山　不行的。隔了时间，说不清，道不明，会留下口舌。保持现场，热吹热烫，这是准备打官司的证据。

郑谷风 殷红，客人也被你赶走了，进来吧，谁教你的，这样没有规矩的？

殷　红 是你，郑总，郑谷风老师教我的。

郑谷风 我教你的，我教你什么了？

殷　红 客户的事，再小也是大事。

郑谷风 对，我说过，每日挂在嘴边上。

殷　红 早一分钟解决纠纷，就会多一分信誉；迟一分钟解决纠纷，就会多一分毁誉。

郑谷风 不错，我也讲过。什么事情这样急，天塌了，火烧了，还是水淹了？

殷　红 不幸被你言中了。是水淹了！

郑谷风 谁家，啊，是谁家水淹了？

殷　红 彭宝山家，是彭宝山家。

郑谷风 那你去找阿林呀。

殷　红 我和阿林师傅去检查过了。

郑谷风 情况怎么样？

殷　红 非常严重。所有的装潢基本上毁了，地板、踢脚线，包括他的柚木家具。

郑谷风 阿林师傅怎么说的？

殷　红 他说软管是人为破坏还是自然爆裂还要研究。

郑谷风 那就明天再说吧。你看已经晚上十点多钟了，你嫂子这等着我回家，你也忙了一天，回家吧，啊！明天见。

殷　红 （猛喝）郑谷风！你站住！

郑谷风 啊，你胆子不小啊，直呼其名，还敢对我吆喝！

殷　红 你是个挂着羊头卖狗肉的老总，嘴里喊着诚信重要，做起来诚信次要，心里想的是不要！（急哭了）

郑谷风 欲加其罪何患无辞。我什么时候讲过不要诚信了……有话你就讲，你哭什么！我是最怕女人哭的，你是不是掐住我的软肋了？

殷　红 彭宝山是花了二十多万元钱叫我们装潢的，他兴冲冲地从日本接回老婆孩子，看到的是汪洋大海，闻到的是一股霉酸气息，你提倡的人性化装潢理念，不是要将心比心吗？将心比心，于心何忍！
郑谷风 阿林不是讲过，是人为破坏还是自然破裂还要调查吗？
殷　红 那是推托之词，没有根据的托词！
郑谷风 什么，是推托之词，为什么？你有根据吗？
殷　红 彭宝山去日本已经一个多礼拜了，他怎么破坏？破坏了再把儿子老婆接回家欣赏这副惨相啊，他是白痴、傻瓜，还是神经病啊！
郑谷风 怎么，他到日本去接回老婆孩子的？
殷　红 因为不在家，水管破裂之后，没有人发觉，破裂面越来越大，到了不可收拾的地步，地漏也失去了作用，大水漫到厅堂、房间、走廊，也渗漏到了楼下人家。
郑谷风 阿林师傅呢？
殷　红 彭宝山骂他流氓，把他激怒了，他要还彭宝山颜色，在路上我和他吵了一架，是我把他气走了，是他把我气来了。
郑谷风 明白了，你是来讨救兵？
殷　红 不找你还能找谁？
郑谷风 好，好，急客户所急，解决矛盾不过夜，在你身上看到了九州的希望，九州的未来，你再对我吆喝几声，我心里也高兴。对你最好的道歉方式，就是尊重你的意见，走，马上走，马上去解决彭宝山家的水管爆裂事件。

　　〔汽车鸣号：嘟、嘟嘟嘟。
郑谷风 喂，谁的车子啊，把大门堵住了！
殷　红 是阿林师傅的桑车。怎么又来了。
郑谷风 阿林，你这是想干什么？你把小车堵在大门口干什么？
　　〔走出车。噗噗，同时关车门。
马庆林 好狗不挡路，挡路的不是好狗。今天，我为了九州，做一次恶狗。
郑谷风 唬牙咧齿的，想咬我一口啊？我可不是唐僧肉。
马庆林 我劝你不要到彭宝山家里去。彭家的事，由我处理。
郑谷风 这倒是个进步。原来推三阻四不肯搭手，如今要抢着处理。
马庆林 我是要告诉你，你的所谓的社会承诺，只会纵容彭宝山这样的刁民。对待刁民只有我阿林有办法。你不要听殷红告状,还是回去睡觉吧。

郑谷风　那我求之不得了,回家睡觉,当然舒服。听听,彭宝山家的水管爆裂事件,你打算怎么处理?

马庆林　非常简单。材料费由他自己负责,我们帮他修理,返工费我们出。

郑谷风　理由呢?

马庆林　他有自戕装潢的前科。我们的合同、我们的社会承诺不是培养刁民,纵容刁民的,叫他咎由自取,哑巴吃黄连,全部吃进,有苦讲不出。

殷　红　高明。以其人之道还治其人之身。他是流氓,我们也做流氓;他做地痞,我们也做地痞?

马庆林　殷红,我讨嫌有人用这样的口气同我讲话。

郑谷风　这次水管破裂,到底是什么原因造成的?是不是他自己破坏的,还是软管质量有问题造成的?首先要正确定位,分清是非。你说是他自己破坏的,也要拿得出证据。

马庆林　上次他不是破坏过吗?你也亲眼看到的。

郑谷风　上次是上次,这次是这次。上次你可以告他破坏装潢敲诈勒索罪。

马庆林　因为没有告他,所以才有这次。

郑谷风　这次是我们提供的软管有质量问题,我们就得兑现承诺,赔人家。

马庆林　赔!我的老总,我已经算过了,楼上楼下要赔的话,起码要十七八万,我们为他装潢赚他多少,三四万了不得了吧!

郑谷风　要赔十七八万,的确心痛。阿林啊,君子爱财,取之有道。道是什么?就是诚和信。通俗一点讲,我们的饭碗是诚和信两种原料组成的,不讲诚和信,就是自己敲碎自己的饭碗。该赚就赚,该赔就赔;要赚必须赔,赔了才能赚。

马庆林　你今天迁就一个彭宝山,明天就有百个千个彭宝山。你今天不是唐僧肉,明天就是唐僧肉。要赔,赔一个良民,决不赔给一个刁民。

郑谷风　阿林,我们面前只有顾客。承诺面前,一视同仁!

马庆林　郑总,我大小也是个副总,也是个董事,请你尊重一下我的意见!

郑谷风　在合同、承诺面前,我们只有尊重合同、尊重承诺。

马庆林　要赔十七八万，我提议，召开董事会决定。
郑谷风　阿林，你是贵人多忘事，还是忙人多糊涂，董事会不是已经召开过了吗？
马庆林　什么时候召开的，我怎么不知道？
郑谷风　这合同、这承诺，不是董事会讨论决定的吗？走吧，你跟我们一起去。
马庆林　（冷笑）今天你们要出得九州公司的大门，除非你的别克从我身上开过去。
郑谷风　你这是干什么？牛脾气上来了吧。
马庆林　郑总，郑兄！我们兄弟俩为了九州公司，风风雨雨走了七八年了。在这七八年时间里，我马庆林含辛茹苦，忍辱负重，不论大事小事，我都听你的，是你在做我的主，当我的家。今天，我对你的社会承诺已经忍无可忍了，我要和你总算账总摊牌。你要坚持赔款的社会承诺，就不要我马庆林；如果你要我马庆林，就不要培养刁民的社会承诺！
郑谷风　你先让路，这些问题今后再讨论。
马庆林　不，你今天必须作出选择。
殷　红　阿林，你这样咄咄逼人，实在没有道理的！你给我留一点余地好不好？
马庆林　木头也有三分火气，我忍让得可以了。正好，彭宝山的水管爆裂点着了导火线，痛痛快快做个选择，别夜长梦多，大家心里不舒服。
　　　　〔音乐起。沉默。
郑谷风　兄弟，一诺千金贵！你一定要我选择的话，我只能选择诚信！
马庆林　看来这碗装潢饭我吃绝了！
　　　　〔嘟。汽车启动。开走。
殷　红　阿林师傅！你回来！

　　　　〔嚓、嚓的拍照声。
彭宝山　柯律师，还是用我的数码照相机拍吧，最新产品，一次可以拍三百六十张，我咬咬牙，用八万日元买的。

柯　兰　我用惯了自己的照相机。
彭宝山　那好，这边地板拱起来了，来个大特写，啊，老婆，把台灯往这边打！
　　　　［门铃响。
彭　妻　阿彭，开门。
彭宝山　肯定是楼下姓江的，我柴草人救火自顾不周，别理他。
殷　红　彭先生，我们郑总来了，请开门。
彭宝山　郑总！柯律师，要不要开门，听你的。
柯　兰　为什么不呢，开门。

　　　　［苏州河畔。江水拍岸声。
居　民　先生，（大声）先生！
马庆林　哦，你叫谁？
居　民　叫你呀。
马庆林　有事吗？
居　民　我已经注意你好久了，你神色不对啊，是不是有什么想不开？
马庆林　你是怕我投苏州河？
居　民　你一个人呆呆地站在河边干什么？
马庆林　这里是我创业的地方，你知道吗？
居　民　这里，这里原来是九州装潢公司呀，你是九州人？
马庆林　九州人。
居　民　哦，明白了，旧地重游，感慨万千吧。苏州河水清了吧，闻不到臭味了，是吧。
马庆林　是呀，变了，一切都在不知不觉中变了。

郑谷风　是的。事物千变万化，但是本公司质量第一，诚信为本的理念不会变。
柯　兰　很好。请问，贵公司想不想履行合同约定，想不想兑现社会承诺。
郑谷风　不是想不想，而是必须，没有讨价还价的余地。本公司履行合同义务，同时兑现社会承诺。

柯　兰　　那就请你把义务与承诺具体化、条文化，量化，具有可操作性。
郑谷风　　根据公司和你委托人之间签订的合同和公司的承诺，对这次事故，我们公司负全责。
柯　兰　　怎么负责？
郑谷风　　第一，请彭先生一家从今晚开始，入住宾馆。给彭先生三天时间，寻找一个临时住所，把家具之类统统搬走，腾出空房，便于重新装潢。
彭宝山　　租房费、搬场费……柯律师你问吧。
柯　兰　　宾馆费、租房费、搬场费由谁负责？
郑谷风　　由本公司负责。
柯　兰　　很好。还有吗？
郑谷风　　第二，对彭先生家重新装潢，换掉所有踢脚线和地板，重新粉饰墙面；第三，对你委托人家的柚木家具进行维修；第四，连带受害的江先生家也由公司负责修缮，到江先生满意为止。
彭宝山　　真的吗？我被你们吓怕了。郑总，你千万不能玩弄我的感情……
郑谷风　　这是维修协议书，这些条款都写在上面了。如果你同意，请你在上面签字。
彭宝山　　我同意，老婆，笔，笔……
彭　妻　　阿彭……你干吗，你干吗手抖，连一支笔都拿不稳？
　　　　　[彭宝山呜呜地哭起来。
彭　妻　　阿彭，你哭什么？
彭宝山　　老婆……我该死……郑总，你诚信对我，可是我对你，对柯律师，不讲诚信……我要自己打自己的耳光……（啪，啪）
郑谷风　　彭先生，别这样，有话好好说嘛。
彭宝山　　羞于启口啊！
郑谷风　　既然羞于启口，那就什么都不要讲了。
彭宝山　　不，不，我现在懂得了一个人，一个企业要做到讲诚信的话，一定要有健全的人格力量支撑。我彭宝山人格还是要的。不管什么后果，我必须说，要不然，骨头鲠在喉咙里，难过啊。
郑谷风　　那我就请你帮个忙。
彭宝山　　你讲，要我帮什么忙？

郑谷风　请你权当一回敲鼓的棒，治病的药！

　　　　［苏州河畔。
　　　　［江风紧。江水拍岸。
马庆林　抽支烟吧，萍水相逢的朋友。
居　民　不，不，抽我的，抽我的……新产品，绿双喜。
　　　　［啪。打火。
马庆林　谢谢。先生是走过路过……
居　民　不，不，我住在这里，水榭公寓。
马庆林　这么晚出来散步，真有雅兴。
居　民　不，不，不瞒你说，家里新居新装潢，已经入住半年了，房间里的气味呛人啊，难受得睡不着，每隔三个小时，我都要出来透透新鲜空气。
马庆林　装潢公司不负责任，给你用了劣质油漆、劣质夹板了。
居　民　如果你们公司的社会承诺早出台七八个月就好了。
马庆林　你也知道我们公司的社会承诺？
居　民　知道，知道。我吃了装潢的苦，所以对这方面的信息特别敏感。我知道，这几年中国已经成了名副其实的装潢帝国，这座城市是帝国中的王国，你们公司又是王国中的王国。如果装潢行业中都像你们公司一样，重承诺，守信用，我也就不会吃这样的苦，受这样的折磨了。可惜，装潢陷阱，装潢欺骗，装潢李鬼太多太多，老百姓防不胜防啊！你们公司开行业之先风，净化装潢市场指日可待了，老百姓会感谢你们的。
彭宝山　是马副总经理吗？你果然在这里！
马庆林　你想干什么，老鳖咬人不肯放，还想打架吗？
彭宝山　打架，你想到哪里去了！我是来向你赔礼道歉的。感谢你帮我请来了郑总，兑现了你们的社会承诺。
马庆林　要感谢你去感谢郑总，同我没关系。
彭宝山　不，不，你像钟馗，表面难看，内心善良。你装潢了我的新家，也装潢了我的灵魂。有件事，我必须向你坦白。

马庆林　什么事?

彭宝山　我听了我表哥的话,他讲九州公司的社会承诺夺走了他们小公司的生意,他们没办法活下去了,所以表哥带了他们公司的技术人员,破坏了我们家的装潢,然后由我向九州公司索赔,逼迫九州公司取消社会承诺……我向你请罪!原谅我自毁装潢。

柯　兰　这是卑劣的不正当的竞争手段!

马庆林　我饶不了苏老板!彭先生,你要是一条汉子,马上带我去找苏老板。

郑谷风　这件事已经交给柯律师了。我已经聘请柯律师为我们公司的法律顾问,你不反对吧。喔唷!痛死我了!

马庆林　郑总,你怎么了?

郑谷风　不当心,踢到一块石头了。

马庆林　嗨!

彭宝山　马副总经理,你搬起石块干什么?

马庆林　挡在路上,害人哪!嗨!

〔丢入苏州河。巨大的反响。

〔音乐起。

郑谷风　阿林,谢谢你。

马庆林　谢我干什么?

郑谷风　帮我搬走了石头。

马庆林　我也谢谢你。帮我搬走了头脑中的石头。

郑谷风　哦,苏州河水变清了。

马庆林　是的。没有臭味了。

郑谷风　阿林,你在这里听到什么了吗?

马庆林　听到了。

郑谷风　什么?

马庆林　老百姓在呼唤诚信!

郑谷风　整个社会都在呼唤诚信!

流星雨

第 一 集

解　说　医学教授胡金林的女儿胡兰兰,年方三十三,一直身体健康,突然在流星雨之夜,心力衰竭,抢救无效死亡。

娟　娟　爸,今年的流星雨不多啊,一颗两颗三四颗。
胡教授　别急,还不到时候呢,一旦暴发,你会应接不暇的。
娟　娟　爸,你还记得乡下看到流星之后,唱的一首儿歌吗?
胡教授　哪一首?
娟　娟　天上落下一颗星,地上要死一个人。
胡教授　今夜流星成雨,那要死多少人啊。天人对应,不过是古老的传说。
娟　娟　我记得姐姐看到流星,她总要闭上眼睛祈祷。
胡教授　也许你姐看到流星在许愿吧。
娟　娟　老爸,你看,你看,流星雨大面积地来了!
胡教授　嗬,天女撒花,上帝的礼炮,了不得,了不得!
娟　娟　(呐喊)流星雨,我喜欢你!
　　　　[手机响。
胡教授　娟娟,你的手机在响。
娟　娟　是姐姐的,喂,姐姐,你也在看流星雨吗?
兰　兰　(呼吸急促。有气无力)天上落下一颗星,地上要死一个人……
娟　娟　姐,你怎么啦?怎么啦!

兰　兰　娟娟，我快不行了，快，快把我送医院。
　　　　［救护车的声音划破长空。
　　　　［零乱的脚步声。
娟　娟　护士长，快，快……快送监护病房。
护士长　嘴唇发紫，全身都有水肿，心力衰竭的表现。娟娟，她是你什么人？
娟　娟　她是我姐姐。
护士长　什么，是兰兰呀。胡教授知道了吗？
娟　娟　我爸已经来了。
护士长　你姐夫怎么没有来？
娟　娟　他在急救中心抢救病人呢。
　　　　［电话响着。
护　士　喂，这里是急救中心。
娟　娟　请你快叫顾多春医生听电话。
护　士　对不起，顾主任正在手术间里抢救病人，不能听电话。
娟　娟　我是他小姨子。我有急事！
护　士　对不起，顾主任是主刀，他不能接电话。
娟　娟　那你告诉他，我姐姐病危，在我爸爸的医院里抢救。
　　　　［急促、郑重的呼吸声。
胡教授　输氧。
护士长　输氧！
胡教授　血管扩张剂。
护士长　血管扩张剂！
胡教授　血压？
护士长　三十，六十。
胡教授　心率？
护士长　四十……三十五……三十……教授，兰兰的生命体征正在消失。
胡教授　强心剂！
护士长　已经打过两针了。
胡教授　执行医嘱！

护士长　好的，快打强心剂。
胡教授　徐主任来了吗？胸腔科的徐主任来了吗？
护　士　已经通知他了，徐主任正在路上……
徐主任　老师，我来了，我来了……让我先观察一下病人。兰兰，老师怎么是兰兰呀！
胡教授　她是病人，你是医生，你激动什么？
徐主任　兰兰！我是徐伟良，我在叫你，你听见吗？
胡教授　别婆婆妈妈了，协助我，打开胸腔，按摩心脏！
徐主任　麻醉师，麻醉师到了吗？
护士长　已经到位了。
徐主任　快送手术室。
娟　娟　姐姐，你要挺住，你要挺住。
护士长　娟娟，请你止步。
娟　娟　爸，你告诉我，姐姐还有救吗？
胡教授　娟娟，给你姐夫打个电话。
娟　娟　我已经打过好几次了，他在做手术。
　　　　［收拾手术刀的撞击声。
家　属　菩萨，保佑我弟弟。已经三个多小时了，手术怎么还没好。顾医生从手术间里出来了，出来了。
顾多春　林宝宝的家属在吗？
家　属　在，在，顾医生，我弟弟怎么样了？
顾多春　对不起，我们已经尽力了，但是……
家　属　但是什么，但是什么？
顾多春　你弟弟在手术台上下不来了。
家　属　什么，死在手术台上了。
顾多春　我们已经尽力了。
家　属　你这庸医，你还我弟弟的命来！还我弟弟的命来！
护　士　这不能怪顾主任的。脾脏破裂是很危险的。
家　属　你说脾脏破裂没大问题的，我三千元红包白给你了。
顾多春　三千元钱本来要还给你的。

家　　属　我不要钱，我要我弟弟的命！你还我弟弟的命来！
顾多春　抱歉，我没有起死回生的本领。
家　　属　你是刽子手！
护　　士　别打人！怎么好打人的。
家　　属　我要打死他！
护　　士　老丁，拦住家属……顾主任，你快走吧。你爱人病危……
顾多春　什么，我爱人病危！
护　　士　正在你老丈人医院里抢救！
顾多春　怎么会呢！怎么会呢！
护　　士　你快走吧。
家　　属　刽子手，你别跑！
　　　　　〔奔跑声。
顾多春　兰兰！兰兰在哪里？
　　　　　〔娟娟轻轻的哭声。
顾多春　爸，兰兰怎么样了？
胡教授　（呜咽）你来迟了。
顾多春　娟娟，你姐怎么样了！告诉我，兰兰怎么样了！
娟　　娟　我姐……（失声痛哭）
顾多春　你们这么多的专家在这里……干什么的，啊！
徐主任　顾主任，对不起，兰兰还没有打开胸腔，就走了！
顾多春　兰兰，我的兰兰！
　　　　　〔海浪的撞击声。一声接一声。
娟　　娟　姐姐，姐姐，你听见吗，大海在为你悲哀，波涛在为你鸣冤！
　　　　　〔警车熄火声。
丁小军　喂，你是胡娟娟吗？
乔丽娜　小姐，在问你呢。
娟　　娟　问什么呀问？我不知道。
乔丽娜　怎么啦，火气这么大。我问你，是不是叫胡娟娟。
娟　　娟　是的。我是胡娟娟，你们是什么人？
丁小军　胡娟娟，是你向803报案的吗？

娟　娟　　803，你们是803！是的，是我报的案。
丁小军　　你姐姐死了？
娟　娟　　是的，早上死的，七点零五分死的。
丁小军　　尸体呢？
娟　娟　　在医院的停尸房里。
丁小军　　这里是凶杀的第一现场吗？
　　　　　［海浪声。
乔丽娜　　喂，胡娟娟，在问你呢。
娟　娟　　凶杀现场，什么凶杀现场？
乔丽娜　　这里是不是案发现场？
娟　娟　　不是的，我姐姐死在医院里。
乔丽娜　　怎么死的？被人捅死的、勒死的，还是推入大海淹死的？
娟　娟　　心力衰竭死的。
乔丽娜　　病死的？
丁小军　　这么说，同这里没有关系的？
娟　娟　　对不起，这里不是现场。
乔丽娜　　你发痴呀，那你把我们叫到海边来干什么？
娟　娟　　对不起，我也不知道，我怎么会到这里的，怎么会昏昏沉沉地把车子开到这里来了。我想起来了，上个月，我同姐姐来过这里，也坐在这个地方，望着大海，望着人工半岛，我姐说，这里马上要成为海滨城市了，她说她要在这里定居。
丁小军　　这可是离开市区八十公里的芦潮港呀。你不负责任的报案，把我们叫到这里，我们打个来回，也要花两个多小时呢！
娟　娟　　对不起，对不起。
乔丽娜　　你姐姐心力衰竭，生病死亡，怎么可以向我们803报案，你这不是开玩笑吗？！胡乱报警，以妨碍公务论处，你这是犯法知道吗？丁小军，走！
　　　　　［发动汽车。
娟　娟　　你们不能走，我不让你们走。
乔丽娜　　胡娟娟，你别胡闹，扑在警车上干什么！快让开，让开！

娟　娟　　我没有开玩笑,我没有胡乱报警!(哭)我真的没有!
乔丽娜　　丁小军,她神经刺激太深了。
丁小军　　下去吧。
乔丽娜　　你下去。安慰安慰她。
丁小军　　吴娟娟,别激动,冷静一下,有话慢慢说。
娟　娟　　(抽泣)我坐在这里,越思越想越不对,我姐在全市大学生运动会上得过1 500米的季军,没有高血压,没有高血脂,没有高血糖,才三十三岁,怎么会心力衰竭呢,我觉得我姐死得蹊跷,于是想到了你们,马上打手机向你们报案了,当时我思想中只有一个念头,报案,报案,快快报案,姐姐死了,我思想很乱,把你们叫到这里,实在太不理智了,我真的糊涂了,但是你们对我姐姐的死亡,不能不管啊!
丁小军　　你认为你姐姐是他杀?
娟　娟　　是的。
丁小军　　你姐姐有仇人?是仇杀、是情杀,还是谋财害命?
娟　娟　　怎么问我呢,我是请你们帮我搞清楚,是情杀、仇杀,还是谋财害命!
乔丽娜　　丁小军,别同她胡扯了,走吧。
丁小军　　乔丽娜,等一等。胡娟娟,你姐姐结婚了吗?
娟　娟　　结婚了。
丁小军　　那你姐夫呢?
娟　娟　　我姐夫是急救中心主任,外科医生。
丁小军　　他怎么认为的?
娟　娟　　我姐走的时候,他在抢救病人。我不知道他是什么看法。不过,你们可以问问我爸,我爸知道,他参加了抢救,抢救我姐姐,但是没有抢救过来,也许是他一辈子的遗憾。
丁小军　　你爸爸也是医生吗?
娟　娟　　是的。我爸叫胡金林。
乔丽娜　　什么,胡金林,是著名的外科专家吗?
娟　娟　　是的。著名的外科专家,没有把自己的女儿抢救过来,他很伤心。

乔丽娜　那他怎么认为的？
娟　娟　我爸认为我姐死得不明不白，所以我才报案的。
丁小军　乔丽娜，你的意见呢？
乔丽娜　深入了解一下再说吧。
丁小军　吴娟娟，那就回去吧。听听你爸爸的意见。
　　　　〔笃笃笃的剁肉声。
娟　娟　阿姨，求求你，别剁肉了好不好！
阿　姨　我想做几个狮子头放在兰兰的灵堂上。
娟　娟　你影响我们谈话了。
阿　姨　兰兰喜欢吃狮子头……好，好，我到超市去买一些肉糜吧。
丁小军　胡教授，我们想听听你的意见。
胡教授　（喃喃）兰兰，兰兰……
　　　　〔兰兰的笑声：哈哈哈……
　　　　〔兰兰的声音：老爸，我已经上山了，老爸，你加油啊。
胡教授　兰兰已经上山了，上山了……
娟　娟　爸，你在说什么呀。
丁小军　嘘，别打扰你爸。
　　　　〔兰兰的声音：老爸，老家的河水真清啊，我们来比赛吧，看谁先游到对岸。一、二、三！
　　　　〔击水的声音。
胡教授　兰兰游得多好啊。
　　　　〔兰兰欢快的声音：老爸，你输了，你输了！
胡教授　是的，我输了，兰兰，老爸再也听不到你的笑声了。
乔丽娜　教授，你在想什么啊！
胡教授　白发送黑发，不堪回首啊！
娟　娟　爸，两位警官要听听你的意见。
胡教授　唔，警官，对不起，痛失爱女，我神不守舍啊！
丁小军　可以理解。希望教授节哀顺变。
胡教授　我这一辈子从死神手里夺回过多少生命，但是面对自己的女儿却是束手无策，只落个老泪纵横，可悲可叹啊！

娟　娟　　爸，你对姐的心力衰竭有什么看法？
胡教授　　三十三岁，一直无病无灾的，急性心力衰竭，并且不是左心房心力衰竭，也不是右心房心力衰竭，而是全心心力衰竭，怎么会这样的呢？
娟　娟　　问你呢？
胡教授　　有水必有源，有云才有雨，但是兰兰衰竭得无根无据啊。
丁小军　　你的意思是非正常死亡？
胡教授　　可疑，可疑，据我四十多年行医经验，可以得出可疑的结论。
乔丽娜　　你能肯定是非正常死亡吗？
胡教授　　警官，对不起，我们做医生的不会贸然下肯定的结论的。我说可疑，意思很明确了。
乔丽娜　　可我们做刑警的要凭证据说话的。可疑，就很难立案了。
胡教授　　你们要证据？
丁小军　　是的。要证据？首先要证明胡兰兰是非正常死亡，是他杀。
胡教授　　要证据，必须解剖。解剖之中一定能找到证据。这一点我可以肯定。
娟　娟　　爸，不能让我姐死得不明不白，那就解剖吧。
丁小军　　你是她的父亲，你有权申请尸体解剖。
胡教授　　兰兰是有夫之妇，出嫁随夫，要解剖不是我可以说了算的。
娟　娟　　两位警官，走吧，找我姐夫去。
　　　　　[电梯的铃：十四楼已到。
娟　娟　　两位请吧。
乔丽娜　　你姐住几室？
娟　娟　　1403室。
顾多春　　（内传）兰兰！兰兰！
乔丽娜　　谁在叫兰兰？
顾多春　　我姐夫。
乔丽娜　　娟娟，别按铃！听他说什么？
顾多春　　本想与你同庆生日，哪知已成永别。昨夜流星飞雨，今晨骑鹤升天。忆往昔：海边留影，月下初吻；下嫁多春，六年有零。相亲相爱，君自多情。蓦地阴阳相隔，怎不疾首痛心！悲哉，兰兰，

　　　　　形容笑貌，永驻我心；哀哉，我妻，今日祭你，唯泪涟涟！
丁小军　　你姐夫对你姐感情真深啊。
乔丽娜　　进去吧。
　　　　　[剁肉的声音。
胡教授　　阿姨，你怎么又剁肉了？
阿　姨　　超市的肉糜太肥了。兰兰喜欢吃我自己剁的肉末做的狮子头。（哽咽）你不是不知道，我同兰兰的感情有多深。
胡教授　　好，好，随你，随你。
徐主任　　老师，你叫我来，有什么盼咐，你尽管说吧。
胡教授　　伟良啊，不瞒你说，娟娟已经向803报案了。
徐主任　　向803报案？
胡教授　　娟娟报案，的确有点莽撞了，事先她也没有同我商量。
徐主任　　老师，你认为兰兰的死，是件刑事案件吗？
胡教授　　当事者浑，旁观者清。我想听听你的意见。
徐主任　　兰兰先前有征兆吗？
胡教授　　这是半年之前兰兰的体检报告，你看一看。
　　　　　[顾多春家。
顾多春　　两位警官，这是兰兰的病历卡，这些年来，兰兰看的毛病，上面都有记录。
　　　　　[胡教授家。
徐主任　　胡教授，兰兰半年前的体格检查我仔细看过了，各项指标都很正常。
　　　　　[顾多春家。
乔丽娜　　顾医生，你夫人的病历卡我们看过了，最近一年来，她一共去了四次医院，症状都是呼吸困难，脚上有水肿，医生诊断为早期心力衰竭。
娟　娟　　姐夫，我姐的毛病，我从来没有听她说过，我爸也不知道。
顾多春　　不要说你和爸不知道，连我也不知道。木匠家里有脱脚凳，做医生的最不关心的，就是家里人的健康。你姐喜欢运动，一天到晚快快乐乐的，我怎么也不会想到她心力衰竭啊。
乔丽娜　　这本病历卡你以前看到过吗？

顾多春　　我也是刚才寻找户口簿时看到的。
　　　　　［胡教授家。
徐主任　　老师，这你也知道，心力衰竭，总有起因、发生、发展的过程，像这样迅猛，在临床上的确并不多见。
胡教授　　昨天中午，兰兰和我一起吃的面条，算是给她过生日，她一口气吃了两只狮子头，没有症状啊。
徐主任　　老师，你要听我的意见，我认为有必要进行尸体解剖。
　　　　　［顾多春家。
顾多春　　解剖，谁提出来，要解剖？
娟　娟　　姐夫，你不觉得姐姐死得突然吗？
顾多春　　病去如抽丝，病来如山倒。何况，兰兰的毛病，冰冻三尺，绝非一日之寒，只是我们忙于工作，疏忽而已，说不上是突然呀。
丁小军　　顾医生，这么说你是不同意解剖胡兰兰的尸体？
顾多春　　不是不同意，我是不想打扰兰兰的灵魂。让她安安稳稳，安安稳稳地升天。
乔丽娜　　可你是个医生啊，了解一下兰兰心力衰竭的原因，不好吗？
顾多春　　医生也是人，对我的爱妻下手，我不忍心啊！你们不知道我同兰兰的感情！
　　　　　［轻轻的叩门声。
娟　娟　　请问，谁呀？
胡教授　　娟娟，是我。
娟　娟　　姐夫，爸爸来了。
胡教授　　我把徐主任也带来了。
顾多春　　爸爸，你有事，打电话叫我一下，我过去就是了。
胡教授　　生老病死，见得多了，我还顶得住。
顾多春　　爸爸，你也来得正好，他们提出要对兰兰进行尸解，爸爸有什么意见？
胡教授　　多春啊，作为兰兰的父亲，我想知道女儿心力衰竭的原因；作为一个医生，我想知道，兰兰死亡的病理。多春，你不会反对吧？
顾多春　　当然，我听爸爸的。不过……

胡教授　不过什么？
顾多春　是刑事解剖，还是医药解剖？
胡教授　这有什么不同吗？
顾多春　如果是刑事解剖，那就有劳803的法医了；如果是医学解剖，我和徐主任就可以完成了。
胡教授　两位警官，你们的意见呢？
丁小军　我们回去商量一下再告诉你们好不好？

解　说　在胡教授的坚持下，兰兰的丈夫顾多春同意对兰兰进行尸体解剖。803有没有介入，尸解的结果又如何，且听《流星雨之夜》第二集。

第 二 集

解　说　法医介入了兰兰的尸体解剖。法医的结论，胡兰兰的心力衰竭，是喝了超剂量的麻醉药造成的。用麻醉药杀人，这是少见的高智商、专业化的谋杀案。

〔乔丽娜走进办公室。

乔丽娜　丁小军，胡兰兰的尸检报告出来了。
丁小军　结果怎么样？
乔丽娜　胡娟娟误打误撞报的案，结果真的牵出了一件刑事案。
丁小军　是他杀吗？
乔丽娜　一起专业性很强的谋杀案。
丁小军　说得具体一些。
乔丽娜　胡兰兰喝了大剂量的KF麻醉剂，造成急性心力衰竭，抢救无效死亡。
丁小军　KF麻醉药，为什么喝多了会心力衰竭呢？
乔丽娜　抱歉，我上的是警官学校，不是医学院。对此，我们是难兄难弟，一样的无知。
丁小军　那就走吧。
乔丽娜　到哪里去？

丁小军　不懂，找老师，去请教我们的大法医。
乔丽娜　我建议不要找我们的大法医。
丁小军　那找谁？
乔丽娜　当然是死者的父亲胡教授。
丁小军　好，一举两得，顺便还可以带出些情况来，是吗？
　　　　〔胡教授家。
胡教授　两位警官，有什么问题，你们提吧。
乔丽娜　据我知道，麻醉剂都是注射的吧？
胡教授　不是的。麻醉剂有两种使用方法。一种是注射，另一种是吸饮。
乔丽娜　我想KF麻醉药是可以吸饮的一种吧。
胡教授　是的。一般用鼻子吸饮，达到麻醉的目的。
丁小军　不用鼻子，直接喝下去，行吗？
胡教授　当然也起作用。
乔丽娜　怎么会造成心力衰竭呢？
胡教授　所有的麻醉剂都有个剂量的问题。用少了，人感到舒服，用得适量时，就会止痛，也就是达到麻醉的目的，用得过量了，人体的功能就会不可恢复。所以，医院里开刀，麻醉师非常重要，重要就重要在对剂量的精确掌握上。兰兰服用了超剂量的四氯乙烷，造成不可恢复的心力衰竭，自然也就抢救无效了。
乔丽娜　兰兰会不会是自杀呢？
胡教授　不可能。绝对不可能。
乔丽娜　教授这么肯定？
胡教授　不要说兰兰工作顺利，家庭幸福，没有自杀的理由。退一步讲，兰兰有理由自杀，也绝对吃不到大剂量的麻醉剂。
丁小军　为什么？
胡教授　你是刑警，听到过，或者侦查过用麻醉药自杀的人吗？我想不会有，因为作为一个个体，纵然想自杀，但是没有本领搞到麻醉药。
丁小军　这是什么原因？
胡教授　因为，属于麻醉剂的药物都是国家严格控制供应的。作为个体的社会人，在市场上是无法买到的。就是在医院里，对麻醉药的控制也是非严格的。比方说，凡是麻醉药开的处方，不是白色的，不是蓝色的，而是红色的。红色是什么，是警告、是警示、是危险。麻醉药的处方我们叫它红处方。一般医生无权处方，即使开了红处方，收费处拒绝收费，药房拒绝付药，一定要主任级的医生开处方，或者是主任医生认可了，盖上主任医生的图章，才能在药房买到药。

乔丽娜　教授，你的女婿，急救中心的主任顾多春他有红色处方权吧？

胡教授　他有。急救中心的主任，他当然有红色处方权。小丁警官，你问这个是什么意思？

乔丽娜　我的意思很明白，虽然麻醉药控制得很严格，但是还是有人把它带出来了，也给你女儿喝了。

胡教授　不，不，不，顾多春不会的，我们胡家对他不薄，可以说没有我们吴家，也就没有顾多春的今天。再说，他们小两口结婚六年多，一直恩恩爱爱，就连口角都没有一句。有水必有源，有云才有雨，世上万物都有个因果关系，顾多春要加害兰兰，没有因头啊。

乔丽娜　胡教授，你想一想，第一，你排除了兰兰自杀的可能性；第二，能够搞到麻醉药的只有主任医生；第三，要让兰兰喝下大剂量的麻醉药的只能是兰兰的亲朋好友是不是，你认为是谁呢？

胡教授　是呀，能是谁啊，我也百思不解呀。

丁小军　胡教授，你能不能告诉我，顾多春怎么和兰兰相识相知相爱的，好吗？

胡教授　这对破案也重要吗？

丁小军　像你说的那样，有水必有源，有云才有雨，知道过去，了解现在，兴许会寻找出因果关系。

胡教授　对此，我的小女儿娟娟比我更了解。我夫人早早地病逝，她们姐妹情深啊，她们姐妹之间无话不说，远胜父母，你可以找娟娟聊聊，向她了解了解。

丁小军　娟娟呢？

胡教授　（喊）娟娟！娟娟！

阿　姨　教授，娟娟到她姐夫那里去了。

[顾多春家。

胡娟娟　姐夫，你老实告诉我，你有没有把麻醉药带回家，我姐姐不当心，误食了你带回来的麻醉药？

顾多春　娟娟，你这是什么意思，你怀疑我杀害了兰兰。

胡娟娟　我是说误食，没有说你有意。

顾多春　这怎么可能呢？麻醉药不是粽子糖，要多少可以买多少，要带回家就可以带回家的。在医院里，麻醉药买多少，用多少，都有记录的。医生只开处方，是不经手具体药物的。

胡娟娟　那么是谁经手药物呢？

顾多春　当班护士呀。护士保管，护士根据医嘱使用。再说，我们急救中心，所有麻醉药的红处方都是主任麻醉师开的，我只管开刀，对麻醉药从来不过问的。

胡娟娟　那你说，我姐姐喝的麻醉药哪里来的？

顾多春　当然，只能从医院里来。

胡娟娟　是谁从医院里带来的？

顾多春　我怎么知道。

胡娟娟　是谁给她喝的？

顾多春　我更不知道了。

胡娟娟　那你在亲朋好友之中排一排队，有几个人是有红色处方权的，有几个人可以让姐姐喝下去的。

顾多春　这就难说了。

胡娟娟　你怀疑是谁？

顾多春　你说怀疑？

胡娟娟　你总有怀疑权吧！

顾多春　娟娟，这种事怎么可以怀疑呢？

胡娟娟　有什么不可以的，难道连怀疑都不可以吗？

顾多春　娟娟，你不要逼我，做医生的没有怀疑的习惯。

胡娟娟　怀疑并不损害医生的谨慎。

顾多春　娟娟，有些话我不好说。

胡娟娟　人都死了，还有什么话不好说？

顾多春　人命关天，每句话都要负法律责任的。怀疑错了，是要害人的。
胡娟娟　死的是我的姐姐，也是你的爱人，你吞吞吐吐，好像一个旁观者，你是心虚，还是其他什么意思？
顾多春　娟娟，你说话越来越没有轻重了。我心虚什么呀我，这要牵涉到一个人，你知道吗！
胡娟娟　谁？牵涉到谁？
顾多春　你爸爸的学生。
胡娟娟　我爸爸的学生普天下，多着呢，哪一个呀？
顾多春　同兰兰走得近的，接触多的，最亲近的可不多啊，也许只有一个。
胡娟娟　徐主任！徐哥！徐伟良！
　　　　［803办公室。
丁小军　徐主任，有劳你亲自找上门。
徐主任　应该的。
丁小军　徐主任亲自参与了胡兰兰的尸检，有什么想法吗？
徐主任　我好像不是在解剖兰兰，而是在解剖自己。
丁小军　为什么有这样的感觉呢？
徐主任　因为我无能啊，眼睁睁地看着兰兰在我面前咽气。
丁小军　这样的结果，你预先想到吗？
徐主任　这样的结果，出乎意料，却在情理之中。
丁小军　怎么在情理之中呢？
徐主任　兰兰的身体非常健康，没有过量的麻醉剂，怎么会心力衰竭呢！
丁小军　根据你的判断，是谁给胡兰兰喝了致命的麻醉剂？
徐主任　当然不是一般的人，至少得有两个条件，一个是能够接触到麻醉剂，另一个是能够接近兰兰。
丁小军　符合两个条件的有哪些人呢？
徐主任　我可以说一个。
丁小军　还有呢？
徐主任　丁警官，没有证据，只能怀疑。而我不敢怀疑任何人。
乔丽娜　那你找我们为了什么？说明情况、提供线索，还是其他原因？
徐主任　是这样的。我有一些照片交给你们，不知道对你们破案有没有作用。
丁小军　什么照片？
乔丽娜　流星雨。都是流星雨的照片。
丁小军　照片发黄了。不像是昨天晚上拍摄的吧？
徐主任　是的。是七年之前拍摄的。是在夏天，这是英仙座流星雨。
丁小军　这些照片不像在市区拍摄的。
徐主任　是的。这些流星雨的照片，都是在顾多春的老家海边拍摄的。
乔丽娜　你拿这些流星雨的照片给我们，想说明什么呢？
徐主任　事情是这样的。昨天下午五点我下班之前，突然接到兰兰发来的短消息。
乔丽娜　什么内容？
徐主任　她约我到她家里去一下。我突然想到今天是她的生日。说明一下，我和兰兰曾经好过，所以记得她的生日。于是我就去了。
乔丽娜　兰兰要你同庆她的生日吗？
徐主任　没有。三十三岁是小生日，一般人并不在意。她的丈夫顾多春在急救中心，家里就她一个人，冷冷清清的，没有一点过生日的气氛。
乔丽娜　那她叫你去干什么？
徐主任　她就是为了把这些流星雨的照片还给我。
乔丽娜　还给你？这是什么意思？
徐主任　噢，是这样的。我从小喜欢摄影，水平不错的。这些照片就是七年前的一个夏天的晚上，我和老师胡教授、兰兰、娟娟、顾多春五个人，在海边看流星雨的时候拍下来的。她和顾多春结婚时，我作为贺礼送给她的。
乔丽娜　胡兰兰结婚，你为什么送照片作为贺礼？
徐主任　因为他们两个人的恋爱关系是看了流星雨之后定下来的。连胡教授也说英仙座流星雨是兰兰和顾多春的媒人。
乔丽娜　七年之后胡兰兰为什么要把照片还给你呢？
徐主任　我也找不到合乎情理的解释，但又觉得其中必然有原因，所以决定把它交给你们，你们都是循迹觅踪的专家，也许你们能读懂其

　　　　　　中的原因。
乔丽娜　　你是不是感觉到其中暗示着什么？
徐主任　　我想不是暗示，应当说，她在还照片时，她有着某种思考，或者某种情绪。
丁小军　　徐主任，你对她了解，你认为她把照片还给你是出于哪一种思考？哪一种情绪，同她死亡有联系呢？
徐主任　　抱歉。我只是有一种朦胧的直觉，似乎她对过去的感情的一种否定，她不想保留这种感情。
乔丽娜　　你是说，似乎他们夫妻之间有了裂缝。
徐主任　　只能是一种朦胧的意识。
丁小军　　你还有其他旁证吗？
徐主任　　没有。他们结婚到现在一直很恩爱，没有一星不和谐的流言，没有半点有冲突的痕迹，所谓裂缝，不知从何说起了，也就是说我的这种猜度也不一定成立。
丁小军　　你没有问兰兰，她为什么要在此时此地，把流星雨的照片还给你的原因吗？
徐主任　　问了。我是问了。
乔丽娜　　她怎么说的？
徐主任　　她说，这是你的杰作，你拍的你保留。说罢，她拖着我去打保龄球，像平时一样，她神采飞扬，她兴高采烈。
　　　　　［保龄球的滚动声；
　　　　　［保龄球的击倒声。
　　　　　［兰兰的咯咯咯的笑声。
　　　　　［兰兰的欢叫声：倒了，倒了，全都击中了，徐主任，你又输了！
　　　　　［顾多春家。
顾多春　　娟娟，你看，你看……
娟　娟　　这是什么？
顾多春　　这是你姐姐每天记的流水账。
娟　娟　　昨天晚上记的什么？
顾多春　　（念）三十三岁生日。夜。保龄球馆，和徐哥开战两局，连胜两局。腹饥口渴，回家。

［保龄球的滚动声。

乔丽娜　徐主任，你们什么时候离开保龄球馆的？

徐主任　八点半。

乔丽娜　你没有和她一起去吃夜宵？

徐主任　我邀请了，她拒绝了。她说她回家可以边看电视，边喝牛奶和吃蛋糕。

乔丽娜　你送她回家了？

徐主任　没有。来的时候我们各自开的车；走的时候，我们各自开车回家了。

丁小军　徐主任，你知道胡兰兰昨天是生日，那你是空手去的，还是买了礼物去的？

徐主任　我买了一束她喜欢的香水百合，还买了一盒蛋糕，她平时也喜欢吃蛋糕。

［顾多春家。

顾多春　娟娟，你看，这一盒蛋糕也是徐主任买来的。

娟　娟　我姐吃了四分之一。又打保龄球，又吃蛋糕的，我姐身体不是很好吗？

顾多春　会不会吃了蛋糕之后心力衰竭的？

娟　娟　你是说这蛋糕里掺和了麻醉药！

顾多春　不会的，不会的，徐主任不会害兰兰的。不过，有一个非常奇怪的现象，引起了我的一些联想。

娟　娟　什么现象？

顾多春　娟娟，你看看你姐的看病日期。

娟　娟　二月三日看过一次毛病。

顾多春　二月三日是吗！你姐的流水账上这样记载，二月二日，徐主任中午来家，帮我拍摄服装设计图，六套二十张。

娟　娟　四月五日看过一次毛病。

顾多春　你姐的流水日记上这样写着，四月四日，设计修改稿完成，徐主任用数码相机拍摄。

娟　娟　这是什么意思?
顾多春　这是一个规律,凡是徐主任到我家一次,兰兰第二天必去医院看病。
娟　娟　这么说,徐主任每次来都给我姐姐吃麻醉药了!
顾多春　这太可怕了。不,这不可能,徐主任可是个正人君子,何况又是你爸爸的得意门生,他曾经爱过你姐姐,他不会向兰兰下手的。
娟　娟　不是不可能,而是非常有可能。
顾多春　为什么?
娟　娟　因为他得不到姐姐,所以想报复姐姐,他有理由作案。他有红色处方权,他也有作案的条件。
顾多春　这些也许都是巧合,娟娟,这只能是猜测,不是什么真凭实据。
娟　娟　姐夫,知人知面不知心,你不要太老实。
顾多春　这不是老实不老实的问题,而是案情重大,我们要对别人负责。
娟　娟　那谁对我们负责,谁对姐姐负责?
顾多春　娟娟,你想怎么样?
娟　娟　把蛋糕、把日记、把病历卡统统交给803。
顾多春　娟娟,你一定要这样做,必须要征得爸爸的同意。爸爸年纪大了,已经痛失爱女,在徐主任的问题上,我们不能给老人家来个突然袭击,一定要得到他的同意,至少让他有个思想准备。
〔胡教授家。
胡教授　徐伟良,我的得意门生,我一直把他留在身边,他却利用生日蛋糕杀害了我的女儿,这可能吗?我宁可相信这是一种巧合。
顾多春　爸,我也是这样认为的。
娟　娟　爸,你一手培养的学生,恩将仇报,倒过来反对你的没有吗?
胡教授　至少徐伟良不会。
娟　娟　天仙会变魔鬼,家犬也会变成白眼狼。他不过是你的学生。
顾多春　娟娟,你冷静一些,天下巧合的事多着呢。
娟　娟　是不是巧合,我们有争论的必要吗,把蛋糕、日记、病历卡交给803,清者自清,浊者自浊,用不着我们为他打包票。
顾多春　爸,娟娟说的也有道理。

胡教授　娟娟，你给我拨通胸外科的电话。
娟　娟　爸，你这不是通风报信吗！
胡教授　君子坦荡荡，明人不做暗事，让我当面问问他。
顾多春　我来拨，我来拨。（拨电话）爸，通了，你接听吧。
胡教授　喂，是胸外科吗？叫徐伟良听电话，我是胡金林，什么，他到803去了。

〔803办公室。

丁小军　徐主任，谢谢你为我们提供了这些照片，这些照片到底说明什么，我们一起来破解它，不急。今天你既然来了，你能不能谈一下你和胡兰兰之间的感情纠葛，好吗？
徐主任　我和兰兰的感情，谈不上什么纠葛，一切都顺其自然。
乔丽娜　请你谈得具体一些。
徐主任　我是她父亲的学生，经常到她家里去。认识她很自然，接触多了，彼此产生了好感，谁都认为我们是很般配的一对，我们彼此也心照不宣，但是顾多春认识了她，追她追得很紧，就在那个流星雨之夜，他向她求婚，她也居然答应了。因为我没有向她求过婚，我们之间也没有什么约定，我被淘汰出局，虽然感到意外，感到突然，但是除了内心痛苦之外，也没有什么尴尬，他们结婚之后，我和他们还是有往来，还是好朋友。
乔丽娜　你喜欢胡兰兰的是什么？是长得漂亮，还是个性很好？
徐主任　兰兰长得像我老师，作为一个女性，说不上漂亮，当然也不难看。应当说我喜欢她的个性，有人说给她一点阳光，她很显得灿烂。其实，哪怕你不给她阳光，她依然灿烂。什么烦恼，什么痛苦，在她脸上你别想找到影子，她总是笑嘻嘻的，她总是给人一种不媚不俗的微笑。跟她在一起，使人轻松，使人愉快，人也会跟着变得坦然，变得率真。
乔丽娜　胡兰兰突然接受顾多春的原因是什么？
徐主任　你们要了解兰兰的感情变化，最好，去问问娟娟。也许娟娟在里面起到了十分关键的作用。（手机响）对不起，我接一下手机……喂，我是徐伟良，什么，十八床病人病危，好，你们做好抢救的

	准备，我马上回来。对不起，我要走了，病人等着我，我要去抢救病人。
丁小军	你是开车来的吗？
徐主任	是的。
丁小军	现在是高峰时间，道路堵得厉害。
徐主任	耽误了抢救病人那就糟了。
丁小军	徐主任，你别急，我开警车，为徐主任开道。
徐主任	这，怎么可以呢。
丁小军	为病人着想。徐主任，别客气，走吧。
	［警车声。
顾多春	娟娟，这是一辆什么车呀，居然有警车开道。
娟　娟	是徐伟良的别克。
顾多春	怎么会呢？
娟　娟	他不是到803去了吗？
顾多春	803怎么会为他开道呢，不会是徐主任。
娟　娟	我看到了车牌号。是的，是徐伟良的。
解　说	顾多春和胡娟娟还是说服了胡教授，他们俩驱车把胡兰兰的日记、病历卡，以及兰兰吃剩的蛋糕送到了803。这些物证是不是对侦查起到了作用，且听《流星雨》第三集《梳理物证》。

第 三 集

解　说	徐伟良送来了流星雨的照片，顾多春和胡娟娟送来日记、病历卡和蛋糕。他们都在积极地帮助着803破案。丁小军和乔丽娜对掌握的线索进行了梳理，决定了侦查的重点。
乔丽娜	丁小军，同主任级的知识分子打交道，真的太吃力了。
丁小军	怎么啦？哪一点叫你不舒服了。
乔丽娜	徐伟良拿来流星雨的照片，他是怀疑胡兰兰和顾多春感情方面出

了问题，说明顾多春有作案的可能性；符合作案条件的他说了自己，就是不肯说顾多春；再说顾多春吧，他郑重其事地把日记、病历卡、生日蛋糕送到我们这里来，他分明是怀疑徐伟良作的案，又一再申明徐伟良是正人君子，你说吃力不吃力。

丁小军　把他们一个个地调动起来，他们也主动登台表演，这是一件好事。

乔丽娜　同他们对话，要多听弦外之音，要多留一份神，要多长一个心眼。温良恭谦的背后，说不定是一个陷阱。

丁小军　让我打个电话到技术科问一问，生日蛋糕的化验结果出来了吗？（拨号）喂，我是小丁，化验结果出来了，怎么样？生日蛋糕里面有KF麻醉药的成分。

乔丽娜　这么说是徐伟良杀害了胡兰兰。

丁小军　喂，喂，含量多少？什么，含量多少没有意义了。

乔丽娜　为什么不能量化？

丁小军　什么，因为KF麻醉药有散发性，现在的含量不等于当初的含量。

乔丽娜　问问他，这种麻醉药放在食品里吃不出味道吗？

丁小军　喂，喂，乔丽娜问你……喂，乔丽娜，你自己问吧。

乔丽娜　喂，我问你，这种东西味道如何？什么，无色无味，一般人吃不出味道的，好，谢谢。（挂电话）这种案子如果发生在寻常百姓家，或者没有医学常识的人家，早就作出病故处理了，凶手一辈子逍遥法外，死者只能含屈当冤魂了。

丁小军　这么说徐伟良送的蛋糕，蛋糕里又有麻醉剂！不费吹灰之力，侦查就有了重大突破了？

乔丽娜　有了物证，可以对徐伟良进行留置盘问了。丁小军，你的意见呢？

丁小军　胡兰兰的病历卡和她记的日记印证下来，的确十分可疑。徐伟良每次到胡兰兰的家，胡兰兰每次都得病。现在又有生日蛋糕的连锁，对徐伟良留置盘问的条件应当说是成熟的。

乔丽娜　那还犹豫什么，我去传讯徐伟良。

丁小军　别忙，别忙。

乔丽娜　又怎么啦？

丁小军	乔丽娜，你刚才不是说要多长一个心眼多留一份神吗？
乔丽娜	是呀，我讲过。
丁小军	那就请你想一想，如果是徐伟良在蛋糕里掺入了麻醉剂，又对我们说这只蛋糕是他送的，这就是说，徐伟良胆大包天，来个自我暴露，这合乎情理吗？根据犯罪心理学分析，不合理呀。他要彻底否定蛋糕是他买的，这才合乎逻辑。
乔丽娜	这不好说，贼喊捉贼，并不少见。再说，这些人智商都很高，说不定来个逆向思维，他认为越是坦然承认，越是会被人忽视的道理。老实说，我就不会想到有人会把麻醉药掺进蛋糕里。
丁小军	可能性不是只有一种，往往有多种。如果有人知道这只蛋糕是徐伟良送的，而后在蛋糕里掺入麻醉药呢？
乔丽娜	这变成嫁祸于人了！
丁小军	这种可能存在吗？
乔丽娜	当然有这种可能。你是在怀疑顾多春？
丁小军	我以为徐伟良分析的两个作案条件是正确的。一个条件，此人必然有红色处方权；另一个条件，此人必然能够接近胡兰兰。顾多春也符合这个条件。
乔丽娜	照你这么说，是不是要我们对顾多春和徐伟良同时进行侦查？
丁小军	为什么不可以呢？
乔丽娜	你真的要舍近求远，舍本逐末呀。
丁小军	我认为双管齐下的好。
乔丽娜	那也可以。先从蛋糕切入，先留置盘问徐伟良。
丁小军	在没有确切证据面前，我建议不要采取留置措施。
乔丽娜	那为什么？
丁小军	因为这两个人手里都握有手术刀，都是身系病人生命安危的人。所以，这次侦查要加倍小心，在没有掌握确切证据之前，不要传讯，不要留置，不要拘留。
乔丽娜	三不要，够特别的。
丁小军	如果对他们造成压力，造成紧张，就会造就医疗事故，就会出人命的。

乔丽娜　　我说丁小军，你够成熟的，啊。那你说，怎么着手？
苗　正　　从外围着手。先搜集足够的证据。
丁小军　　也好。是不是分一分工？
苗　正　　别忙着分工。我们先把胡娟娟请过来，先请她谈一谈死者和两个男人之间的感情波折，他们之间的恩恩怨怨，这对我们的侦查有好处。
乔丽娜　　好，听你的，我同胡娟娟联系一下。
　　　　　〔民乐《二泉映月》。
娟　娟　　这是顶级的西湖龙井，两位警官请用。
乔丽娜　　胡娟娟，你为什么坚持要在这里谈话呀。
娟　娟　　到你们那里谈，803，气氛太紧张了；在我家里谈，对我老爸多一个刺激多一分伤心。
乔丽娜　　可这里是茶馆呀。
娟　娟　　没关系。这是我开的茶馆，方便。
乔丽娜　　胡娟娟，你还是老板呢？
娟　娟　　混混，找口饭吃。
丁小军　　顺便问一下，你姐夫上班了没有？
娟　娟　　没有。他在我爸那里呢。
　　　　　〔胡教授家。
胡教授　　多春，你打个电话到803，问一问，那盒蛋糕里有没有名堂。
顾多春　　爸，我已经打过电话了。
胡教授　　怎么，还没有化验结果吗？
顾多春　　他们只有一句话，无可奉告。
胡教授　　我想不会有问题的。徐伟良不会可恶到这种地步的。
顾多春　　爸，你别多思多想了，娟娟说得对，清者自清，浊者自浊，803自有公论。
胡教授　　我失去了女儿，再不能失去个学生。多春，准备车子，我要亲自去803，问个结果，问个明白。
顾多春　　爸，你为什么只关心你的学生，为什么不关心我的感受！
胡教授　　你的感受，你没有杀害兰兰，我要担心你什么？

顾多春　　爸，我们还是商量一下兰兰的后事怎么办？
胡教授　　凶手还没有归案，这后事怎么办！凶手归案了，才能告慰兰兰的在天之灵。
顾多春　　我也希望这样。但是，案子也不是说破就破的。
胡教授　　多春，停尸费我出。
顾多春　　这不是钱的问题。
胡教授　　多春呀，你也节哀顺变，去工作吧，我知道急救中心离不开你这把手术刀，你也离不开急救中心，人死不能复生，你去工作吧，只有工作才能分散你心中的痛苦。
　　　　　［《二泉映月》低缓的声音。
娟　娟　　顾多春不是我爸爸的学生。他大学毕业后，希望留在省城，但是被分配在县级的中心医院。结果他要做小庙里的菩萨，干脆到了乡镇医院。当然，这是一个有四万人口的大镇，也是我爸爸的祖籍。他是请爸爸到他医院去会诊、去指导，才认识我爸爸的。
丁小军　　于是就常来常往了。
娟　娟　　是的。只要有机会，爸爸也带着我们姐妹俩一道去。当然，爸爸带我们去，也有个要我们寻宗认祖的情节。
丁小军　　于是他也认识了你们姐妹俩。
娟　娟　　顾多春对我们姐妹俩的好，那是赤裸裸的，滚烫滚烫的，有一次我姐看到田野里飞起的一只野鸡，随便说了一句，据说野鸡汤很鲜美的。当天吃晚饭的时候，一大盆野鸡汤就端在我姐面前了。他知道我们姐妹俩喜欢吃水果，他就夏送西瓜秋送梨、杨梅、山桃叫你吃不完，可以说我家一年四季吃的水果，都是他送来的。
乔丽娜　　认识之后，他就追求你姐姐了？
娟　娟　　没有。追求我姐姐那是他到了上海之后。
乔丽娜　　他是怎么到上海的？
娟　娟　　他向我爸爸提出到上海进修的要求。我爸答应了。
乔丽娜　　跟你爸爸进修吗？
娟　娟　　不是的。我爸爸把他介绍给他的同学了。那是区级医院。爸爸的同学是院长。到了上海，他就发动了对我姐姐的进攻。一有空，就往我家跑，我家的体力生活，他都包了，发展到后来，我们姐妹俩的衣服他也帮助洗了。我们都叫他老大，就是把他当作家庭一员了，当他哥哥了。说真的，我们姐妹俩在感情上甚至对他产生了依赖，玻璃窗脏了，心里就会想，等老大来擦吧；灯泡坏了，等老大来换吧。

乔丽娜 他知道你姐和徐伟良好吗？

娟　娟 知道。他不管，他是毫无忌惮，他是横刀夺爱。

乔丽娜 徐伟良什么反映？

娟　娟 徐伟良木笃笃的，自认为他和姐姐的感情牢不可破，对顾多春对我姐姐的热情讨好，甚至是当面殷勤，毫不介意，至少他错误地认为顾多春是个乡下医生，我姐姐无论如何不会嫁给他的。徐伟良他是个事业性强，理智型的人。不会讨好女孩，不敢越雷池一步，一板一眼，规规矩矩地爱着姐姐。

乔丽娜 你姐姐是什么态度？

娟　娟 放不下徐伟良，舍不得顾多春。

乔丽娜 她征求你意见了？

娟　娟 征求了。我是外向型的女孩，我喜欢顾多春类型的人。

乔丽娜 这么说，你姐是听了你的话才嫁给顾多春的？

娟　娟 也不是。最后她是听了老天爷的安排。

乔丽娜 怎么一回事？

娟　娟 顾多春进修结束后，又回到了乡镇医院。有一年的夏天，他邀请爸爸去指导工作，徐伟良和我们姐妹俩都去了。一天的晚上，我们一行五个人到海滩上吹海风，观看英仙座流星雨。流星雨暴发时，我姐姐跪在沙滩上，闭上眼睛许下愿。

丁小军 许下什么愿？

娟　娟 当她张开眼睛看到站在她面前的是谁，她就嫁给谁。

丁小军 张开眼睛看到的是顾多春。

娟　娟 是的。看到顾多春跪在她面前向她求婚。而徐伟良捧着照相机，拼命地拍照片。婚事定下来之后，顾多春又通过爸爸的关系，被引进到急救中心当医生，三年之后当上了中心主任。

乔丽娜　你姐姐幸福吗？
娟　娟　没有什么不幸福。
乔丽娜　你们姐妹俩还是像过去那样什么心里话都谈吗？
娟　娟　同过去当然不能相比，我开茶馆，她搞设计。但是有一点可以肯定的，我从来没有听到过姐姐在背后讲姐夫的不是，从来没有听到一句不满的话，姐姐脸上总是阳光灿烂，噢，对了，上个月顾多春还给姐姐买过一只钻戒，一万二千元。
〔嘟、嘟、嘟三声喇叭声。
冯　姐　娟娟，娟娟！
娟　娟　对不起，冯姐在楼下叫我……冯姐……
冯　姐　娟娟，兰兰怎么搞的，打她手机她关机，打她电话没人接，到她家里不开门，好像人被蒸发了似的。
娟　娟　你找我姐有事吗？
冯　姐　服装厂来取样了，设计图在她手上呢。告诉我，兰兰到哪里去了？
娟　娟　我也不知道。
冯　姐　这几天我眼皮跳得厉害。你姐姐不要出事了。
娟　娟　我姐姐会出什么事？
冯　姐　那好，你把顾多春的手机号码告诉我，让我问问你这位三不管的姐夫，不知道这次他知道不知道兰兰的下落。
娟　娟　冯姐，抱歉，我把电话小本本忘在家里了。
冯　姐　今天看来不是黄道吉日，怎么样样事情不顺的。那我走了。
娟　娟　冯姐，进来喝杯茶吧。
冯　姐　不了。我总得把你姐姐找出来呀。找不出来，我到公安局去报案。
娟　娟　冯姐，走好。
〔汽车开动声。
丁小军　这位冯姐是谁？
娟　娟　我姐姐的同学，也是生意上的合伙人。她们俩一起开的服装设计室。
丁小军　她对你姐姐的情况熟悉吗？
娟　娟　当然熟悉。

丁小军　乔丽娜，我们应该向冯姐了解一下情况。
娟　娟　那我打手机把她叫回来。
乔丽娜　不用了，还是我们去找她吧。
　　　　［大街上的喧嚣声。
　　　　［汽车行进声。
乔丽娜　丁小军，快把车子朝冯姐逼上去，当心，别撞了人家。
冯　姐　喂，你会不会开车……
　　　　［车子刹车的尖叫声。
冯　姐　喂，你们想干什么，想制造车祸吗？
丁小军　对不起呀，冯姐，请你靠边停车。
冯　姐　作怪，怎么知道我名字的。喂，你们是什么人？
丁小军　朋友。
冯　姐　朋友。唔，是警车。喂，老娘舅，我犯规了吗？
丁小军　你没有犯规。
冯　姐　那你追我干吗？
丁小军　请你停车。
乔丽娜　冯姐，我们是朋友。
冯　姐　作怪，哪来的朋友，好，停车就停车，我冯姐怕谁。
　　　　［胡教授家。
阿　姨　徐主任，你来了。
徐主任　阿姨，我老师呢？
阿　姨　教授刚睡着。
胡教授　是徐伟良吗？
徐主任　老师，是我，是我，听说你打电话找我？
胡教授　我找你，你到803去了。
徐主任　是的。我从803回来之后，又做了个手术。
胡教授　你到803去投案自首的吧？
徐主任　是的。是的。老师，你讲什么？
胡教授　争取主动，好啊。
徐主任　老师，你讲投案自首，我没有听错吧？

胡教授　没有。投案的好，自首不会错。
徐主任　我投什么案，我自什么首呀。
胡教授　不是投案自首，那你到803去干什么？
徐主任　我把流星雨的照片交给803。
胡教授　流星雨的照片，你想说明什么呢？
徐主任　七年前我们在海边拍的流星雨的照片，你认为是兰兰和多春的大媒人的照片，兰兰一直珍藏着，但是昨天晚上她突然把照片还给了我。我认为兰兰不愿意再保存这段感情，说明他们夫妻之间出现了危机。
胡教授　胡扯。他们夫妻感情好得很。
徐主任　是吗？那我多疑了。
胡教授　你是想转移目标吧。
徐主任　老师，你在怀疑我。
胡教授　徐伟良，你凭良心说，这么多年来，我待你怎么样？
徐主任　名为师生，胜似父子！
胡教授　那你老实告诉我，你昨夜有没有送生日蛋糕给兰兰？
徐主任　送了。
胡教授　你有没有在蛋糕里掺入麻醉药？
徐主任　老师，这从何说起啊！
胡教授　有，还是没有，你老实告诉我。
徐主任　我是五点半走出医院，这蛋糕是我和护士长一起到医院对面克莉丝汀买的。
胡教授　哪个护士长？
徐主任　我们胸外科的护士长。
胡教授　护士长也去了。
徐主任　是的。她家不是住在兰兰家的对面嘛。她搭我便车回家，在兰兰家坐了一刻钟，吃了一只柑橘之后走的。老师，别人不了解我，难道老师你也不了解我吗？我爱着兰兰，怎么会害兰兰呢！
胡教授　不要说了。什么都不要说了。只有相信803了。
　　　　　［小孩子的喧哗声：来，把球踢过来，快呀！哇，球进了，进了！

冯　姐　这里是学校操场呀。
丁小军　冯姐,委屈你一下,就在草地上坐吧。
冯　姐　你们是803?
丁小军　是的。这是我的警官证。
冯　姐　刚才你们说,你们知道兰兰的下落?
乔丽娜　是的。
冯　姐　她在哪里?犯法了,你们在追捕她?
乔丽娜　你想到哪里去了。
冯　姐　她在哪里?
乔丽娜　在医院的停尸房。
冯　姐　什么,停尸房!求求你们不要吓我。
丁小军　胡兰兰已经死了!
冯　姐　你们不是跟我开玩笑吧。
乔丽娜　昨天晚上胡兰兰心力衰竭,今天早上抢救无效。
冯　姐　兰兰,兰兰……
乔丽娜　冯姐,别哭,别哭,这里是公共场所。
　　　　［茶馆。
娟　娟　姐夫,你怎么来了?
顾多春　你叫我到哪里去。回到家,到处是兰兰的音容笑貌,回到中心,人人安慰我可怜我,到爸爸那里吧,话不投机半句多。
娟　娟　为什么?
顾多春　我想同他商量,把兰兰的后事办了,入土为安吧。可是老爸……以为我舍不得停尸费。
娟　娟　你顺着点老爸吧。
顾多春　但愿803早一点破案。
娟　娟　刚才冯姐来找姐姐,她问我要你的手机号。
顾多春　你告诉她了?
娟　娟　我什么都没有告诉她。
顾多春　那为什么?她们是老同学,又是合伙人,迟早要知道的。
娟　娟　因为她们是合伙人,所以不能马上告诉她。

顾多春　为什么？
娟　娟　她们投资比例，她们分配的原则，她们有多少积累，我们一无所知，冯姐知道姐姐走了，她要做一下手脚，我们谁也不会知道真假。所以，我们在家里找一下协议书等有关资料，告诉她讯息和清理财产同时进行。
顾多春　这件事娟娟你去做吧。如果你姐姐有财产，都给你，我什么都不要，但是有一点要注意，冯姐是你姐生前的好朋友，说什么也不要得罪她。

　　　　〔孩子们踢球的喧哗声。
乔丽娜　冯姐，这么说，你是兰兰生前最好的朋友？
冯　姐　是的。我了解她，我了解她。
乔丽娜　都说兰兰生前很幸福？
冯　姐　幸福什么呀幸福，她阳光的背后一片阴暗，她天使般的笑声里掩盖着无尽的痛苦。爹不知，妹不知，只有我知道，可怜的兰兰啊！

解　说　娟娟的叙述，刻画了胡兰兰情感发展的轨迹。这道轨迹里，流淌着岁月的甜蜜。亲人们感受到的是胡兰兰事业的顺利，家庭的幸福，而好朋友冯姐却石破天惊地宣布兰兰被阴暗所笼罩，充满着痛苦而可怜。到底有什么根据，且听《流星雨》第四集《陷入困境》。

第 四 集

解　说　胡兰兰的家人都认为兰兰的婚姻美满，生活幸福，但是兰兰的知心好友认为兰兰生活在痛苦之中，根据在什么地方呢？

　　　　〔学校球场的喧嚣声。
乔丽娜　冯姐，你说兰兰生活在阴影之中，生活在痛苦之中，有什么根据？
冯　姐　两位警官，你们先告诉我，兰兰的死亡，怎么会惊动你们803的？
丁小军　因为她是被人害死的！

冯　姐　凶手是谁？
乔丽娜　我们正在侦查之中。
冯　姐　我这两天眼皮跳个不停，这不，果然飞来横祸！
丁小军　所以请你谈谈胡兰兰的情况，尽可能地提供线索，帮助我们破案。
冯　姐　我冯姐为朋友两肋插刀，在所不惜，我也不怕得罪人，我有话要说。但是这里不是说话的地方，走吧，到我家里去谈。
［震动人心的音乐。
冯　姐　老公，你在干什么？惊天动地的。
老　公　老婆，我在调试音响呢。
冯　姐　把你的破音响关了，出去，出去。
老　公　你这是干什么？
冯　姐　我不叫你回家你别回家，我要接待两位客人。
老　公　他们是谁？
冯　姐　他们是谁，不关你的事，叫你出去，你就出去，还啰唆什么，走啊！
老　公　好，我走，我走。
乔丽娜　冯姐，你待你爱人这么凶啊。
冯　姐　我是这个家庭的最高统治者，你不吆喝男人，男人会吆喝你，这就是生活的辩证法则，不谈家务事，言归正传，你们不是要了解胡兰兰吗，我先给你们看一样东西。
乔丽娜　钻戒！
冯　姐　这就是顾多春在上个月为兰兰买的钻戒，号称一万二千元买的。有发票，还有保证书。
乔丽娜　顾多春买给胡兰兰的钻戒怎么会在你的手里？
冯　姐　我不相信顾多春会买这么昂贵的钻戒给兰兰，我叫兰兰去鉴定，兰兰死活不肯，哪怕是假的，她也不愿意拆穿。结果，是我拿去鉴定了，果然是假货，只值三十多元的赝品。胡兰兰的幸福生活，就像这只钻戒，是赝品。
乔丽娜　你能不能说得再具体一些。
冯　姐　顾多春外表光鲜，待兰兰好得不得了；其实，兰兰已经当了一年多的活寡妇了。顾多春经常加班，经常不回家，这就不去说他，就是回家，变成哑巴，他只要兰兰为他敲背，为他按摩，除此之外，连一句交流的话都没有，日长时久，这种精神折磨，你说谁受得了。

乔丽娜 胡兰兰没有反应吗？

冯　姐 兰兰又是个极爱面子的人，顾多春这样待她，她说不出口啊，她对谁都瞒得紧腾腾的。

乔丽娜 那你是怎么知道的？

冯　姐 那是去年的情人节，顾多春在外面会诊，他叫快递公司送来一束玫瑰，不送到家，送到我们公司来，他是送给我们看的，做得漂亮吗，让人家都感觉到他是多么爱着兰兰，说真的，当时我也羡慕兰兰呀。

乔丽娜 难道这有什么不好吗？

冯　姐 兰兰当着众人的面，阳光灿烂地接受了玫瑰，背转身，却把自己关在设计室里了。我不经意地推开门，你们知道兰兰怎么着，她泪流满脸，她在把玫瑰的花瓣一片一片地撕下来，我问一声兰兰你怎么了，她突然抱住我失声痛哭，于是我知道了一切。我火冒三丈，动员兰兰与他离婚，我也决定抱打不平，我去找顾多春谈离婚条件。

[百鸟啁啾。

顾多春 冯姐，你把我约到公园里干什么呀？

冯　姐 我想和你谈情说爱呀。

顾多春 冯姐，你开什么玩笑。

冯　姐 顾多春，我告诉你，我冯姐说一是一，没有心思开什么玩笑。

顾多春 冯姐，你要谈情说爱，你就找错对象了，我只爱兰兰，恕不奉陪！

冯　姐 站住，别想溜！我就是受兰兰的委托，来和你谈情说爱的。

顾多春 兰兰委托你，委托你和我谈情说爱？我真不知道怎么个谈法。

冯　姐 很方便，以我冯姐的方式谈，快刀斩乱麻！

顾多春 冯姐，你这是云里雾里，叫我不知所以呀。

冯　姐 没关系，我让你知道所以。这是兰兰写的协议离婚书，你睁大眼睛看看明白，如果同意，就签上你的臭名。

顾多春 离婚，为什么要离婚？

冯　姐 还要我说吗？你和兰兰已经没有了情，没有了爱。你和兰兰的婚姻已经名存实亡了。

顾多春 我打她了，我骂她了？

冯　姐 你他妈的叫兰兰守活寡，你把兰兰当木头，你把兰兰当摆设，这还不够吗？

顾多春 冯姐，你误会了，你误会了。

冯　姐 顾多春，你是个聪明人，你也是个在场面上混混的人，我也不想揭你怎样对兰兰进行精神折磨的老底了，大家心知肚明，自觉一点，在离婚书上签上名，也算你积阴德吧。

顾多春 冯姐，我不能离婚，我不会离婚。

冯　姐 怎么，你对兰兰折磨得还不够是吗？

顾多春 没有兰兰一家，就没有我顾多春的今天，我还要立足社会，我不能不仁不义。

冯　姐 你这个忘恩负义的东西，怎么光想到自己的，就不能为兰兰想想！

顾多春 冯姐，如果我有对不起兰兰的地方，我改，我坚决改！

　　　　［叩门声声。

冯　姐 谁呀？

老　公 老婆，我可以回来了吗？

冯　姐 烦死了，再出去转一转，可以回家了，我会叫你的。

老　公 明白了，明白了，你们谈，你们谈。

乔丽娜 那顾多春对兰兰的态度改变了吗？

冯　姐 改变了。精神折磨改变成了性虐待。一见兰兰就有性要求，一夜四五次，十八般武艺全部都用上了。这不是什么做爱，而是一种报复，一种发泄，一种虐待。没有感情的愉悦，只是一种痛苦的伤害。

乔丽娜 从此以后兰兰不提离婚了吗？

冯　姐 提了。每一次顾多春都唱自我错，信誓旦旦地表态。结果只是换汤不换药，变着法子折磨兰兰。兰兰也人前装笑脸，肚里吞眼泪，把心思都用在工作上。你们说，兰兰是不是被顾多春害死的？

丁小军　我们还在侦查之中。

冯　姐　这件事，我不会不管的！你们告诉我，我还能做什么？

乔丽娜　谢谢你了冯姐，你可以把你爱人叫回家了。

冯　姐　你别以为我丈夫对我百依百顺，其实，我是张牙舞爪，他是大智若愚，功夫在内，大事我都要听他的，骨子里他比我凶狠十倍。

乔丽娜　是呀，每一家都有一部真经，就看怎么念了，再见了，冯姐。

〔汽车启动。行驶。

丁小军　乔丽娜，你听了冯姐讲的故事，有什么想法？

乔丽娜　顾多春当面是人，背后是鬼。伪君子一个，一个伪君子。以他这样的人品，可能对兰兰下得了毒手。

丁小军　能不能这样刻画，顾多春当初追求胡兰兰，是不是为了利用胡教授的权威和地位，把婚姻作为从乡下走向上海的跳板。

乔丽娜　顺着你的思路，顾多春到了上海，为了达到另一个更高的目的，而兰兰成了达到这个目的障碍，所以必须要清除兰兰，扫除障碍。

丁小军　有道理。不过，我们的思考是不是可以再周密一些。

乔丽娜　怎么才算周密？

丁小军　我提个相反的问题，顾多春要扫除障碍，那也可以离婚呀，不必要痛下杀手呀。

乔丽娜　离婚，他怕得罪胡教授，他怕担上个忘恩负义，过河拆桥的罪名，可能对他的前途不利，或者说对他达到更高目的不利。

丁小军　杀害胡兰兰，岂不是要冒更大的风险？

乔丽娜　他认为天衣无缝，胡兰兰心力衰竭而死亡，焚尸灭迹，一了百了，不会有人对他有任何怀疑。他依然是胡教授的乘龙快婿，依然可以沾着胡教授的光。他绝对不会想到胡娟娟没有和他商量就报了案，他措手不及，于是显得有点慌张，黔驴技穷，想到了嫁祸于人。

丁小军　现在看来顾多春和徐伟良都有作案的动机和条件，两人相比较，你看哪一个更像犯罪嫌疑人呢？

乔丽娜　从目前已经掌握的情况，徐伟良比较老实，这个人缺乏进攻性，否则老婆也不会被人抢去了，像这样木笃笃、小心谨慎的人，恶从胆边生，突然起杀机，可能性不是最大。

丁小军　有道理。如果徐伟良在七年前动杀机，还有一个兰兰负他的由头；七年后，再起杀机，好像没有理由。

乔丽娜　而顾多春头脑活络，不乏奸诈，伪君子的帽子套在他的头上，合适。他一方面对兰兰进行虐待，另一方面又给人家夫妻恩爱的错觉，连胡教授、胡娟娟、徐伟良都被他骗过了，这巧伪人的本领非同小可。他作案的可能性极大，所以我倾向集中精力，先对顾多春进一步的侦查。你说呢？

丁小军　好吧，那我们就到急救中心侦查吧。

　　　　[救护车的声音。

耿书记　是803的丁警官，我们急救中心只和交通警察打交道，很少和你们803的刑警交往，今天是什么风把你们吹来了。

丁小军　耿书记，你知道你们顾多春医生的爱人死了吗？

耿书记　顾主任向我汇报过了，他说他的爱人死得很蹊跷，我们党委劝他处理好丧事之后再上班，可是他忍着悲痛，刚才又上手术台了。话说回来，顾主任是我们急救中心的顶梁柱，离不开他呀。丁警官，你找我，是不是顾主任爱人的死亡牵涉到顾主任吗？

丁小军　你是书记，我就同你明说吧，顾主任的爱人是非正常死亡。

耿书记　顾主任说过，他爱人死得蹊跷。

丁小军　所以我们对与此相关的人员都要进行了解。

耿书记　包括顾主任吗？

丁小军　当然，包括顾主任。我们的另一位警官在药房了解，希望你向药房打个招呼，请他们积极配合。

耿书记　好的，没问题，我给药房打个电话。

　　　　[电话响。

苏主任　喂，我是老苏……耿书记吗，我知道，803的乔警官已经找到我了，我们正在谈着呢，你放心，我会实事求是的。

乔丽娜　是你们书记的电话？

苏主任	是的，是耿书记的电话，她要求我积极配合你们调查。
乔丽娜	谢谢。请你继续说吧。
苏主任	我们急救中心抢救的都是创伤外科，每天要为病人开刀，每天都要用麻醉药。
乔丽娜	你们用麻醉药有什么规定吗？
苏主任	那当然。麻醉药使用不当，就会变成毒品。我们药房有专人保管，专人发货，每天盘底，不能有丝毫误差。
乔丽娜	红色处方权，有没有严格规定？
苏主任	国有国法，院有院规，那可是铁的规定，主任麻醉师才有红色处方权。
乔丽娜	如果主任麻醉师不在呢？
苏主任	其他麻醉师开了处方，必须要顾主任签名盖章。
乔丽娜	那么你们的顾多春主任也有红色处方权吗？
苏主任	当然，顾主任有处方权。
乔丽娜	他开过处方吗？
苏主任	在我的记忆里有，但是次数不多。
乔丽娜	请你把顾主任开的处方帮我找出来。
苏主任	唷，这可麻烦了。
乔丽娜	请你看一看顾主任有没有开KF麻醉药。
苏主任	KF麻醉药？
乔丽娜	是的。
苏主任	那就不用查了。
乔丽娜	为什么？
苏主任	我们急救中心从来没有使用过这种麻醉剂。
乔丽娜	劳驾你把电脑打开，让我查阅一下你们的进货记录。
苏主任	可以，可以。乔警官尽可查阅。
	[党委办公室。
耿书记	丁警官，应当说我们党委对顾多春主任还是了解的。他已经连续三年被评为先进工作者，最近由于他突出的贡献，我们还建议区委将他列入区政协委员的候选名单。

丁小军　是吗？

耿书记　我举个例子说吧，两年前，我们市里有所全国闻名的综合医院院长的女儿女婿从苏州回上海的路上，发生了车祸，女婿当场死亡，女儿病危。交警根据就近抢救的原则，把院长的女儿送到了我们急救中心，她的院长爸爸，闻讯赶来，本来他要将女儿转到自己医院去治疗的，你要知道，他们医院里全国闻名的专家多得很呀，但是当他听了我们顾多春主任的手术方案之后，决定把女儿留下来抢救治疗。结果很好，院长的女儿痊愈出院，没有留下任何后遗症。在他手里抢救过来的病人不知其数啊。

丁小军　耿书记，你对顾主任的家庭生活有没有什么耳闻？

耿书记　用不着耳闻，我亲眼所见，他对他的爱人那是爱得深啊。

丁小军　耿书记看到什么了？

耿书记　今年夏天，我们组织先进工作者到海南疗养。顾主任在街市上看中了一对鹦鹉贝壳，他爱不释手，徘徊有余，就是舍不得五百元钱，没有买。后来看到一串海珍珠，他毫不犹豫地掏出一千五百元买了下来，他说他要送给他的妻子。

　　　　　［一阵骚动。

　　　　　［让我进去，我要找你们院长！

　　　　　［我们院长不在。

　　　　　［我要到法院告你们！

　　　　　［你可以告，但是不要吵。

　　　　　［你们这里不是医院，是屠宰场，顾主任是刽子手！

　　　　　［骂声远去。

丁小军　耿书记，这是怎么一回事？

耿书记　是这样的，这个人的弟弟做脾脏切除手术，没有成功，不幸死在手术台上。

丁小军　他说顾主任是刽子手？

耿书记　手术是顾多春主任做的。医院不是保险公司，病人的综合情况错综复杂，千差万别，何况手术之前，都向家属交代过手术过程中可能出现的情况，家属都是签过字的。家属无理取闹，经常发生，家属的心情，我们也理解。
丁小军　这个手术是什么时候做的？
耿书记　手术是早上三点半开始的，七点左右结束的。丁警官，你看我还能帮你什么？
丁小军　你能不能带我到监护病房去看一看。
耿书记　可以。
　　　　［病人的呻吟声。
丁小军　（小声问）这些都是顾主任的病人吗？
耿书记　是的。
丁小军　主任室。这是顾主任的办公室吗？
耿书记　是的。他很敬业，办公室设在监护室的旁边，病人有什么问题，他总是第一个到病人身边。办公室里放的这张床，这可不是装装样子的，凡是有了病危病人，顾主任一般就不回家了，一般都睡在办公室里了。对病人充满爱心的医生，一般来讲，对家庭照应比较少了，我不知道顾主任的家属会不会对他产生误会。当然，对他爱人的不幸遇害，我们党委也深感悲痛，我们也希望你们早日破案，对死者和生者都是一种安慰。丁警官，你们要不要找顾主任直接谈一谈。
丁小军　今天不必了，他不是在做手术吗？
耿书记　是的，他在做手术。
　　　　［手术刀的撞击声。
顾多春　四号手术刀。
护士长　四号手术刀。
顾多春　四号，是四号！
护士长　顾主任，是四号手术刀。
顾多春　不，不，我要止血钳……
护士长　是。止血钳。
顾多春　哦，我怎么眼睛花了。
护士长　顾主任，你的手……
顾多春　我的手怎么啦？

护士长　你的手在抖……
顾多春　我眼前都是我夫人兰兰的形象。
护士长　顾主任，你休息一下，接下来的手术还是让王医生来做吧。
顾多春　不行，谁也别想夺走我手中的手术刀。咖啡，给我喝口咖啡！
　　〔咖啡店。
乔丽娜　丁小军，这个咖啡店不错，我们找个没有人的角落坐吧。
服务员　先生，你们要什么咖啡？
丁小军　请这位小姐点吧。
乔丽娜　好的。小姐点咖啡，先生"埋单"，啊。两杯哥伦比亚现磨咖啡。
服务员　请先生、小姐稍等。
乔丽娜　丁小军，你了解到什么情况？
丁小军　一个技术高超，急病人所急，想病人所想的先进工作者。
乔丽娜　还有呢？
丁小军　一个对病人充满爱心的人，和冯姐描述的那个虐待妻子的人，大相径庭，怎么也联系不起来。
乔丽娜　没有蛛丝马迹吗？
丁小军　有。不是天衣无缝，还是有三大疑点。
服务员　两位，你们的咖啡。
丁小军　谢谢。
乔丽娜　哪三大疑点？
丁小军　第一，他于去年曾经在海南花了一千五百元买了一串海珍珠，他说是给胡兰兰的，但是我们没有听到冯姐和娟娟说起过。
乔丽娜　这没有多少意思，第二呢？
丁小军　在胡兰兰死亡之前，顾多春为一个病人做脾脏切除手术，结果病人死在手术台上了。
乔丽娜　不应该出差错的手术出了事故，你是想说明如果是顾多春作的案，那么他在做手术时，分了心，走神了。
丁小军　第三，两年前他曾经做了一个漂亮的手术，把市级医院院长的女儿从死亡线上抢救了过来。
乔丽娜　这能说明什么呢？

丁小军　同我们对案情的刻画，可以相辅相成，可以找到依据。
乔丽娜　你说得明白一些。
丁小军　七年之前，他横刀夺爱，通过联姻，达到了从乡村医院上调到区级医院的目的；七年之后，他头戴救死扶伤的光环，想用同样的手法，通过再一次的联姻，达到从区级医院调到市级医院的目的呢？
乔丽娜　院长的女儿没有丈夫吗？
丁小军　在车祸中死亡了。院长的女儿成了未亡人。
乔丽娜　你分析得合情合理，我好像看到了破案的曙光。但是，客观事实不以主观意志所左右，只怕只能落个一厢情愿啊。
丁小军　什么意思？你泼什么冷水！
乔丽娜　胡兰兰是被KF麻醉药致死的对吗？
丁小军　这是科学、权威的鉴定。那还用问吗？
乔丽娜　那我就告诉你，我查遍了他们的进库药源，急救中心从来没用过KF麻醉药。
丁小军　这怎么可能呢？
乔丽娜　还有呢，顾多春没有作案的时间。
丁小军　为什么？
乔丽娜　流星雨之夜，急救中心有重症病人，凌晨三点半就把顾多春叫到医院里来了，那一天顾多春一共连续做了四个手术，寸步都没有离开医院，你说的那个脾脏切除手术，也有可能他连续作战，疲劳过度引发的事故。
丁小军　这么说，我们对案情的分析，对案情的刻画，对侦查的切入，都是错误的吗？
乔丽娜　至少我们的侦查已经陷入了僵局！
丁小军　僵局，可怕的僵局！

解　说　不同的人站在不同的角度，他们反映的都只是顾多春的一个侧面。那么顾多春到底是不是犯罪嫌疑人呢，且听《流星雨》第五集《峰回路转》。

第 五 集

解　说　正确的分析、判断、推理，往往是破案的先导，但是它不能代替证据。随着侦查的深入，案情显得更加扑朔迷离，办案人也忍受着陷入困境的心理压迫。

［海浪澎湃。

［小车猛踩油门的呜呜声。

乔丽娜　丁小军，丁小军，胡娟娟的毛病传染给你了，你跑到海边来干什么。

丁小军　胡娟娟是在这里报案的，所以我也来到这里了。

乔丽娜　这是什么理由？是不是压力太重，借着大海宣泄一下情绪？

丁小军　你是怎么讲话的。我是借一片空旷，可以静思默想；借一片大海波涛，激起万丈豪情；借这里大开发的一点灵气，制订出破案擒贼的连环妙计。

乔丽娜　既然静思默想，激起了万丈豪情，那就说说你的锦囊妙计吧。

丁小军　你先告诉我，徐伟良的蛋糕问题是不是彻底排除了？

乔丽娜　排除了。彻底排除了。蛋糕是徐伟良同护士长一起买的，又一同送往胡兰兰家的。我也证实了他们打保龄球的时间、地点。证明徐伟良同我们讲的不假。

丁小军　这么说我们原来对整个案情的分析、判断、刻画完全正确的，锁定的犯罪嫌疑人没有错。

乔丽娜　但是没有证据，叫人干着急，心里郁闷啊。

丁小军　没关系，我已经思考出妙计了。

乔丽娜　什么妙计啊？神神秘秘的。

丁小军　不说不知道，一说叫你吓一跳。

乔丽娜　第一条，外松内紧，来一个欲擒故纵；第二条，请冯姐做线人，来一个引蛇出洞；第三嘛，根据流星雨照片指示的方向，来一个挖根刨底。

丁小军　停，停，停。乔丽娜，你真是个小神仙啊，我冥思苦想，设计出的方案，你好像早就胸有成竹了。

乔丽娜　嗨，前面侦查已经打下了基础，自然会生发出这些妙计。实话告诉你吧，昨夜我一夜没有睡好。

丁小军　毕竟一个师傅带出来的，想到一起去了。那好，你去找冯姐，落实引蛇出洞；我到胡教授家，部署欲擒故纵。

　　　　〔胡教授家。

胡教授　娟娟，多春，你们不去工作，回家干什么？
顾多春　爸，我是在单位里，是丁警官要我回家的。
胡教授　娟娟，你呢？
娟　娟　我也是。丁警官说要向我们交代侦查的结果。
胡教授　这么说，803名不虚传，他们已经找到凶手了。
娟　娟　可以告慰姐姐兰兰的在天之灵了。

　　　　〔门铃响。

胡教授　丁警官来了！
娟　娟　我来开门。（开门）怎么是你？
徐主任　是我，是我！
胡教授　徐伟良，你也是丁警官叫你来的吗？
徐主任　是的。是的。
娟　娟　杀害姐姐的人，就在我们中间了。

　　　　〔冯姐家。

老　公　喂，喂，老婆，你在哪里？
冯　姐　我在哪里要向你汇报吗？
老　公　不敢，不敢。人身自由，不敢侵犯。
冯　姐　什么事，说吧。
老　公　告诉你，乔警官在我们家里，她等着你呢。
冯　姐　我知道。告诉警官，我马上就到家。你好好招待乔警官。挂机了。
老　公　乔警官，你喝茶，你吃橘子，你吃巧克力。
乔丽娜　你别客气，你忙你的。
老　公　不，不，我已经接到圣旨，必须好好招待你。

　　　　〔胡教授家。

娟　娟　老爸，家里心脏病的药有吗？
胡教授　要药干什么？

娟　　娟　　我怕你的心脏受不了。

胡教授　　胡说八道，我见得多了，我顶得住。

娟　　娟　　803当着你的面，把你最信任的人用手铐铐走，你也受得了。

徐主任　　娟娟，你在说我吗？

娟　　娟　　自病自得知，还用得着别人说吗！

徐主任　　娟娟，我徐伟良不想做替死鬼，也不会做替死鬼。

顾多春　　徐主任，你把眼睛盯着我干什么？

徐主任　　顾主任，你多心了。

　　　　　〔警车声，由远及近。

娟　　娟　　爸，803来了。

胡教授　　我盼803来，又怕803来呀。

　　　　　〔冯姐家。

冯　　姐　　老公，我回来了。

老　　公　　那我走了。你们谈，谈好了，别忘了招呼我。

乔丽娜　　你别走。怎么好意思烧香赶和尚呢？

老　　公　　我能不走吗？

乔丽娜　　当然，我还有事情拜托你呢。

老　　公　　老婆，是乔警官叫我留下的。

冯　　姐　　骨头轻了吧。叫你留下，那你就留下吧。

　　　　　〔胡教授家。

娟　　娟　　丁警官，就你一个人吗？

丁小军　　是的。我一个人。

娟　　娟　　没有带手铐吗？

丁小军　　带手铐干什么？

娟　　娟　　你不是来逮捕人的吗？

丁小军　　你叫我逮捕谁呀？

娟　　娟　　这么说，杀害我姐姐的凶手还没有查出来？

胡教授　　娟娟，你让小丁警官说，你别打岔。

丁小军　　胡教授，你女儿说得对，杀害兰兰的犯罪嫌疑人没有查出来。

娟　　娟　　那你把我们叫回来干什么？

丁小军　你们都是胡兰兰的亲人，你们都对我们破案抱有极大的希望，同时含着悲痛配合我们的侦查做了大量的工作，但是我很遗憾地告诉你们，胡兰兰麻醉药致死一案，事出有因，查无实据，我们不得不暂时放弃侦查。

娟　娟　什么，查无实据，暂时放弃？

丁小军　我只能表示深深的歉意。

娟　娟　这是什么话，你们为什么不多动动脑子，为什么不增加一些兵力，继续去查呀。这么简单的案子都查不出来，803的威名到哪里去了！一句轻飘飘的抱歉，就把我姐姐的冤恨打到十八层地牢去吗？

胡教授　娟娟，你说话要有分寸。

娟　娟　爸，803太令人失望了！

胡教授　丁警官，你们真的要放弃吗？

丁小军　胡教授，用麻醉药杀人专业性太强了，我们的确有点力不从心的感觉。再说，我们已经尽了最大的努力该查的都查了，明说了吧，我们对有红色处方权的人，对接近兰兰的人和物，都进行了仔细的侦查，结果都排除了作案的可能，我们只能把胡兰兰的死亡作为悬案挂起来。根据我的经验，你们对破案也不要再抱过多的希望了。

顾多春　这是兰兰的不幸，也是我们全家的不幸。

丁小军　顾主任，你还是节哀顺变，化悲痛为力量，安心工作吧。

顾多春　谢谢丁警官的关照。

丁小军　胡兰兰的遗体放在医院里也没有这个必要，我建议你们赶快火化，把丧事办了。

娟　娟　用不着你指教。我只能送你一句话，两个字。

丁小军　你说。

娟　娟　徒有虚名，窝囊！

　　　　［冯姐家。

乔丽娜　冯姐，引蛇出洞，千万不要打草惊蛇。

老　公　老婆听到吗？多用眼睛少动嘴。

乔丽娜　对。喔，怎么称呼你？我总不能叫你冯姐老公吧。

老　　公　你叫我老杜就行了。我是剧团的音响师，最近剧团没有演出，我有的是时间，开着我的小别克，我可以全天候地对他进行监视。

冯　　姐　小乔，你讲的，我都明白了。我也有我的优势，我是搞服装设计的，接近女人，我比老杜方便。

乔丽娜　那就拜托你们了。千万小心。

冯　　姐　小乔，吃点点心吧。

乔丽娜　不了，我的拍档还等着我呢。

〔803办公室。

丁小军　乔丽娜，你都给冯姐讲清楚了吗？

乔丽娜　冯姐的丈夫老杜也参加了。

丁小军　好，增加了一对夫妻拍档。

乔丽娜　你那边怎么样？

丁小军　效果很好，一个人长叹一声，一个人怒气冲天，一个人疑惑不解，一个人如释重负。

乔丽娜　一声长叹的是胡教授，怒气冲天的是胡娟娟，疑惑不解的是徐伟良，如释重负的是顾多春。哎，你在看什么呀？

丁小军　流星雨的照片。

乔丽娜　看出什么名堂吗？

丁小军　人生感叹。你看，想当初流星成雨，蔚蔚壮观，在这种美好的大自然景观之下，一个青年单膝跪在沙滩上向一个姑娘求婚，多么充满诗情画意，想不到今天，一个在流星雨之夜，告别人生，一个却成了侦查对象，说不明，道不清的流星雨啊……

乔丽娜　别发感叹了。我们应该出发了，争取今天去，今天回来。

丁小军　好的。目标乡镇医院。出发。

〔街市的车水马龙声。

老　　公　老婆，顾多春从胡教授家里出来了，他朝自己的家里去了。

冯　　姐　我晓得了。

〔车水马龙之声。

乔丽娜　丁小军，你说生活怎么做。是不是直接闯到乡镇医院去？

丁小军　不妥。顾多春在这个医院里工作多年，我们直接侦查，容易暴露

　　　　　身份，如果对方向顾多春通风报信，恐怕会节外生枝。
乔丽娜　那你的意思？
丁小军　请当地的公安局和卫生局协助我们工作。
　　　　［叮咚。1403室到了。
冯　姐　顾多春，开门！
顾多春　是冯姐呀，请进，请进。
冯　姐　兰兰呢？
顾多春　兰兰，（哽咽）兰兰她猝死了。
冯　姐　猝死，顾多春，兰兰是不是被你害死的！
顾多春　冯姐，803对我从头到脚，里里外外都审查过了，我怎么会杀死她呢。
冯　姐　我量你纵有杀人心，也没杀人胆。
顾多春　冯姐，兰兰的追悼会后天上午十点，放在龙华殡仪馆的大厅。
冯　姐　我参加，我一定参加。冯多春，这几件高级旗袍，是兰兰设计，叫服装厂制作的，兰兰走了，你留作纪念吧。
顾多春　哦，兰兰，兰兰！
　　　　［救护车的声音。
乔丽娜　丁小军，你看这个乡镇医院像模像样的，规模还真不小。
丁小军　等等。你看这块公告牌。
乔丽娜　本院特聘上海著名创伤外科专家顾多春教授临诊。
科　长　两位警官，我已经同这里的院长联系好了，由药房科的乔科长接待我们。
　　　　［嘟嘟。汽车鸣叫两声。
老　公　老婆，803料事如神，毒蛇果然出洞了。已经上了高架，朝莘庄方向去了。
冯　姐　你盯住。盯住，明白吗？
老　公　他是大别克，我是小别克，我是怕小别克跟不上大别克。早知如此，你当初应该给我买一辆奥迪。
冯　姐　你在开车，别想糊涂心思，别打手机了。跟不上，拿你是问。
　　　　［车水马龙的喧嚣声。

老　公　老婆，顾多春进了别墅区。他停车了。他进了别墅，唔，是连体别墅。

冯　姐　老公，稳住点，耐心点。你想办法把门牌号码抄下来。

老　公　完成任务，小菜一碟。

[乡镇医院。

乔丽娜　你是药房科的乔科长吧？

乔科长　是的。请问你们是哪里的？

乔丽娜　我们是本家。我也姓乔。刚才卫生局的凌科长已经对你讲了是吧。

乔科长　卫生局的。

乔丽娜　我们要对麻醉药进行例行的抽查。

丁小军　防止麻醉药外流，变成毒品，知道吗？

乔科长　我们医院历来对麻醉药管理十分严格的。

乔丽娜　知道，知道，在我本家的领导下，一定是严格的。我们也奉公办事，象征性地抽查几个品种就可以了。

丁小军　这怎么可以呢，要查，就不能马虎，要一个一个彻底查。

乔丽娜　别为难我本家了。这次我作主了，只查一样。

乔科长　你说，查哪一个品种。

乔丽娜　KF麻醉药，你们有吗？

乔科长　有，有。不过用得不多。好像上海来的顾专家喜欢用这种麻醉药。

乔丽娜　那就更省力了。就查查这位顾专家吧。

乔科长　怎么查？是不是在电脑上查一查用量。

乔丽娜　还是查一查这位叫顾专家开的红处方吧。

乔科长　查处方就麻烦了。

乔丽娜　乔科长，这比查你所有麻醉药总要方便吧。

乔科长　那是，那是。那就查顾专家开的红处方。

乔丽娜　本家，查得仔细一点。我们无非用来解剖一只麻雀。

乔科长　你们休息一下，我派人去查。噢，问一下，查多少时间？

丁小军　至少两年吧。

乔科长　啊，要查两年？

乔丽娜　不，不，一年够了。一叶知秋，窥一斑略知全豹，我说了算，一年够了。(轻声)本家，我对你说，查要查得认真，要查得仔细，如果有什么疏忽，被那个人抓住了，我也要跟着倒霉，你可不能害我呀。

乔科长　一笔写不出两个乔。你在帮我，我怎么会害你呢，你喝茶、休息，我会把数据给你的。

乔丽娜　不，不，我们还是一起查吧。

　　　　[嘟嘟。两声。

老　公　老婆，你来了。

冯　姐　怎么样了？

老　公　顾多春一共进去一个小时四十分零五秒。

冯　姐　顾多春已经走了？

老　公　顾多春已经走了二十分钟二十三秒。

冯　姐　就对面这家？看我的。

　　　　[按门铃。

贝　贝　谁呀？

冯　姐　小姐，我是服装设计师……

贝　贝　(开门)什么服装设计师？

冯　姐　你是谈小姐吧。

贝　贝　我不姓谈，你找错人了，走吧。

冯　姐　对不起，你这里是十八号，唔，我要找的是二十八号，真的错了，小姐，你穿的这件旗袍太漂亮了，可惜呀可惜……

贝　贝　喂，你别走。

冯　姐　小姐，有事吗？

贝　贝　你刚才说可惜，可惜什么？

冯　姐　我要找谈小姐的却碰到了你，看来你我还有缘分。那我就说说吧。你这件旗袍的面料是科技含量很高的真丝纳米面料，款式也是最有时代气息的，你穿在身上显得高贵、典雅，集东方古典美于一身，就是当今最红的模特，也要被你比下去，不过……

贝　贝　你说，不过什么？

冯　姐　不过，腰身肥了一点，有损小姐窈窕的身材。如果稍微收点腰，

贝　贝	那小姐的曲线美更加突出了。
贝　贝	有道理。还有什么不足吗?
冯　姐	小姐,怎么称呼你?
贝　贝	叫我贝贝吧。
冯　姐	贝贝小姐,我羡慕你的身材,我也羡慕你的肤色。雪白粉嫩的。但是,头颈里戴根金项链,似乎欠妥。
贝　贝	那戴什么才好?
冯　姐	如果戴一串珍珠项链,要是海珍珠项链,效果会更好的。
贝　贝	我有,我有,你进来,你进来,我戴给你看看。

〔哀乐声声。

〔一片哭声。兰兰、兰兰的呼叫声。

胡教授	兰兰,你不该走啊!
丁小军	教授,你节哀吧。
胡教授	你,小丁警官,你来干什么?
丁小军	我们来告慰兰兰的在天之灵啊!
胡教授	什么意思,你们破案了?
丁小军	破案了。
胡教授	凶手是谁?
丁小军	还是到你家里说吧。
胡教授	追悼会已经结束了。你告诉我,谁是凶手。
丁小军	是你的女婿。
胡教授	什么,是顾多春!

〔胡教授家。

| 顾多春 | 哈哈哈,凶手,我刚刚送走兰兰,就叫我凶手!警官先生,搞错了吧。 |
| 丁小军 | 顾医生,我们也不希望你是凶手,因为你有丰富的创伤外科的实践经验,你也有令人敬佩的敬业精神,你本来能够成为真正意义上的白衣天使。但是,你利欲熏心,向上爬的意识泯灭了你的良知,使你变成了魔鬼。七年前,你为了达到从乡村医院调到区级医院的目的,你便和胡家联姻;七年后的今天,你为了达到从区 |

级医院调到市级医院的目的，却又杀害了胡兰兰。

顾多春 天方夜谭！兰兰的死怎么会牵连到我想调往市级医院呢。

丁小军 两年前，你治好了因为车祸而病危的市级医院院长的女儿贝贝，贝贝感激你的救命之恩，你却趁机向贝贝发起感情上的进攻，你想和贝贝结婚，像当年利用胡教授那样利用贝贝的父亲，达到你向上爬的目的。

顾多春 803也会编故事吗？证据，证据呢！

丁小军 这一串海珍珠项链，你是从海南买的，你说你为兰兰买的，但是你送给了贝贝；这件兰兰设计的旗袍，冯姐要你留下作为纪念的，你却迫不及待地送给了贝贝。你已经与贝贝山盟海誓，准备三个月之后结婚。

顾多春 这是我个人的隐私，怎么可以当杀人的证据呢？

乔丽娜 顾先生，你要的杀人证据在我手里。

顾多春 这是什么？

乔丽娜 这是你在乡镇医院开的红处分，你在一年多的时间里，窃取了大量的麻醉药。已经前后五次想加害兰兰，由于前面四次剂量不够，你的阴谋未曾得逞，这一次你用了更大剂量的麻醉药，才将兰兰杀害。这里顺便提一下，你在加害兰兰的时候，还颇费心机地嫁祸于徐主任，徐伟良。

顾多春 欲加之罪何患无辞。我有作案的动机，也没有作案的时间呀！兰兰猝死的那天，我从早到晚都在我的工作岗位上。

乔丽娜 顾先生，你是几点钟赶往急救中心的？

顾多春 三点半左右。

乔丽娜 你们家的牛奶几点送到的？

顾多春 牛奶，牛奶！什么牛奶！

乔丽娜 记不起来了吧。我可以告诉你，你家的牛奶三点钟已经送到了。你没有看到送奶人，送奶人却看到了你。你把无色无味的麻醉药掺在了牛奶里，又不动声色地放在牛奶箱里。你所以这样做，因为你掌握了兰兰在临睡之前，要喝牛奶的习惯。当然，你也担心阴谋破产，所以你开刀时分了心，走了神，把一个年轻人的生命断送在手术台上。
冯　姐　顾多春，你看看这位小姐是谁？
顾多春　贝贝！
贝　贝　顾主任，抱歉得很，你救了我，但是我无力救你。
娟　娟　顾多春，你这个畜生！刽子手！还命来！
胡教授　娟娟，别脏了你的手！
顾多春　爸爸，我对不起你，也对不起兰兰！
胡教授　你像天上的流星雨，在我眼前亮过，堕落了，我的乘龙快婿！
解　说　利欲熏心，促使一个人的人格分裂。803机智、有效的侦查，剥去了顾多春巧伪人的画皮。天网恢恢，疏而不漏，邪恶受到了应有的惩罚。

飞翔的鸽子

第 一 集

　　[带哨的鸽子飞翔着，风铃声在头顶盘旋。

解　说　外企雇员郝树铭鸿运高照，中了百万大奖，兴奋之余，邀请了几位老同学在家里相聚，一来庆贺，二来叙旧，宴会上杯盏交错，好不热闹。

　　[喝拳声：八仙过海；四世同堂；连升三级；七星高照。
　　[劝酒声：老三，你输了，你输了，罚酒一杯，喝！

老　三　我喝，我喝，人头马当白开水一样地喝，为树铭中百万大奖干杯！
　　[众人和唱：为中奖干杯！

欧阳春　我说老三，你们的酒令太陈旧了，喝的是人头马，唱的是八仙过海，像话吗？在座的一个个外企白领，怎么说也要和国际接轨，至少也应该推陈出新，与时俱进呀！

老　三　欧阳大姐，错。酒令唯我中华所有，纯属国粹，应当向联合国教科文组织申报世界文化遗产，像五子登科，六六大顺，代表着人类美好的愿望，所以继承原汁原味为好，来不得黄油加芥末，不相信？你欧阳大姐来两句与时俱进的试一试。

欧阳春　难不倒我，小试牛刀，唱两句给你们听听。（喝令）一举中奖，二进超市，三星手机，四缸轿车……
　　[众人大笑。

老　三　……啊唷，啊唷……不好，笑得我岔气了……

郝树铭　（吆喝）哎，清蒸鲥鱼……蟹黄豆腐来啦。这东海鲥鱼已经成了稀罕之物了，让小宝也尝尝味道，素芳，小宝呢？

陈素芳　在你书房里画画呢。

郝树铭　小宝，出来……没有呀，这孩子到哪里去了。

郝树铭　哎，会不会在隔壁的阿婆家里和小猫玩儿。

陈素芳　这孩子，老往阿婆家跑，你们慢用，我去把他叫回来……

　　　　〔两个孩子做着心算。

小　宝　$18+2-6+4-18$等于？

女　孩　等于1。

小　宝　错。等于零。

女　孩　$20+8-7+1-2$等于多少？

小　宝　等于20。

　　　　〔带哨的鸽子在头顶盘旋。

女　孩　小宝，那是什么？

小　宝　鸽子。

女　孩　不对，鸽子怎么会吹哨呢？

小　宝　我爸爸高兴时就吹口哨，可好听呢！

女　孩　鸽子高兴时也吹口哨吗？

　　　　〔鸽子叫声：咕、咕、咕……

金　黑　小朋友，你们看，我手里拿的什么？

女　孩　叔叔，我知道，是鸽子。

金　黑　真聪明。

女　孩　小宝，这只鸽子也能吹口哨吗？

小　宝　不知道。

金　黑　会吹口哨，等一会儿，叔叔叫鸽子吹给你们听。

　　　　〔鸽子咕咕咕地叫着。

金　黑　小朋友，你们读幼儿园中班了吧？

小　宝　不，我们是大班生。

金　黑　唔，大班生，了不起。你们叫什么名字？

小　宝　不告诉你，你是陌生人。

金　黑　我知道，你叫小宝贝；她叫小妹。

女　孩　不对，不对，我叫琴琴。

金　黑　来，我们一起来玩鸽子好吗……别怕，鸽子它不咬人……（咕、咕）琴琴，你爸爸是干什么的……

女　孩　我爸爸开车子的……好大好大的大卡车……

金　黑　小宝，你爸爸呢？

小　宝　不告诉你。

金　黑　我知道，小宝的爸爸是在马路上扫垃圾的。

小　宝　不对，不是扫垃圾的，我爸是在美国公司……

　　　　［妈妈：琴琴！琴琴！

女　孩　我妈妈在叫我了，不玩了，我走了……

小　宝　我也不玩了。

金　黑　小宝，来，来……

小　宝　干什么呀！

金　黑　小宝，你把鸽子放了……那才好玩呢……来呀，来呀……

小　宝　我真的能把鸽子放了吗？

金　黑　只要你告诉我，你爸爸现在在干什么？

小　宝　我爸爸在家里吃饭，喝酒，我家里来了好多好多的客人呢。

金　黑　我明白了，你爸爸在请客，为什么呀，是你生日吗？

小　宝　不，爸爸中奖了。

金　黑　中奖了？叔叔猜到了，你爸爸中了二元、五元的奖，对不对？

小　宝　不对，我爸爸中了一百万呢！

金　黑　乖乖隆地咚，一百万大奖，小宝，来，放鸽子，你爸中大奖，叔叔也给你一个大奖，让你放鸽子……

小　宝　叔叔，你真的让我放鸽子吗？

金　黑　真的，小宝，给你。

　　　　［小宝放鸽子。

　　　　［鸽子扑腾，带出哨声。

小　宝　噢，鸽子飞了，鸽子飞了。

金　黑　小宝，好玩吗？
小　宝　好玩，好玩。
金　黑　好玩，明天叔叔再给你放飞三只鸽子，来，喝点矿泉水……
小　宝　谢谢叔叔。
　　　　〔咕噜、咕噜地喝水。
金　黑　好，喝，喝，好……
小　宝　叔叔，这矿泉水不好喝，有苦味……
　　　　〔拨打电话声。
　　　　〔拨打手机声。
　　　　〔交错的喊话声。
郝树铭　妈，小宝来过吗……没有什么……会找到的……
陈素芳　爸，小宝来过吗……没有什么，你们放心吧……会找到的。
　　　　〔郝树铭、陈素芳的叫喊声："小宝！……小宝！……"
琴　琴　阿姨，你们在找小宝吗？
陈素芳　琴琴，你看到小宝吗？
琴　琴　小宝和琴琴在草地上玩，琴琴回家吃饭了，小宝和一个叔叔在玩。
陈素芳　这个叔叔你认识吗？
琴　琴　不认识。
陈素芳　小宝和那个叔叔玩什么？
琴　琴　鸽子。
陈素芳　鸽子！快，去草地找。
　　　　〔匆忙的脚步声。
　　　　〔呼唤声：小宝！小宝！此起彼伏。
陈素芳　小宝不在。（快急哭了）那个玩鸽子的叔叔，一定不是个好东西！
老　三　大家别慌，冷静下来想一想，小宝可能会到哪里去？
欧阳春　老三讲得对。依我看，他到幼儿园是认得路的，还有家乐福大卖场，他经常跟着你们夫妻俩去的……兵分两路，我同素芳到幼儿园，老三，你陪树铭到家乐福！
　　　　〔车水马龙、喧闹声。
　　　　〔敲铁门的声音。

陈素芳　小宝，小宝！
欧阳春　喂，里面有人吗？
门　卫　来了……来了……喔哟，拳头敲铁门，伤身体的，来了，来了……
欧阳春　开门呀。
门　卫　两位家长，你们找谁？
欧阳春　我们找小宝……
陈素芳　老伯，我们家小宝有没有到幼儿园里来了？
门　卫　今日放假，铁将军把门，没有孩子来过呀，就是来了，也进不了门呀。
陈素芳　小宝！
欧阳春　素芳，别着急。啊唷，她晕过去了，老伯帮忙！
门　卫　克人中！克人中！
　　　［广播：本店即日起儿童用品大酬宾，凡是购买五十元赠送兑奖券一张，多买多送，最高奖金五千元……
老　三　树铭，你上三楼，我上四楼，大门口汇合。
　　　［大卖场的广播：本店即日起儿童用品大酬宾。凡购买五十元赠送兑奖券，多买多送……
郝树铭　小宝，小宝……你这孩子，怎么一个人跑到这里来了……
孩　子　妈妈……
妈　妈　怎么啦？
郝树铭　对不起，我认错人了。
妈　妈　小宝，跟住妈妈，别被陌生人拐走了。
郝树铭　他也叫小宝。
　　　［咕咕咕的鸽子声。
金　黑　小宝，醒醒，醒醒！安眠药吃得太多了，看起来一时半会儿还醒不过来。来，睡在小房间里，唷，还蛮重的，起码有四十斤，男孩黄金价，让我算一算，这小子值多少黄金，一斤用二两黄金来换，四十斤用八斤黄金来换，八斤黄金多少钱，四十万，你爸中奖一百万，我拿四十万，不多不多，还算公平。小子，你呢痛痛快快地睡，我呢，要去看看你家里的情况，这叫知己知彼，才能百战百胜。好了，好好睡吧。
［脚步声，关门声。

郝树铭 欧阳大姐，老三，你们已经两天两夜没有睡觉了，都回去吧，单位里老是请假也不好。

老　三 小宝还没有找到，我们怎么吃得下饭，睡得着觉？怎么还有心思上班……我还是到火车站，守住进出口……

郝树铭 用不着去火车站了，现在交通那么发达，坏人要是把小宝带出上海，早就带出去了。我思前想后，只有两种可能，一种是被拐走了，一种是被绑架了。只要人还活着，被拐走的，就是走到天涯海角，我也要把他找回来；被绑架的，就是倾家荡产我也要把他赎回来。

欧阳春 真是乐极生悲，要不是吃饭，小宝也不会丢，树铭，真是对不起你呀。

郝树铭 欧阳大姐，这同你们没有关系，你别这样说。我已经做好了破财消灾的思想准备。

欧阳春 素芳还在贴寻人启事，我去帮帮她。
［马路嘈杂声。

金　黑 （念）寻人启事……怎么，嫂子，你们家孩子丢了？

陈素芳 你看到过一个男孩吗？虎头虎脑的，大眼睛，双眼皮，穿着蓝色童装……

金　黑 嫂子，他不要被绑架了？

陈素芳 不会的，不会的，我们家无冤无仇的……

金　黑 绑架不一定有冤仇啊……去报警，应该去报警！

陈素芳 到底报警好还是不报警好，吃不准。

金　黑 那倒也是。如果孩子走失了，报警好，让警察帮着找……如果是绑票，报警不好，报了警，绑匪会撕票的。

欧阳春 素芳，你婆婆来了，让你快回家。

金　黑 嫂子，还有几张寻人启事我去帮你贴。

陈素芳 谢谢，太谢谢了……
［陈素芳呜呜的哭声。

乐芝萍　素芳，你除了哭还会做什么！你一哭小宝就回来了？都给我坐下。
欧阳春　素芳，别哭了。大家别像热锅上的蚂蚁，坐下，都坐下，听树铭妈说。
乐芝兰　这两天两夜你们都做了些什么？
郝树铭　我们四个人找遍了大街小巷、车站码头、超市商场……
乐芝兰　这么小的孩子会这样乱跑吗？
郝树铭　我们在小区周围，贴出了四十多张寻人启事；在东方网和《新民晚报》上也发布寻人启事。
乐芝兰　都是些书呆子，丢失小孩子有几个是靠寻人启事找到的？你们认为小宝真的是走失的吗？我看是落入歹徒之手了。是不是你中了个奖，逢人便说……
郝树铭　没有。单位的同事一个都不知道我中奖。
乐芝兰　树铭，你报警了吗？
郝树铭　还没有。
乐芝兰　为什么不报警？
郝树铭　我们研究、权衡下来，暂时不报警。
乐芝兰　为什么？
郝树铭　担心……万一……小宝是被匪徒绑架的，报警之后会撕票……
乐芝兰　作孽，我养的儿子怎么一点不像我，前怕狼后怕虎的，小宝如果是被绑架了，更加要报警了！
陈素芳　妈，千万不能报警。
乐芝兰　要保住我孙子的性命，只有依靠刑警。你们不报，我去报。
　　　　［鸽子的咕咕声。
小　宝　妈，妈……
金　黑　小子，你醒了，乖乖，睡了两天两夜，我还以为你醒不过来了。
小　宝　叔叔，我要爸爸、妈妈……
金　黑　小子，我有你们家的电话，待会儿，我会给你爸爸妈妈打电话的。现在先吃葱油饼，唔，好香……吃饱了再说……
小　宝　我不吃，我要妈妈……
金　黑　不吃葱油饼，就吃生活！听话！

［抽打小宝。
［小宝哭叫：妈呀！妈呀！

金　黑　小宝贝，你要你妈，我要安全，对不起，只能把你的小嘴封起来了……

［小宝挣扎，双脚拍打木板床的声音。

金　黑　一双小脚还蛮有力的，只能把你绑起来了……我告诉你，我还要把你爸妈在火上烤两天，因为心力越是憔悴，越是肯听话，小宝贝，你放心，我会给你爸妈打电话的。

［电话响。

欧阳春　素芳，快听电话。
李素芳　喂，这里是郝家……
对　方　喂，你们家的孩子失踪了是吗？
李素芳　是的，是的……
对　方　我在三官堂桥下，看到一个六七岁的孩子……
李素芳　是男孩还是女孩？
对　方　男孩。
李素芳　他姓什么？
对　方　他说他叫宝……喂，小孩，你叫什么……宝宝……
李素芳　他长得怎么样？
对　方　虎头虎脑的，大眼睛，大耳朵，脚上穿的是蓝边旅游鞋……袜子是白色的……
李素芳　谢谢你，让他听手机好吗？
对　方　喂，小孩，别跑……你妈妈叫你听电话……
李素芳　喂，喂……（传来嘟嘟的忙音声）我到三官堂桥去看看。
欧阳春　树铭去报警了，你还是在家里守住电话机，我同老三去。老三，快走。

［圆号声。
［苗震和乔丽娜边走边说。

乔丽娜　苗头，营救郝小宝的指挥所设在这里？

苗　震　……怎么，有什么不妥吗？
乔丽娜　这里是文化馆，吵死了。
苗　震　万一小宝是被绑架的，人来人往的，不会引起犯罪嫌疑人注意，再说这里离郝家近，便于联系。
诸葛平　苗头，你们来了，我同馆长商量了一下，指挥所设在这间房间里，闹中取静，你看行吗？
苗　震　这间房间原来是干什么的？
诸葛平　老馆长的办公室。老馆长退休了，当了顾问，难得来来。
乔丽娜　很好。真够保密的。
　　　　〔一只母鸡生了蛋，鸣叫着。
　　　　〔欧阳春和老三呼唤着：小宝，小宝！
卖鸡人　正宗的苏北草鸡，还在生蛋呢，看，这是刚生的蛋，还烫手呢，大姐，你要吗？
欧阳春　鸡不要，噢……你看到过一个虎头虎脑的小男孩吗……
卖鸡人　走过，路过的小孩多着呢，我没有注意……
热心人　你们是来找小宝的吗？
欧阳春　是呀……你怎么知道的？
热心人　刚才是我打的手机……
欧阳春　谢谢，谢谢，孩子在哪里？
热心人　孩子就是给这个卖鸡人领走的……
欧阳春　卖鸡的，你别跑，别跑！
　　　　〔鸡咯咯咯地叫。
　　　　〔卖鸡人追鸡。
　　　　〔欧阳春追卖鸡人。
欧阳春　老三，把他拦住，把他拦住。
老　三　看你往哪里逃！
卖鸡人　你拉住我干什么，我的鸡逃走了，我在追鸡，喔哟，我的鸡！
欧阳春　这位阿姨说，小宝给你领走了。
卖鸡人　宝宝是我儿子啊，我当然要领走……
热心人　那，孩子呢？你把孩子交出来。

卖鸡人　宝宝，宝宝！
宝　宝　哎，爸！
欧阳春　阿姨，你看到的是他吗？
热心人　是他。
欧阳春　真的，很像小宝。
卖鸡人　我追鸡，你们追我；你们捉住了我，我就捉不住鸡，你们得赔我一只鸡。
热心人　我赔，给你三十元，够了吗？
欧阳春　阿姨，怎么可以叫你赔呢，我赔。
老　三　不用赔了，鸡给我逮住了。
　　　　〔鸡叫着。
　　　　〔推门声。
苗　震　诸葛平，丁小军，你们两位先把手头的工作暂时放一放，集中力量参与营救郝小宝。
丁小军　苗头，你给我一天时间，让我把手头的工作了结一下。再说，小宝是不是被绑架还难说。
苗　震　宁信其有，勿信其无。绑架涉及孩子的生命，不能有片刻延误。乔丽娜，你把基本情况向他们介绍一下。
乔丽娜　郝小宝，男，今年六岁半，父母都是外企雇员，祖母叫乐芝兰，原来是某国营大厂的纪委书记，现在已经退休。目前他们提供了这样一些情况，值得我们注意。第一，郝小宝的父亲郝树铭最近中了百万元的大奖；第二，他在家里宴请老同学时小宝失踪，失踪时间在星期六中午十一点半至十二点之间；第三，这段时间小宝和邻家女孩琴琴在一起玩儿，后来，一个手里拿着鸽子的叔叔来了，和这两个孩子聊着话，琴琴被她妈妈叫回家时，小宝还是和拿鸽子的叔叔在一起，不多久，小宝和拿鸽子的叔叔都不见了。
丁小军　拿鸽子的叔叔长得什么样儿？
乔丽娜　琴琴太小，讲不清楚。
苗　震　小宝的奶奶乐芝兰还提供了这样一个情况，她在当纪委书记的时候，曾把犯贪污罪的党委委员，财务部长送入监狱，判了二十年刑。
丁小军　财务部长叫什么名字？
乔丽娜　丁士发。当时丁士发十五岁的儿子，发誓要报父仇，曾经当面对乐芝兰说过"君子报仇，十年不晚"的话，现在他正好二十五岁，而丁士发服刑前对儿子唯一的叮嘱是饲养好家里的鸽子。他们家三代都养鸽子的。
丁小军　一个养鸽子的叔叔；"君子报仇，十年不晚"，现在正好是第十个年头……小宝失踪已经两天两夜了，没有任何敲诈的动静，是不是纯属报私仇？
苗　震　可以这么理解。
乔丽娜　第二个线索，是小宝的父亲郝树铭提供的，他读初中时最好的同学随火根，早年经商，腰缠万贯，但是前几年染上了毒瘾，妻子为此离婚，后来家产全部败光，他们已经有好多年没有联系了，但郝树铭得奖那天随火根突然找上门来，向郝树铭借钱，郝树铭给了他三千元，他还嫌少，结果两人不欢而散。
丁小军　这个人知不知道郝树铭中了百万大奖？
乔丽娜　知道。
丁小军　怎么知道的？
乔丽娜　郝树铭领奖时偶然遇到他，郝树铭因为兴奋，脱口说了出来。所以，郝树铭给了他三千，他还嫌少。
诸葛平　我认为不可能是这个人绑走小宝。
丁小军　为什么？
诸葛平　吸毒的人一般见老，拿鸽子的是叔叔，对不上号。
丁小军　但是如果是这个人绑架了小宝，那么此案更具危险性。因为他们两人是相识的，犯罪嫌疑人为了保护自己，十之八九要杀害人质。
诸葛平　如果吸毒客绑架小宝，目的一定是为钱，但是已经两天两夜过去了，还是没人来索取金钱啊。
苗　震　没有明确目标之前，多种可能都存在。我们不能坐等犯罪嫌疑人露头，要根据掌握的线索，主动出击，拖延一刻，就增加一分危险，明白吗？

三　人　明白。

解　说　绑匪身在暗处引而不发；小宝生死未卜，郝家焦躁不安；欲知后事如何？请听继续收听大型系列广播剧《刑警803》。

第 二 集

解　说　苗震他们兵分三路：苗震留守办公室，监视郝家的动静，丁小军和乔立娜侦查丁士发已成年的儿子，诸葛平扮作抄表工人直奔随火根的家。

〔敲门声。

诸葛平　喂，随家有人吗，抄煤气，抄煤气！
阿　婆　别敲门了，随火根已经三天三夜不见人影了。
诸葛平　阿婆，你知道他到哪里去了吗？
阿　婆　谁知道。这些天不时地有人找他。刚才还来过两个人，差一点把门都踢破了。
诸葛平　找他干什么？
阿　婆　这个火根啊，欠了一屁股的债，都是来讨债的。
〔咕咕咕的鸽子叫声。
诸葛平　阿婆，这是谁家养的鸽子？
阿　婆　火根养的。这些鸽子也可怜，有一顿没一顿的，都饿得皮包骨头了。
〔电话铃声。
诸葛平　喂，苗头，我是诸葛平，随火根已经三天三夜没有回家了。
苗　震　三天三夜没有回家！这可不是个好消息。换句话说，小宝被随火根绑架的可能性增加了。诸葛，你打算怎么办？
诸葛平　我想请当地警察署配合，通过随火根的社会关系来寻找他。
苗　震　大海捞针！时不我待！
诸葛平　苗头，那你看怎么办？
苗　震　怎么办……想想，动动脑子……我们来个无罪推理，如果不是他

　　　　　绑架的话，他会到哪里去呢？
诸葛平　棋牌室？此公嗜毒好赌……
苗　震　有道理。
诸葛平　那我叫警署配合，检查一下附近的棋牌室。
苗　震　可以……慢，诸葛，附近有没有桑拿浴室？
诸葛平　桑拿浴室，有，有好几家。
苗　震　你先去查桑拿浴室，到最高级的那一家去找一找。
诸葛平　到桑拿浴去找随火根，凭什么？
苗　震　凭感觉。
　　　　［水泼桑拿石的吱吱声。
　　　　［蒸腾后的呻吟声。
　　　　［突然之间一阵喧闹。
　　　　"你们没有买票，不能进去！"
　　　　"闪开！我们找人！"
　　　　"这两个人怎么自说自话闯进去了。"
　　　　"阿漂大哥，桑拿室里没有，池子里也没有。"
　　　　"走，到休息室去找！"
　　　　［杂乱的脚步声。
　　　　［温柔的音乐夹杂着鼾声。
债主乙　他果然在这儿。随火根！
服务员　哎，哎，你们是干什么的？
债主甲　随火根！
随火根　谁？
债主甲　谁，我！
随火根　唷，是阿漂大哥！
债主乙　你他妈的欠债还债，你躲什么！
债主甲　躲得了初一，躲不过十五，别说躲到桑拿室，就是躲到地洞里也要把你找出来……
随火根　两位大哥，我先还一千元。
债主乙　一千元？我们不是讨饭的！（一拳头）

随火根　喔唷……肋骨打断了……我真的只有一千元……
债主甲　（一拳头）不，你还有……你还有房子。
随火根　别打我，别打我……
债主乙　可以不打你，还钱！
随火根　三天，三天之内一定还你……
债主甲　一年多了，我凭什么相信你三天之内能还清？
债主乙　随火根，我看还是这样吧，把你的住房抵押给我们……
随火根　不，不，那我住到哪里去……
债主甲　车站、码头、垃圾箱……四海为家。
随火根　不，不……房子不能给你们……
债主乙　你呀，敬酒不吃吃罚酒！（又一拳）
随火根　喔唷，打死我了！
债主乙　再尝尝我的拳头！
诸葛平　住手！公共场所，拔拳打人，还有没有王法！
债主甲　喔唷，皇帝脱了裤子都是平民百姓，看不出你是哪路神仙，当心我的老拳不认得王法！
诸葛平　还想打人！
债主甲　打……哎，哎……我的手臂扭断了……
债主乙　朋友，放手，放我大哥……
诸葛平　你想怎么样，流氓！
债主乙　喔唷唷……朋友，手下留情……手下留情！
诸葛平　记住，别在公共场所肇事！
甲、乙　记住了！记住了！
诸葛平　滚吧。
债主甲　多谢朋友！
　　　　［喔唷，喔唷地哼着。
债主乙　随火根，三天之后再来找你！
诸葛平　滚！
债主乙　我们滚，我们滚！
服务员　这位先生真是好汉，路见不平，拔刀相助，一出手就将两个家伙

	|打得落花流水。
随火根	谢谢你。
诸葛平	你叫随火根？打伤了吗？
随火根	还好。
诸葛平	你借了他们多少钱？
随火根	三四万是借的，五六万是输给他们的！
诸葛平	你到这里来是躲债的？
随火根	嗯！
服务员	他呀，已经在这里躲了三天三夜了……
诸葛平	随先生三天三夜没有走出浴室门，真的吗？
服务员	三天三夜只买一张浴票，给他赚足了。
随火根	（发作）你别那么势利，想当初，只要我走进桑拿房，你们从上到下拿足了小费，一个个都把我当亲爹对待；如今，我来了三天三夜，钎脚的叫不动，敲背的背着我，按摩的假装不认识我，一个个认钱不认人的白眼狼！我随火根想当初……不说了，都是我自作自受，自作自受呀！（呜呜地哭起来）
服务员	哭什么哭，三天三夜没有赶你走，还算客气呢。
随火根	好，我走！
诸葛平	随火根，你准备到哪里去？
随火根	走到哪儿是哪儿，到哪儿都一样。

［几把二胡齐奏的《二泉映月》。

胡校长	两位警官，小丁老师正在给五年级学生上民乐课。
丁小军	胡校长，小丁老师到你们学校来了几年了？
胡校长	两年。他从音乐学院民乐系毕业后，先到民乐团工作了一年，然后应聘到我们学校来的。
乔丽娜	胡校长，这我就不好理解了，一个受过高等教育的演奏人员，到乐团才是专业对口，怎么反而来当小学教师呢？
胡校长	乔警官观念上可能有些问题，我可以告诉你，没有大专以上的文凭，是不能当小学教师的，音乐学院毕业生当小学教师很正常。
乔丽娜	我不是这个意思。

胡校长　我明白你的意思。小丁老师之所以应聘到本校来，还有一个重要原因，那就是他是养鸽专家，当教师作息时间稳定，能保证照顾到他的鸽子。据说他在乐团时去巡回演出，尽管托人饲养，还是死了两只名种鸽。

丁小军　胡校长，你对小丁老师的印象怎么样？

胡校长　八个字，工作认真，性格内向。上班进教室，下班回鸽舍；既不交友，也不娱乐。

丁小军　他对孩子们怎么样？

胡校长　不错。我举一个例子，他班上有个孩子家庭经济困难，去年一场大病之后，面黄肌瘦，小丁老师每天给他四只鸽蛋，直到现在；但他的性格也挺犟，有个孩子从小学钢琴，看不起二胡，他就再也不教她二胡了。

乔丽娜　有报复心理？

胡校长　报复心理？言重了。只能说有个性，脾气倔。

丁小军　他的课一般安排在什么时间？

胡校长　都安排在上午第四节，也就是十一点到十一点三刻。星期六，上兴趣课，九点半到十一点三刻。

乔丽娜　上个星期六他来上兴趣课了吗？

胡校长　上个星期六，因为他有事，调到星期天去了。

丁小军　上星期六……小丁老师没有来上兴趣课？

胡校长　是的。他调课了。

乔丽娜　什么事，知道吗？

胡校长　他父亲生日。他为他父亲过生日去了。

乔丽娜　他父亲现在在干什么，胡校长知道吗？

胡校长　知道，在劳改农场。他经常去探望。

［拨号声。

苗　震　喂，喂……是方场长吗？我是803苗震……

方场长　是小苗啊，好久不见，有什么吩咐，你说吧。

苗　震　有个叫丁士发的在你们那里服刑……

方场长　有，有……表现不错，已经减刑三年……

苗　震　　上星期六，是他生日，请你帮我查一下，他儿子有没有到农场来帮他过生日？

方场长　　用不到查，我可以肯定地告诉你，没有。

苗　震　　谢谢。小丁老师没去过农场。

丁小军　　小丁老师既有作案的动机，又有作案的时间，我建议和小丁老师正面接触。

苗　震　　行。

乔丽娜　　你们都疯了！正面接触，打草惊蛇，就会增加人质被杀害的可能性。

丁小军　　这就要看我们会不会演戏了。

乔丽娜　　演什么戏？

丁小军　　演双簧。

[咕咕咕、此起彼伏、颇有规模。

乔丽娜　　小丁老师，小丁老师。

丁小军　　没有人？

乔丽娜　　城乡接合部，一座独立小楼，窝藏人质的好地方……

丁小军　　你看，那边来了个人……可能是他……

[摩托由远及近。戛然停住。

乔丽娜　　是小丁老师吧？

丁老师　　你们是……

丁小军　　我们是信鸽协会杜秘书长介绍来的。

乔丽娜　　想不到养鸽专家这么年轻。

丁小军　　我们是向小丁老师求教养鸽经的。

乔丽娜　　听杜秘书长介绍，最近小丁老师又得了长城放飞第二名。

[开铁门。

丁老师　　请进。

乔丽娜　　我姓杨，他姓孙……我们是业余养鸽爱好者。

丁老师　　不，你们是刑警803。

乔丽娜　　什么803，我们买了一对名种鸽，想请你鉴定一下。

丁老师　　那是道具，演戏的道具。乐家老太太的孙子失踪了，你们是来侦查我的。

丁小军　有点意思，现在不是我们侦查你，而是你在侦查我们了。

丁老师　我说错了吗？

乔丽娜　对，你说对了，我们是803。请问，你怎么知道的？是胡校长向你通的风，还是杜秘书长向你报的信？

丁老师　我是一个普通的教师，还是个小学音乐教师，胡校长就算是我亲娘舅，杜秘书长就算是我干爹，也不会给我这么一个无职无权又无钱的人通风报信啊。请你们跟我来，这座房子一共有三间，一间是我的卧室，一间是我的书房，还有一间是饲料间，还有一只大阳台，阳台上都是鸽棚，请你们检查一下。

丁小军　没有必要了。小丁老师如此坦然，那么我们就开诚布公吧。

丁老师　想喝什么，茶、咖啡、啤酒？我喝啤酒，你们随意。
　　　　［啪，打开易拉罐。

丁小军　小丁老师怎么知道乐老太的孙子失踪了？

丁老师　我父亲的一个老同事住在郝家同一个小区里，他拿了郝家的寻人启事，深更半夜地找到我这里……

乔丽娜　为什么？

丁老师　因为我曾经当着乐老太的面发过誓：君子报仇，十年不晚。那位老叔害怕是我绑架了郝小宝。君子报仇，十年不晚，那是我那个时候少年无知、血气方刚，才讲这句话的。长大后，明白了一些事理，知道乐老太把我父亲送进监牢没有错，错在我父亲。

丁小军　请你解释一下把星期六的兴趣课调到星期天的原因。

丁老师　星期六是我父亲的生日。十岁那年我母亲去世，我和父亲相依为命。尽管父亲犯了罪，但是亲情依旧。今年是父亲六十大寿，我请了至亲在沪西大酒家松柏厅为父亲祝寿，一共两桌。这是有奖发票，你们要不要看一看。这是我刚从照相馆取来的照片，寿字底下的座位空着，是留给父亲的，旁边坐着的是我。我准备给父亲寄去。我想犯罪的人更需要亲情支撑。

乔丽娜　小丁老师，请你回答我，你怎么知道我们是刑警？

丁老师　我不喜欢和人交流，很少有人到我这里来，老叔深更半夜拿来了寻人启事，重提我十年前说过的誓言；你们又突然造访，我一看就知道你们不是养鸽人，我就本能地感觉到你们是刑警。因为乐老太不可能不去报案的，也不可能不反映十年前我讲的那句话，你们在排摸线索时肯定会把我列为重点对象，这叫祸从口出。世上如果有后悔药，我肯定一口吞下去。现在对不起，时间到了，我要放飞鸽子了……

丁小军 请便。

丁老师 让我拿一下二胡。

乔丽娜 你不是到阳台上放飞鸽子吗？拿二胡干什么？

丁老师 用不着上楼的……你们看了就明白了。

［二胡响起、鸽子扑腾出棚。

乔丽娜 好家伙，一听音乐，鸽子都飞出棚了……

丁小军 鸽棚不上锁？

丁老师 训练有素的鸽子是用不着上锁的。顺便告诉你们，你们拿来的道具鸽子，不是名鸽，是一般的信鸽。

［鸽子叫声。

［小宝呜呜呜地挣扎声。

金　黑 肚子饿了吧，那是你自找的，给你吃的你不吃，还要叫。看你可怜，还是给你喝一杯矿泉水吧……（调匀水的声音）告诉你，我把你嘴上的封条拿下来，你要再哭再叫，还得把你封起来……

郝小宝 爸爸、妈妈、救救小宝……

金　黑 喝！统统喝下去，把这点心也吃下去，不许哭，不许叫。

［小宝狼吞虎咽的声音。

［苗震的笑声。

苗　震 乔丽娜、丁小军，你们两位真了不起。被侦查对象一眼看穿，少见，少见，你们在创造803的侦查历史，啊。

乔丽娜 经验靠积累嘛。至少小丁老师作案的可能性也排除了。

苗　震 排除了吗？

乔丽娜 是的。

苗　震 丁小军？

丁小军 是的。没有作案的时间，没有作案的动机。

苗　震　　好吧，这下我也可以放心了。

诸葛平　　苗头，两条线索已经断绝，侦查陷入危机，你反而放心了，这是什么逻辑。

乔丽娜　　这两条线索一条是要为报父仇，一条是和郝家相识的吸毒者，都有杀害人质的潜在危险。这两条线索排除了，人质被害的可能也就少了许多。是吗，苗头？

苗　震　　小乔，帮个忙，买包香烟，再买一瓶雀巢咖啡。

乔丽娜　　啊，又叫我跑腿！

丁小军　　能者多劳呗。

乔丽娜　　苗头，那你先说说下一步怎么办？

苗　震　　休息。

乔丽娜　　什么，休息？！

苗　震　　养精蓄锐。根据我的判断，如果是绑架，今晚犯罪对象一定会浮出水面，一定会有所动作，我们之间一定会有场恶战。

诸葛平　　苗头，对你的英明判断，本人五体投地……

丁小军　　诸葛，含蓄一些，别这么赤裸裸的，好吗？

诸葛平　　我下面还有文章呢。

丁小军　　什么文章？

诸葛平　　苗头，你能不能告诉我，你怎么知道随火根在桑拿浴室的？

苗　震　　他不是从郝树铭手里拿到三千元钱了吗？一定是先去买粉过把瘾；他过去不是腰缠百万的小老板吗，一定有桑拿的习惯。人的行为都有一定的惯性，所以我判断他有可能过了毒品瘾头之后，会到桑拿浴室去放松。

诸葛平　　丁小军，听到吗，千错万错马屁不错，高帽子一戴，苗头的经验之谈就出来了……

〔电话骤响。

欧阳春　　树铭，树铭，电话，电话……

郝树铭　　我接，我接……

乐芝兰　　树铭，镇静……看你哆哆嗦嗦的样子，还是我来接！喂，喂，这里是郝家，我是郝小宝的奶奶……

〔嘟、嘟、嘟……

乐芝兰　喂，喂……
欧阳春　奶奶，你的口气把绑匪吓倒了，你应该让树铭接电话……
乐芝兰　树铭，不是妈说你……事到临头……
郝树铭　别说了，我的心都碎了！
陈素芬　树铭……别这样，你要顶住。
乐芝兰　哎，也难怪，你自出娘胎，没有经过什么风雨……
老　三　我把饭菜又热了一遍，大家还是吃一点吧。
乐芝兰　欧阳，把你的手机给我……（拨号）让我问问他们那里……喂，我是小宝奶奶……苗探长……你们那里有没有进展？
苗　震　乐妈妈，我们这里已经排除了随火根和丁家作案的可能性……
〔电话又响。

乐芝兰　我们家的电话响了……我挂了……
郝树铭　我接，我接……喂，喂……我是郝树铭，小宝的父亲……请你讲话……
〔嘟、嘟、嘟……

乐芝兰　（打电话）苗探长！三分钟之内已经有人第二次挂断电话了。
苗　震　如果是绑架者打的，那么，这是他对你们的心理战……他马上还会打电话来，最好小宝他妈妈接，如果他提条件，你们先答应下来，找一些理由，尽量把通话的时间延长一些。你们放心，我们就在你们身边。
乐芝兰　我明白。那我就关机了。树铭、素芬，苗探长说如果再有电话打进过来，由素芬接电话，他的要求先答应，尽量找一些理由延长通话时间……
〔电话又响。

众　人　素芬接电话。
陈素芬　喂，这里是郝家……
阿　兰　素芬，是我，我是阿兰啊……
陈素芬　阿兰，你把电话挂了，快挂电话……
阿　兰　素芬，告诉你一个好消息，我怀孕了……

陈素芬　我求求你，挂电话！
阿　兰　素芬，你怎么啦……
陈素芬　天啊，挂电话！
阿　兰　素芬，好，好，我挂电话……哎，素芬，我告诉你，现在到海南岛机票非常便宜，我们一同去旅游怎么样？
乐芝兰　素芬，你把电话给我。喂，阿兰，我是陈素芬的婆婆，现在我们在等一个性命攸关的电话，我命令你马上挂上电话。
阿　兰　我的妈，我马上挂。
　　　　〔嘟、嘟、嘟。
欧阳春　谢天谢地。
解　说　根据苗震的判断，犯罪嫌疑人要浮出水面了。郝家这三天三夜的等待，要忍受多少煎熬多大的伤痛。欲知后情，请继续收听大型系列广播剧《刑警803》。

第 三 集

解　说　有人两次打来电话，又两次挂断了电话，久经沙场的苗震知道这是犯罪对象在玩弄手法，他们已经严阵以待；但是这对郝家来讲，无疑，又增加了巨大的心理压力，似乎孩子的生命正在这无声无息的时空中正一点点走失，他们只能无奈而焦急地等待着绑匪的第三次电话。

　　　　〔嘀嗒，嘀嗒，钟表走动声。
老　三　已经过去五分钟了，怎么还不来电话。
陈素芬　树铭，会不会阿兰占了电话线，绑匪打不进来，以为我们用电话报警了……这样，绑匪就会撕票，这怎么办，怎么办……
欧阳春　素芬，你别这样想，哪有这么巧……
陈素芬　我恨死阿兰了……这个饶舌女人，叫她挂电话，就是不肯挂！
老　三　绑匪的目的，是为了钱，不达目的，不会罢休的……等着吧，他还会来电话。

乐芝兰　没有必要悲观失望，我相信803，相信803！

　　　　［电话响。

欧阳春　素芬！电话。

陈素芬　喂，喂……

随火根　是郝家吗？

陈素芬　是的，我是郝家……

随火根　你是谁？

陈素芬　我是郝树铭的爱人，郝小宝的妈妈。

随火根　你的儿子在我手里。你要不要？

陈素芬　我要，我要……你要什么条件……

随火根　今晚十点钟，你拿二十万元钱来交换你儿子，过一分钟我就撕票！

陈素芬　给你二十万元，给你二十万元……

随火根　听好，如果报警，也要撕票……

陈素芬　钞票我们已经准备好了……怎么交给你呀？

随火根　到时候，我们会通知你的。

陈素芬　喂，喂，你什么时候再来电话？

　　　　［嘟、嘟、嘟。

乐芝兰　素芬，你怎么能轻易答应他了呢？

陈素芬　妈，我答应错了吗？

乐芝兰　你至少应该提出让小宝听电话，让我们听听小宝的声音，确定这绑匪是真是假，小宝是不是还活着……

郝树铭　妈，你不要再挑剔了好吗！

乐芝兰　好，好……

老　三　快准备钞票。

欧阳春　装在马甲袋里……

郝树铭　不，不，装在牛筋包里。

乐芝兰　先别动。听听803的意见。（打电话）喂，苗探长吗，绑匪已经来电话了……

苗　震　知道了。待会儿有辆大众出租车停在你们家的门口，叫你媳妇坐这辆车去送赎金……要镇静，再见。

丁小军　晓得。

　　　　［时钟的走动声。

　　　　［寂静中,电话铃声突然大作。

陈素芬　喂,喂,我是郝家……

随火根　你,听好了。你,现在"打的",半个小时到达苏州河恒丰路桥南边。把二十万元交给我……

陈素芬　那我家小宝呢?

随火根　一手交钱,一手交人。

陈素芬　你让我听听儿子的声音。

随火根　小宝睡了。你看到你儿子再交钱,一手交钱,一手交人。放心,我不会伤害孩子的。

陈素芬　我叫小宝爸把钱交给你。

随火根　不,你来。你一个人来。

陈素芬　好,我来,我来……

随火根　如果多一个人来,或者报警,你就到苏州河里为你儿子收尸。

陈素芬　喂……喂……

　　　　［嘟嘟嘟的空号声。

苗　震　乔丽娜,你驾驶大众出租车,马上去接应郝家。

乔丽娜　好的。

苗　震　丁小军、诸葛平,你们各带十名警察,守住恒丰路桥南北两头。随时和我联系,听我命令行动。

　　　　［嘟、嘟,汽车喇叭声。

乐芝兰　素芬,别怕。你身前身后都有803在保驾。要冷静,也要注意保护自己。

陈素芬　妈,我知道了。

郝树铭　素芬,当心点。

乐芝兰　素芬,看不到小宝,你不要把钱交出来。

陈素芬　我晓得了。

乔丽娜　上车吧。来,坐到我身边。

乐芝兰　同志,你是苗探长派来的吗?

乔丽娜　刑警，乔丽娜。
乐芝兰　我家小宝的生命，就拜托你了。
乔丽娜　你们回家吧。绑匪随时会打电话来，家里不可以没有人。
　　　　［行驶声。
诸葛平　喂，喂，苗头，我是诸葛，我们已经到位。
丁小军　苗头，我是丁小军，我们已经到了指定的位置。
乔丽娜　喂，苗头，我们已经上了恒丰路桥……
苗　震　桥上车辆、行人多不多？
乔丽娜　不多。
苗　震　注意观察！
乔丽娜　苗头，对面来了一辆蓝色联盟……蓝色联盟停下了……蓝色联盟的窗摇下了……窗口露出了一个孩子的半身……
陈素芬　小宝，小宝，是小宝……我的小宝！
　　　　［马路车声。
　　　　［手机响。
陈素芬　喂……
随火根　看到你的孩子了吗？
陈素芬　看到了……
随火根　你叫大众出租车跟在我的蓝色联盟后面……
陈素芬　到哪里去？
随火根　你别问，你要孩子，你就跟我走……
陈素芬　好的。
随火根　你看到吗，我手里拿着刀，你要耍花招，我就撕票，同归于尽！
陈素芬　不要，不要……我跟着你……
丁小军　苗头，是不是出击，拦住对象？
苗　震　不。放他过去。
丁小军　为什么？
苗　震　对象手里有刀，现在出击，他会狗急跳墙，伤害孩子……
丁小军　那我们要跟踪蓝色联盟吗？
苗　震　不。不要暴露自己。

丁小军　那你要我们怎么办？
苗　震　撤。
丁小军　什么，撤？！
苗　震　撤回之后，待命。
丁小军　我不能理解你的命令。
苗　震　不管你理解不理解，执行命令。
　　　　〔小车行驶声。
苗　震　乔丽娜，你听好了，现在你单独作战，要冷静，对象是惊弓之鸟，千万不要惊动他。
乔丽娜　乔丽娜明白。
苗　震　绑匪现在朝哪里走了？
乔丽娜　朝虹口走了。
苗　震　注意，千万要保护孩子的安全。孩子的安全是第一位的。
乔丽娜　明白。确保孩子安全。
　　　　〔小车行驶声。
陈素芬　乔警官，我看到小宝，小宝也应该看到我呀，你说是吗？
乔丽娜　那也不一定。
陈素芬　就算不一定，小宝怎么不哭不闹呢？
乔丽娜　……你看到孩子戴了口罩吗？
陈素芬　看到戴口罩了。
乔丽娜　犯罪嫌疑人可能把孩子的嘴封住了……
陈素芬　可恶的绑匪，真该碎尸万段！
丁小军　苗头，我们奉命撤回。
诸葛平　苗头，我们也奉命撤回了。
苗　震　很好。丁小军，现在你负责监视郝家的动静。
丁小军　已经和对象正面交手了，还用得着再监视吗？
苗　震　孩子没有到手，对象没有逮住，什么情况都可能发生，来不得半点松懈！
丁小军　是。
苗　震　诸葛平，你随我来。

诸葛平　到哪里去?
苗　震　到应该去的地方。
　　　　〔小车行驶声。
乔丽娜　苗头,乔丽娜向你报告。蓝色联盟已经停下来了……停在绿化带西侧……我也停下来了……停在绿化带东侧……
苗　震　注意,要冷静,孩子安全是第一位的。
乔丽娜　明白。
　　　　〔手机响。
绑　匪　喂,小宝妈,你听好,我带着孩子下车,你也下车。
陈素芬　好,我下车。
绑　匪　你叫大众出租开走……
陈素芬　好,出租车,你走吧。
　　　　〔小车开走。
绑　匪　咱们在松树下一手交钱一手交人……别耍花招,我手里的刀认钱不认人的……现在你向前走……
乔丽娜　苗头,我已经离开绿化带,陈素芬已经向对象走去……陈素芬表现很好,很镇定……对象已经将孩子交给了陈素芬……对象从陈素芬手里拿走了装有二十万元现钞的牛筋包……对象已经乘车跑了,我要不要追上去,我有把握擒住对象……
苗　震　不必追对象……你放他走……
乔丽娜　放他走!我不明白……
苗　震　到时候,你会明白的。你快去接应陈素芬。
陈素芬　小宝,小宝,我的孩子,妈把口罩帮你除下来……绑匪真的把你的嘴封住了……别怕,妈把它撕掉……好了,好了,撕下来了!
孩　子　(哭喊)爸爸!爸爸……
陈素芬　啊!你不是小宝!
乔丽娜　陈素芬,怎么啦?
陈素芬　他不是我的孩子,他不是小宝!乔警官,我们被骗了!
乔丽娜　苗头,苗头,我是乔丽娜,我是乔丽娜,孩子不是郝小宝,那二十万元钱,被歹徒白白地骗走了!请允许我追赶对象。

苗　震　　乔丽娜，不必追了。

乔丽娜　苗头，你指挥的什么仗！这么窝囊！

苗　震　　你把陈素芬和孩子送回郝家，你就完成任务了。好好安慰郝家，我估计犯罪嫌疑人还会来电话。

〔小车停靠声。

欧阳春　素芬回来了。素芬回来了。

老　三　　素芬手里抱着孩子，谢天谢地，总算把小宝接回来了。

郝树铭　小宝，小宝……

乐芝兰　小宝，我的孙子，急死奶奶了……

陈素芬　妈，他不是小宝！

孩　子　　我叫宝宝，不叫小宝！

乐芝兰　啊，素芬，你把别人家的孩子抱来干什么？我要的是我的孙子！小宝呢，小宝在哪里？

陈素芬　绑匪用这个孩子骗走我的钱！

乐芝兰　糊涂！难道连自己的儿子都认不出来吗！

乔丽娜　这不能怪她，苏州河边灯光暗淡，孩子也相像……

欧阳春　老三，你看，这孩子是……

老　三　　是的，他是宝宝！

乐芝兰　怎么，你们认识？

欧阳春　他是三官堂桥卖鸡人的儿子！长得很像小宝。我们上次也差点认错。

乐芝兰　乔警官，这到底是怎么一回事呀？

乔丽娜　这个绑架者不是绑架小宝的人，他一定是看到了你们张贴的寻人广告之后，他去绑架了和小宝相似的孩子，然后利用这个孩子，骗走了你们二十万元钱。

乐芝兰　乔警官，绑匪就在你们803的眼皮底下逃走了，你们为什么不把他当场擒获。

乔丽娜　一来歹徒手里有刀，怕歹徒伤害孩子；二来暴露警力，可能会惊动真正绑架小宝的歹徒。不过请你相信，那个歹徒已经在我们掌握之中。

孩　子　爸爸……（哭）
欧阳春　这个孩子怎么办？
乐芝兰　将心比心，他的爸爸一定也为孩子的失踪而悲痛万分，欧阳、老三，你们既然认识孩子的爸爸，你们就把孩子送去吧。
欧阳春　伯母，我们可是用二十万元钱赎来的。
乐芝兰　不要说二十万元，就是二百万元，也要把孩子送到他父亲手里。
乔丽娜　谢谢你，乐妈妈。
乐芝兰　树铭、素芬，你们有意见吗？
陈素芬　我冒着那么大风险……
乐芝兰　怎么？
陈素芬　这孩子也是人生父母养的，从绑匪手里赎回来，值！
乐芝兰　好，树铭，你的意见呢？
郝树铭　欧阳大姐，老三，拜托你们了！快把孩子送去吧。
乔丽娜　郝家都是好人哪！
　　　　[气喘声声。掏钥匙开门。拍，拉亮灯。
苗　震　随火根！
随火根　谁！
苗　震　你回来了！
随火根　你是谁！为什么在我家里？
苗　震　我吗，就等着你把二十万元钱拿回家。
随火根　你怎么知道的？
苗　震　我能掐会算。把钱放下。
随火根　你想黑吃黑吗，不……（夺门而出）
诸葛平　随火根，你想去哪儿？
随火根　你是浴室里帮我忙的大哥，请你再帮一次忙，我把钱分给你一半。
诸葛平　还在做梦，你被捕了。
　　　　[戴手铐。
随火根　你们是谁？告诉我，你们是谁？
苗　震　我们是刑警803！

随火根　803，二十万元钞票还没有和我见上一面，我就被你们逮捕了，你们803是人还是神啊！

　　〔三官堂桥堍。

卖鸡人　宝宝，宝宝……你失踪了……爸爸没法向你奶奶、妈妈交代，爸爸不想活了！不想活了！……

老　三　卖鸡人，你想干什么？

卖鸡人　我把儿子弄丢了，我不想活了……我们周家三房才合一子……丢了儿子，回不了家了……我想起来了，我认识你……

老　三　哎，哎，你揪住我衣领干什么？

卖鸡人　你和一个女的想骗走我儿子……你还我的宝宝！

孩　子　爸，爸……

卖鸡人　谁在叫我？

孩　子　爸，爸，宝宝叫你。

卖鸡人　宝宝，宝宝……儿子，你到哪儿去了？你再晚来一步，爸爸就投苏州河了，再也见不到你了……

欧阳春　卖鸡人，今后你做生意，别把孩子带出来了。

卖鸡人　是不是你们骗走了宝宝，又把宝宝送回来的？

老　三　既然骗走了，还送回来干吗，吃饱了撑的？！

卖鸡人　那一定是我家宝宝走丢了，你们帮我送回来了……

欧阳春　告诉你，你家宝宝，被歹徒绑架了……

卖鸡人　啊，绑架了！

欧阳春　是郝家从绑匪手里赎回来的。

卖鸡人　赎回来的？

欧阳春　花了二十万元钱赎回来的。

卖鸡人　儿子，他们说的真的吗？

孩　子　真的，爸爸。一个叔叔给我吃巧克力……说带我去吃肯德基……我就跟着他去了，他把宝宝的嘴封了起来，戴上口罩，宝宝吓死了……

卖鸡人　恩人哪，我向你们磕头。

老　三　　别，别……不是我们，是郝家！

卖鸡人　郝家，叫什么，你们告诉我，救命恩人哪，我要回家做个牌位供起来……

老　三　　免了。免了。

欧阳春　做了好事，应该留名。告诉你，他叫郝树铭。

卖鸡人　郝树铭，恩人哪！

丁小军　苗头，你越来越神了，运筹帷幄，险中求胜，不是经典，胜过经典……

诸葛平　丁小军，含蓄一点，别那么赤裸裸的，肉麻……

丁小军　别报复好吗。苗头，随火根到了恒丰路桥，完全可以一举擒获，你为什么网开一面下一步险棋？

苗　震　是的，这是一步险棋。在侦破过程中，有的时候为了盘活全局，只得大胆下险棋。

丁小军　我反复思考过，在这个案例中，下这步险棋似乎没有必要。

苗　震　你在思考，我也在思考。随火根约陈素芬在恒丰路桥交换人质，这不能不引起我的怀疑……

丁小军　怀疑什么？

苗　震　你想，绑匪一上桥，我在两头一堵，他是死定了。他敢于上桥，我就要防他是团伙作案，可能由他上桥试探受害家属有没有报案，如果引出警力，绑票团伙必然撕票；如果警方不出现，对象认定受害家属没有报案，这样可以确保孩子的安全。当然，当我知道随火根手里拿着匕首时，更觉得我们不能暴露了，所以命令你们撤出包围圈。另外，我手里还有乔丽娜这枚棋子，只要对象露面，我就有把握揪住他的尾巴。

丁小军　请教一下，你怎么知道是随火根的呢？

苗　震　首先是电话。随火根三次打给郝家的电话。第一次打来电话，是乐老太接的，对方马上挂断了；第二次是郝树铭接的电话，对方又挂断了；第三次是陈素芬接的电话，对方终于开了金口。开始我以为这是一种心理战术，但是他刻意压着喉咙，用假嗓子说话，并且指名要孩子妈去赎人质，我本能的反应，对方是郝家的熟人，他知道乐老太当过纪委书记，不好对付，所以免开尊口；他也知道郝树铭对他太熟悉了，害怕暴露自己，所以不敢开口；而陈素芬对他既不熟悉，又在失子的悲痛中，所以最容易对付，于是他就吃准陈素芬。那么这个熟人是谁呢，非随火根莫属。原因是，他知道郝树铭中了百万大奖，他嗜毒成瘾，他负债累累，主要一点他在桑拿浴室答应债主三天之内还清巨额债款。三天之内，十几万元钱从哪里来？他在浴室里已经萌发了绑架小宝的念头，走出浴室看到郝家的寻人启事，于是他绑架了卖鸡人的儿子冒充小宝，敲到了郝家的赎金。

丁小军　你能掐会算呀……

苗　震　什么能掐会算，只能说是捕捉蛛丝马迹，加上经验积累……

丁小军　你看真正绑架郝小宝的对象什么时候露出水面？

苗　震　根据我的判断，二十四点左右必然浮出水面。

　　　　［电话骤响。

乔丽娜　别接，让它多响几下……郝先生，你接。讲话时间尽量拖长。

郝树铭　我明白。喂……

　　　　［电话里传来了小宝的哭叫声。

郝小宝　爸爸，妈妈，救救小宝！

郝树铭　小宝！儿子……

解　说　经过三天三夜的等候，绑架小宝的对象金黑终于来了电话。苗震他们能不能擒住金黑，救出小宝，请继续收听大型系列广播剧《刑警803》。

第 四 集

解　说　果然不出苗震所料，深夜十二点钟绑架小宝的金黑终于打来了电话。

郝树铭　喂，喂，我是小宝的爸爸，请你讲话。

金　黑　郝先生，小宝的呼救，你听到了。
郝树铭　是的，我听到了，我不知道你为什么要绑架我的儿子？
金　黑　这还需要问吗？当然是想分一点奖金。
郝树铭　你要多少，你讲吧。
金　黑　男孩似黄金，小宝有四十斤吧，这样吧，一斤一克，体重四十斤，赎金就是四斤黄金，折合人民币是四十万元。
郝树铭　你不觉得太多了吗？我不过是个工薪阶层。
金　黑　我已经讲过了，我是看中你的奖金。穷人也有理想，为了达到我的理想，出此下策，请你原谅。
郝树铭　不管你为了什么，我答应你，这钱怎么交给你？
金　黑　明天上午请你在工商、农行、上海银行、建设银行里各办一张十万元的借记卡，密码由我设定。十一点钟我会告诉你怎么交给我。
郝树铭　我可以办到。但是我怎么相信你保证归还我的儿子呢？
金　黑　郝先生，我是谋财不害命。这几天我对你的儿子照顾不周是有的，但是你儿子的生命还旺盛着呢。只要我收到钱，你也自然会收到你儿子。我保证毫发无损，当然小宝心理上肯定受到了伤害，你要好好给他调理一段时间。
郝树铭　你是不是让我的儿子听一听电话。
金　黑　没有必要了吧，深更半夜的，别叫醒孩子了。
郝树铭　我怎么相信我儿子还活着呢？
金　黑　郝先生，这几天我一直观察着你们的家，你家里一直是五个人，不过现在多了一位小姐，你能否解释一下，她是谁？
郝树铭　她是大众女司机。我把她留在家里，严格讲，我包了她三天，目的就是为了方便给你送钱。
金　黑　我相信你，你也要相信我。只要你们不报警，小宝永远是安全的。再见了，晚安！
郝树铭　再见。晚安。（挂电话）乔警官，我和绑匪的对话有什么不妥吗？
乔丽娜　没有什么不妥。
郝树铭　通话时间够了吗？

乔丽娜　够了。我估计我们已经侦破他的通信工具了。
丁小军　苗头,刚才对象是用手机打的电话,这是对象的手机号码。
苗　震　马上查实手机的主人是谁。
丁小军　是。
诸葛平　苗头,这个对象打电话索取赎金像在咖啡店里谈交易,这样冷静,这样大胆,好像是职业绑匪。
苗　震　这个对象非常狡猾,并且有很强的反侦查能力,不能等闲视之。
丁小军　苗头,这部手机的主人已经侦查到了……
苗　震　是谁?
丁小军　苗头,我非常抱歉……
苗　震　你抱歉什么?
丁小军　我和乔丽娜被小丁老师彻底骗过去了。
苗　震　是小丁老师的手机?
丁小军　是的。是小丁老师的手机。
诸葛平　这人啊,常常聪明一世,糊涂一时。百密一疏,马失前蹄,但亡羊补牢,为时不晚,啊……
丁小军　诸葛,你别在我伤处擦盐了。
诸葛平　将功补过,将功补过,啊。
丁小军　苗头,要不要把乔丽娜叫回来?
苗　震　乔丽娜留在郝家,对郝家精神上是一种安慰。
乔丽娜　郝先生,来,我们来商量一下,明天怎么办卡。
郝树铭　乔警官,我想过了。我、素芬、欧阳、老三,我们四个分头到四个银行去办卡,时间是来得及的。
欧阳春　乔警官,真的要把四十万元白白地送给绑匪吗?
乐芝兰　舍不得金弹子,打不下金丝鸟,只要确保小宝平安回来,送!
乔丽娜　欧阳大姐,你放心,这四张卡,就是犯罪对象的脚镣手铐,他拿四张卡之时,就是将犯罪对象绳之以法之日。大家还是去睡觉吧,好好休息,明天还要和犯罪对象周旋呢。
陈素芬　乔警官,你别走,求求你别走,你留在我们身边,我们心里踏实一些。

乔丽娜　好的，我留下，我陪你们。
　　　　［咕咕咕。鸽子偶然的叫声。
丁小军　苗头，这就是小丁老师的家，家里只有他一个人，是不是出其不意，突然冲进去，将他一举擒获？
苗　震　小顾！
小　顾　到。
苗　震　小丁老师家有没有发现反常的情况？
小　顾　没有。一切正常。
苗　震　那就不必惊动他了！
丁小军　什么意思？
苗　震　撤！
丁小军　撤，深更半夜的，你带我们来兜风呀！
苗　震　没有理由惊动他。
丁小军　这手机是他的，这个理由还不充分吗？
苗　震　动动脑子，对象会用自己的手机同被害人通话吗？
丁小军　有呀，有好几起刑事案，犯罪嫌疑人就是用自己电话或者手机通话，被我们侦破的。
苗　震　那是没有文化，没有经验，而这个对象就凭他三天之后才索取赎金这一点来看，绝非等闲之辈。他居然注意到郝家家里有几个人，可见他步步为营，他要做到万无一失，是决不会用自己的手机作为联络工具的。
丁小军　那你到这里来干什么？还不如在家里休息呢。
苗　震　这叫此一时彼一时，来也没有错，撤也没有错。这叫不到现场心中无底。当然，决定撤，还有一个原因。
丁小军　什么原因？
苗　震　你看，小丁老师门前的花草不但整治得清清爽爽，并且昨晚还浇过水；场地也一尘不染，看不到鸽子的粪和鸽子的羽毛。你想一想，如果小丁老师是对象，他还有这份闲心吗！
丁小军　手机怎么解释？
苗　震　不是被偷了，就是遗失了。

丁小军　既然来了,我想了解清楚。
苗　震　可以。
丁小军　我来叫门。
苗　震　不必叫门。
　　　　〔石块投掷鸽棚的声音。
　　　　〔鸽子群起鸣叫。
　　　　〔开门。
丁老师　喂,谁深更半夜恶作剧。
丁小军　小丁老师,是我。
丁老师　丁警官!
丁小军　我们能不能到里面去谈。
丁老师　可以。
　　　　〔陈素芬的哭喊声。
陈素芬　小宝,小宝,你睁开眼睛看看妈呀,小宝,没有你,你叫妈怎么活下去啊!
郝树铭　素芬,你怎么啦……你怎么啦!
陈素芬　树铭,小宝被绑匪撕票了……
郝树铭　那是你在做梦……做梦!
陈素芬　真的,我看到了……浑身鲜血……我看到了!
郝树铭　喝口热茶,清醒清醒!
　　　　〔叩门。
乐芝兰　树铭,素芬怎么啦?
郝树铭　妈,没有什么,素芬做了一个噩梦。
乔丽娜　乐妈妈,陈素芬怎么啦?
乐芝兰　对不起,把乔警官也惊醒了。素芬做了个噩梦,哭醒了……
乔丽娜　她的心在滴血。
乐芝兰　乔警官,我可以问你吗,明天你们有多少胜算,我指的是既能解救小宝,又能逮住绑匪。
乔丽娜　乐妈妈,我可以这样告诉你,明天市局主管刑事的副局长亲自到指挥部指挥解救小宝,同时有足够的警力协同作战。

乐芝兰　东方卫士，东方卫士，你们是我的精神支柱啊。
乔丽娜　乐妈妈，我们会全力以赴的，也许今夜就能解决。
乐芝兰　你是说苗探长他们在行动？
乔丽娜　是的。循着手机号，他们已经顺藤摸瓜去了。
丁小军　小丁老师，这是我们的探长。
丁老师　苗探长，久仰。
苗　震　小丁老师，半夜三更打扰你了……非常抱歉。
丁老师　无事不登三宝殿，苗探长，有什么事请直说。
苗　震　绑架郝小宝的犯罪嫌疑人已经和郝家联系了。他用的是你的手机……你看，这是手机号。
丁老师　是的，是我以前用的手机。这十一个数字就像十一粒子弹，足以把我打得千疮百孔，置于死地了。不过苗探长，请你给我一个解释的机会。
苗　震　请讲。
丁老师　三个月前，信鸽协会举办了一次名种鸽评比活动，我拿了一对粉灰鸽去参赛。我说明一下，中国有闻名世界的四大名鸽，那就是戴笠鸽、蓝鸽、粉灰鸽和红血蓝眼鸽。我的粉灰鸽体型小巧，体重不满一斤，属于淡雨点的一种，这种鸽子飞翔的时候没有声音，拍翅轻柔敏捷，不仅能飞，并且能吃苦，放飞归途，无论多远，绝对不会停下来找野食，据说当年刘邦遇难时，就是放飞粉灰鸽讨来救兵脱险的，这种淡雨点现在世上很少见，也许物以稀为贵吧，结果我的淡雨点粉灰鸽被评为第一名。就在这次评比会上，我的手机丢了，还惊动了信鸽协会的杜秘书长，他想帮我找，但是评比会是开放式的，可以说当时人山人海，既有协会会员，也有业余爱好者，既有本市的，也有外地的，怎么找也找不回来了。结果，协会花了四千多元钱买了一部新款手机奖给了我，喏，就是这部手机……
诸葛平　你丢了手机，有没有去挂失？
丁老师　没有。因为我买的是全球通。挂失没有意义。
苗　震　冒昧地问一下，你的粉灰鸽，能买多少钱？

丁老师　香港朋友出价二十万元。
苗　震　卖了？
丁老师　没有。卖给他一对幼鸽，三万元人民币。
苗　震　最近有没有人问你买幼鸽？
丁老师　有。
苗　震　有没有成交？
丁老师　没有。
苗　震　为什么？
丁老师　有的是价格原因，有的是因为买者动机不纯，想贩卖，还有的是因为买者经验不足，我怕糟蹋了粉灰鸽，更为重要的，在四大名鸽中，粉灰鸽繁殖最少，一年只有三四羽，最多四五羽。
苗　震　现在还有货吗？
丁老师　还有一对。
苗　震　要买粉灰鸽的是些什么人？
丁老师　都是业余养鸽爱好者，老、中、青都有。中青年为多。
苗　震　这些人你记得吗？
丁老师　我不接受面谈，要么电话里谈，要么电脑里谈，不留名不问姓的。
苗　震　我放一段录音，你听听，你熟悉这个声音吗。
　　　　　[放金黑的电话录音。
丁老师　这个声音好像听到过，让我想一想，语言节奏很慢，讲话口气平和、冷静……这个人肯定同我通过电话，他提出要买粉灰鸽，但是他没有钱。
苗　震　你愿意帮助我们破案吗？
丁老师　当然。随叫随到。
苗　震　谢谢。请你在网上发布一个消息，开卖粉灰鸽，价格定在四万元以下。
丁老师　我这就上网。
　　　　　[电话里传来小宝的哭声。
郝小宝　爸爸，妈妈，救我……
郝树铭　小宝，爸爸已经把钞票准备好了，爸爸会来救你的，啊……
金　黑　郝先生，非常抱歉，让你全家担惊受怕了。

郝树铭　四张卡已经办好了，你说，怎么交给你？
金　黑　请你在十点半到西区九百建材商店门口等我。
郝树铭　我不认识你呀，我手里拿一束百合花，你手里拿一张当天的文汇报好不好。
金　黑　郝先生，到了那里我会用手机通知你的。
郝树铭　那我家小宝呢！
金　黑　郝先生，只要钞票到手，本人安然无恙，我会叫出租车把小宝送到你家里。郝先生，绑架是死罪，我还不想死，所以再一次提醒你不要报警，请你一个人到九百建材店，希望这事圆满结束。我还希望不打不相识，以后我们成为朋友，有朝一日我发了小财，我会加倍还你的。
郝树铭　好的，好的。我全部答应你。
金　黑　郝先生，我顺便向你郑重保证，我不会像有的绑匪那样一而再，再而三地改变地址。十一点半，九百建材商店门口，雷打不动。现在已经十一点了，路上可能堵车，你应该出发了。郝先生，九百建材商店门口见。
陈素芬　树铭，既然绑匪这样说，我们就不要让警方介入了。小宝的安全第一呀。
乐芝兰　糊涂！
陈素芬　妈妈，香港李嘉诚的儿子被绑架，也不是拒绝警方介入吗？
乐芝兰　我们姓郝不姓李，我们要赎回小宝，但不把绑匪绳之以法，也难平我心头之恨。而且除恶扬善也是一个公民的义务和责任。
陈素芬　树铭，你说话啊！
郝树铭　乔警官，你的意见呢？
乔丽娜　乐妈妈讲得对，纵容罪恶，后患无穷。陈女士，我理解你的心情，但是如果罪犯拿到了钱，再杀害人质呢？
陈素芬　我想这个绑匪不会的。
郝树铭　绑匪什么事都做得出来。乔警官，我们走吧。

苗　震　局长，我们把所有警力分成六个战斗小组，形成两个包围圈，第一个把九百建材商店包围起来；第二个把各个路口封堵住，我想对象只要进了包围圈，他就插翅难飞了。

副局长 为了避免打草惊蛇，我建议所有警员扮成顾客先进商场，陆续走到指定位置。

苗　震 还有十名警员，机动待命。

副局长 好，苗探长，你就下命令吧。

丁小军 我是丁小军，我们已经对九百形成了合围。

诸葛平 我是诸葛平，我们已经在九百外围路口形成了包围圈。

苗　震 很好。注意动向。

乔丽娜 苗头，我是乔丽娜，郝先生已经到了九百建材商店门口，对象没有出现。

苗　震 你坐在出租车里面，随时准备接应。

乔丽娜 明白。

［手机的歌唱声。

郝树铭 喂，我是郝树铭……

金　黑 郝先生，我是和你有生死约定的朋友。现在请你进门，左手拐弯，看到寄放实物的小箱子吗？

郝树铭 看到了。

金　黑 请你到二十四号箱位。

郝树铭 我到二十四号箱位了。

金　黑 你按我告诉你的密码按键。

郝树铭 你要我把卡放进箱子里去吗？

金　黑 请你按密码按键，当心不要按错了……这几个号码，都关系着你儿子的生命，别慌张，镇定一些……

郝树铭 你说吧。

金　黑 2431892。

郝树铭 2431892。

金　黑 箱子打开了吗？

郝树铭 打开了。

金　黑 你看到里面的东西了吗？

郝树铭　看到了。是两只鸽子。
金　黑　很好。现在我教你，你把四张卡绑在鸽子的腿上，然后放飞，你的任务就完成了，今天晚上，你就可以和你儿子团圆了。
郝树铭　这鸽子可靠吗？万一从空中掉下来怎么办？鸽子飞不动怎么办？
金　黑　我已经试验过了，万无一失。除非，你不要你儿子了。
郝树铭　好的，我照办。

丁小军　这个混蛋，居然用这种方法，把我们耍了。
副局长　用鸽子传送，既是最原始的，也是最先进的，我们这么多名警力，两道包围圈形同虚设，全然没有了用武之地了。
丁小军　苗头，绑匪把我们打了个措手不及，怎么办？
苗　震　局长跟我研究过第二套方案。这叫道高一尺，魔高一丈。
副局长　小陆。
小　陆　到！
副局长　现在是你施展本事的时候了。介绍一下，小陆是局里最近引进的追踪专家。
小　陆　初来乍到，第一次参与侦破工作，请多多关照。
丁小军　日本人呀。
副局长　日本留学博士。去吧。
小　陆　保证完成任务。
　　　　［商场人杂声。
金　黑　郝先生，怎么样了？
郝树铭　朋友，你别急，我一个人操作蛮难的，第一只鸽子带着两张卡已经飞走了，现在我正在处理第二只鸽子，马上就好……只要你的鸽子在飞行途中不出毛病，我保证你收到。
金　黑　我的鸽子不会出毛病的，除非你不要儿子，在鸽子上做了手脚。
郝树铭　儿子只有一个，而钞票是外财，用了会再来，我会吗？
金　黑　我相信你不会，也不敢。对不起，刚才我态度粗暴了。
　　　　［嘟、嘟、嘟的信号声。
小　陆　郝先生，已经把跟踪器绑在鸽子身上了。

［车辆跟踪声。

小　陆　信号接收正常。
苗　震　注意，上沪青平公路。
小　陆　报告，信号已经固定，鸽子已经到家了。
苗　震　请你测一下方位。
小　陆　在这条公路的东北……
苗　震　那是桃浦地区……注意，注意，各小分队注意，我命令向桃浦地区前进。

［咕、咕、咕的鸽子叫。

苗　震　注意，把那幢房子包围起来；丁小军、诸葛平，你们俩带两支小分队，从前后同时攻进去。
丁小军　（踢开门）不许动……
诸葛平　没有人啊！
丁小军　那边有个小间！
诸葛平　小宝……小宝找到了……丁小军，我们来迟一步，小宝已经死了……
丁小军　不，不，还有心跳，还有气息！快送医院。
诸葛平　可惜，对象跑了。
金　黑　小丁老师，你这对粉灰鸽我心仪已久，开个价吧，要多少钱？
丁老师　四万元。
金　黑　请你便宜一点。
丁老师　这已经是最低价了。
金　黑　好吧，一个小时之后，我给你四万元。
丁老师　等等……
金　黑　小丁老师，怎么啦？
苗　震　这对粉灰鸽，我要了……
金　黑　先生，买卖也得讲个先来后到吧。
苗　震　金黑，我是付过定金的。
金　黑　你怎么知道我的名字，你是谁呀？
苗　震　刑警803。

金　黑　完了。千算万算,还是算不过803。
苗　震　带走。
丁老师　丁警官,郝家的小宝怎么样了?
丁小军　安眠药吃得多了,再迟一步解救就没命了。
陈素芬　小宝,小宝……
郝小宝　妈妈,爸爸,奶奶!
　　　　[带哨的鸽子在蓝天下飞翔。

勾魂的玫瑰香

解　说　一个三十多岁的男子腰缠浴巾，倒在浴室外。一地鲜血，身亡气绝。一条白被单盖住死者。只露出一只握住拳头的手。死者叫朴全胜，是本市生晒参的供应商。浴缸里的水没有放掉。泛着白沫。浴缸旁一双拖鞋。警官苗震、乔丽娜和丁小军在现场侦查着。

乔丽娜　丁小军，有何高见？
丁小军　凌晨二点，死者正在洗澡，突然有人叫门，他居然顾不上放掉浴缸里的水，顾不上穿衣服，顾不上穿拖鞋，腰里只是裹了一条浴巾，迫不及待地去开门。谁的叫门有如此魔力？百分之百是女人，是他急切盼望的女人。当他开门时，进来的女人，向他发动了突然进攻，他没有任何心理准备，又不甘心束手待毙，仓促应战，但是寡不敌众，背后中了致命的一刀，落一个气绝身亡。结论：凶手不是一人，为首的是女人。乔丽娜，我分析得对吗？喂，你发现了什么？
乔丽娜　死者一手五指平摊，一手紧握着拳头。
苗　震　掰开死者的拳头。
乔丽娜　苗头，你看，死者手心里是几根头发。黄色的头发。
苗　震　又细又柔软，女人的头发！乔丽娜，你鼻子敏感，你闻一闻。
乔丽娜　好像有点玫瑰香。丁小军也闻闻。
丁小军　真的，勾魂的玫瑰香。
乔丽娜　看来丁小军的分析是对的，他是死在女人手里。

　　　　　　［高跟鞋的走路声。

丁小军　注意，有人来了。高跟鞋的声音。女人。
　　　　　　［揿门铃。

丁小军　来了！（开门）小姐，找谁？
女　人　朴老板……我找
丁小军　朴老板在这里，你看……
女　人　啊！死了！我的妈呀！（逃之夭夭）
乔丽娜　别跑！
丁小军　追！
苗　震　丁小军，你别追了。
丁小军　你让乔丽娜一个人去追她，你放心。
苗　震　乔丽娜的手脚我知道。你到服务总台，把这几天登记入住的客流梳理一遍。
丁小军　是，苗头，我去……
　　　　　　［迎面碰上阿六头。

阿六头　你好，警官！
丁小军　你找谁
阿六头　我找朴老板。
丁小军　进去吧。
阿六头　朴老板，朴老板……
苗　震　朴老板在这里。
阿六头　（一声惨叫）朴老板！
　　　　　　［宾馆外。街上。
　　　　　　［乔丽娜追赶女人的脚步声。
　　　　　　［卧室。

苗　震　你是谁？
阿六头　我叫阿六头。
苗　震　找朴老板。
阿六头　是的。约好的。
苗　震　是朴老板的什么人？

阿六头　朋友。
苗　震　（打开衣橱）。
阿六头　朴全胜穿着不讲究，凶手看不中，所以没有拿去。
苗　震　床头柜里放的什么？
阿六头　是生晒参，是样品。凶手也看不中。
苗　震　你和他是什么朋友？
阿六头　代理商。
苗　震　你是他的商务代理？
阿六头　是的，我是朴全胜在华东地区的代理。
苗　震　根据你的记忆，凶手拿走了什么？
阿六头　一部手机、一部手提电脑、十万现钞。
苗　震　现钞？
阿六头　昨天由我从银行里领出来的，你知道，现在做生意，经常用现钞应酬。
苗　震　他的银行卡呢？
阿六头　他到这里来，吃用开销都由我负责，所以他不带银行卡。
苗　震　他结婚了吗？
阿六头　没有。他是有名的独行客。
苗　震　为什么叫他独行客？
阿六头　不喜欢张扬，处事低调，做生意也静悄悄的，喜欢吃独食，喜欢独来独往。
苗　震　他有什么爱好？
阿六头　女人！
苗　震　女人！
阿六头　他还有理论。
苗　震　什么理论？
阿六头　女人没有男人，没有了太阳；男人没有女人，没有了月亮，男人和女人在一起，就是日月齐明了！
苗　震　那他为什么不结婚？
阿六头　他也有理论。
苗　震　什么？

阿六头　结了婚只能拥有一个女人，冤枉了人生；不结婚，可以一天换一个女人，这叫潇洒人生。

苗　震　难怪枕头下有这么多姑娘的照片。你看看，这里有好几张女人的照片，你认识这些照片上的女人吗？

阿六头　不认识。

苗　震　昨天他接触过女人吗？

阿六头　接触过。在酒吧里。

苗　震　你怎么知道的？

阿六头　昨日他请我喝酒。

苗　震　他不是独行客吗？

阿六头　昨天请我喝酒是事出有因。

苗　震　什么原因？

阿六头　人们越来越注重保健了，今年生晒参的销量是去年的两倍，纯利润可达五百万，他高兴，请我喝酒。

苗　震　和你一起庆祝？

阿六头　我们两人你一杯，我一杯的，默默地喝着酒，静静地听着音乐。突然他的眼睛发亮，我知道他发现中意的女人了。果然，我看到对面一个漂亮的姑娘对他抛来热烈的媚眼，一下子刺激了他的神经，吊起了他的胃口，他同我碰了一下杯，说了一句"为女人干杯"，他就走到那个女人的身边。

苗　震　你呢？

阿六头　有人说，男人有一个女人是废物，有个情人是人物，有多个女人是动物。他做他的动物，我心甘情愿做废物，还是一个患有严重"妻管炎"的废物。

苗　震　你就走了。

阿六头　走了，这一走，我和他从此阴阳相隔成永别。

　　　　〔脚步声。气喘声。女人的叫声。

乔丽娜　叫什么叫，走，走，进去……

女　人　喔唷、喔唷……

乔丽娜　苗头，抓回来了。

苗　震　头上的鲜血是怎么回事？乔丽娜，你给她的？
乔丽娜　装死的。都是红药水。
苗　震　给，手纸。擦干净了。
女　人　谢谢警长……
阿六头　（突然）我认识她！
苗　震　你认识？
阿六头　就是她！昨天勾引朴全胜的就是她！
　　　　［总台。打印机工作着。
服务员　警官，客流登记都打印好了。
丁小军　谢谢。
　　　　［客房。
苗　震　你叫什么名字。
女　人　我是洪茂旦！
乔丽娜　什么红牡丹、黑牡丹的，是问你的真名实姓。
女　人　洪茂旦是我的真名。洪水的洪，茂盛的茂，元旦的旦！
乔丽娜　有这样的名字，少见。
洪茂旦　我的父母喜欢女孩，从小把我打扮成女孩，给我取了一个女孩子的名字。因为我有点娘娘腔，所以朋友们都叫我红牡丹。我也就顺水推舟，装扮成女的！
乔丽娜　你不是女人吗？
洪茂旦　我是男人！货真价实的男子汉。
乔丽娜　还男子汉呢！
洪茂旦　你不信？可以验明正身。我把纱巾解开，你看看我的喉结……长发飘逸，是假的，迷人的胸部，也是假的……这是头套，这是棉花团……
乔丽娜　你来干什么？
洪茂旦　我来拜访他，因为他答应给我一斤上等的生晒参，再骗他一顿中饭，这是我的身份证，我对天发誓，骗男骗女，不敢骗警官……
乔丽娜　还说不敢骗，红药水不是在骗人！
洪茂旦　红药水是防身用的。

乔丽娜　鬼话连篇。红药水也能防身？
洪茂旦　君子小人，三教九流，各有各的防身法。一旦失手，我就装死……一般人见血都会放我的……我已经用过两三次了，真是灵丹妙药，每次化险为夷，想不到今天失手了，栽在你们手里，我服帖。
乔丽娜　告诉你，油嘴滑舌没有用，老老实实把问题说清楚。
洪茂旦　警官奶奶，你不要吓我，我又没有犯罪。
苗　震　洪茂旦，我身边的这位先生你认识吗？
洪茂旦　面熟陌生。喔，想起来了，昨晚在酒吧见过一面，是那个死人的朋友。
苗　震　这么说，昨天晚上你一直和死者在一起？
洪茂旦　昨晚，我不过骗了他一张买单……他也是自愿的……
苗　震　你也看到了，为你买单的先生今天凌晨被人杀害了！
洪茂旦　我没有杀他。
阿六头　是你杀的！警官，是他杀的！
洪茂旦　冤枉，冤枉！我连杀鸡都不敢，怎么会杀人呢！推理，你们推理一下，如果是我杀的，我还会自投罗网吗？警官先生明察。
苗　震　阿六头！
阿六头　到！
苗　震　你去忙你的吧。
阿六头　好，希望早日破案！
苗　震　洪茂旦，起来。坐下说话。
乔丽娜　你怎么证明不是你杀的。
洪茂旦　十一点钟，我和他走出酒吧。走出酒吧，我们就分手了。
乔丽娜　怎么分手的？
洪茂旦　他要带我到宾馆，我要他去新天地。他有他的主题，我有我的目的。如果服从他的主题去宾馆，我要出洋相的；我要到新天地，目的再敲他一顿夜宵。
乔丽娜　结果呢？
洪茂旦　结果哪里也没有去，他跟另外一个飘着玫瑰香的女人走了。
乔丽娜　玫瑰香的女人！

洪茂旦　我知道，这是证明我没有杀人的关键，我必须说清楚。
乔丽娜　说吧。
洪茂旦　我挽着他的胳膊，脚碰脚，肩并肩地往前走，突然闻到一股玫瑰香，一个女人从我们后面走到我们前面，不知道是有意还是无意，她夹着的一只皮夹子，"啪"地落在我们眼前，那个死鬼，眼疾手快，拾起皮革子，一边喊一边追上去，那个飘着玫瑰香的女人，非但没有停步，反而跑得更快。
乔丽娜　这么说，没有追上？
洪茂旦　追上了。不过，和我拉开了距离。
苗　震　你看清飘着玫瑰香的女人了吗？
洪茂旦　看清了。
乔丽娜　说谎。你在他们后面，除了背影，你还能看到什么？
洪茂旦　我也追上去了。那女的突然回头，和我打了个照面。我倒吸一个冷气，心里一沉，我没戏了！
乔丽娜　怎么？
洪茂旦　那女人漂亮。有味道。我自叹不如。眼巴巴地看着两个人亲亲密密，有说有笑，一个转弯，就在我眼皮底下消失了。
乔丽娜　那个女人你真的看清了？
洪茂旦　喔唷，我本质上是个男人，对漂亮女人就有本能的敏感。过目不忘。
苗　震　你说说，飘着玫瑰香的女人像谁？
洪茂旦　像刘晓庆，像林青霞……不，更像我以前谈过的女朋友。
乔丽娜　你有照片吗？
洪茂旦　有，有……（他疾速地拿出他女朋友的照片）几分相像，几分相像，见笑，见笑，没有她有味道。
乔丽娜　是蛮有样子的……洪茂旦你戴上头套，塞进棉花，想悄悄然地走啊。
洪茂旦　让我走吧，我还要去做生意。
苗　震　洪茂旦，走，你也得跟我们走。
洪茂旦　什么，跟你们走？到哪里？
苗　震　803！
　　　　［叩门声。

刘　刚　请进。

老　张　队长，这两盘宾馆监控录像，苗震要我交给你。现在看？

刘　刚　我来，我来。

　　　　［脚步声。

乔丽娜　苗头，丁小军还没来，磨洋工啊！

丁小军　来了，来了！

乔丽娜　打印一张流量，有这么慢吗？

丁小军　还要梳理……

苗　震　有什么发现吗？

丁小军　有。入住1103的白牡丹形迹可疑。

苗　震　怎么可疑？

丁小军　昨天下午入住，今天早上五点钟就退房了。

乔丽娜　这很正常啊。

丁小军　入住登记时，就打听到西安、兰州的航班。

乔丽娜　这也正常啊。

丁小军　更为值得注意的是白牡丹身上也有玫瑰香！

苗　震　玫瑰香！

丁小军　这是她的身份证号码。

苗　震　白牡丹，32岁，白沙镇人。

老　张　可以进来吗？

苗　震　老张……

老　张　小苗，老刘叫你。

　　　　［捶门声。

洪茂旦　放我出去！

老　张　吵吵什么？

洪茂旦　老先生，老同志，你上上下下这样看我，我汗毛全体肃立！

老　张　那就稍息。跟我走。

洪茂旦　到哪里去？

老　张　泰国。

洪茂旦　干什么呀？

老　张　当人妖呀！
洪茂旦　我不去！
老　张　走呀！
洪茂旦　我不去！
老　张　请你去协助破案。
洪茂旦　请字当头，我去，我去！
　　　　［刘刚办公室。
苗　震　老师，录像你看了？
刘　刚　模模糊糊。两个身穿蓝色雨衣的影子在晃动。脚上好像穿着鞋套。
苗　震　作案老手，所以现场没有留下手印、脚印……
刘　刚　从身高、体型上判断，应该一男一女。女的娇小，男的强壮。
苗　震　进了宾馆还穿雨衣……
刘　刚　对手反侦探意识很强啊。
苗　震　我已经叫丁小军刻画犯罪嫌疑人的形象。
　　　　［手指弹桌的声音。
丁小军　洪茂旦，这是根据你女朋友的形象画的，你说，我改。
洪茂旦　那个女人的头发，金黄色的，长发披肩。
丁小军　洪茂旦，看一看，像不像？
洪茂旦　六分像。
丁小军　还有哪里要改的？
洪茂旦　嘴唇。那个女人的嘴唇，特别性感。
乔丽娜　我说洪茂旦，这是晚上，你就看得那么清楚？别胡说八道啊！
洪茂旦　我是什么人，对女人的有些部位特别敏感。过目不忘。
丁小军　再仔细看看，还有什么地方要修改的。
洪茂旦　酒窝，还有两个讨人喜欢的酒窝。
　　　　［打火机：啪一声。
苗　震　老师，来支烟。
刘　刚　小苗，你注意到了吗？
苗　震　什么？
刘　刚　雨衣的颜色。

苗　震　蓝色。

刘　刚　蓝色的幽灵。

苗　震　你是说同全国发生的类似案件串联起来……

刘　刚　这几年华东地区六个城市都有蓝色的幽灵出现，去年作案时间分别是三月、六月、九月；今年作案时间分别是一月、五月、七月。

苗　震　他们的作案很有规律。

刘　刚　这叫疏离观念，疏远的疏，离开的离。犯罪嫌疑人懂得水满则溢的道理。

苗　震　从作案的手法上看，十分相似，先用色相勾引，然后再下手。

刘　刚　流窜作案，弹无虚发，频频得手。而我们警方，居然两年没有破案，这是个什么女人啊？

丁小军　报告！

刘　刚　小军，进来。

丁小军　这是根据洪茂旦提供的形象打印好的照片。

苗　震　这就是飘着玫瑰香的女人。

解　说　现在梳理出了两条线索，一条是和死者同住一宾馆的白牡丹，一条是飘着玫瑰香的女人。如果飘着玫瑰香的女人就是白牡丹，那么破案就有希望了。有这么巧合吗，请看《勾魂的玫瑰香》第二集。

第 二 集

［传真机工作着。

丁小军　苗头，白沙镇派出所的传真到了。

苗　震　怎么说？

丁小军　白牡丹确有其人。现在还在白沙镇。

苗　震　那好，我们就兵发白沙镇，会一会白牡丹。

乔丽娜　什么，兵发白沙镇？苗头，我反对。

丁小军　我同意。

苗　震　你同意谁？是我，还是她？

乔丽娜　犯罪嫌疑人是作案老手，有反侦查的经验，所以不会用自己的身份证去登记入住。即使白沙镇有白玫瑰其人，她的身份证十之八九遗失了，被犯罪嫌疑人利用了，这才是合乎逻辑的分析。

丁小军　我的意见是兵分两路，另一路去西安、兰州。他们这里得手之后，必然直奔下一个作案点。

乔丽娜　这倒也可能，她登记入住时查询西安、兰州的航班，透露了下一个目标的信息。

苗　震　但是，根据犯罪心理学，我们也不能排除犯罪嫌疑人用逆向思维来麻痹我们，按照常规常理分析不可能的事，偏偏发生了呢？退一步说，即使白玫瑰不是犯罪嫌疑人，也可以通过她了解到身份证是怎么丢失的，什么情况下丢失的，丢失了几年，在本案之前有没有人利用她的身份证作过案，从中可以进一步了解到本案犯罪嫌疑人的更多讯息，同样有利于我们的破案。

乔丽娜　都有道理，别争了，少数服从多数，主张兵发白沙镇的举手。

丁小军　别犯傻了，一切行动听指挥。

乔丽娜　那好，就听苗头的，兵发白沙镇。

　　　　〔停车声。

乔丽娜　嗬，这小别墅真漂亮。白公馆呀。

　　　　〔按了门铃。

白牡丹　谁呀？（开门）嗬，这么多警官！

苗　震　你叫白牡丹？

白牡丹　是，我是的，白牡丹。

乔丽娜　金黄色的长发披肩，亭亭玉立，酒窝妩媚，少妇的成熟，高雅的气质。

白牡丹　警官说笑了，找我有事吗？

丁小军　是的。

白牡丹　那就请进吧。

　　　　〔轻轻的小提琴《梁祝》。

白牡丹　喝什么？

丁小军　别忙。

苗　震　　我们是刑警803，有件刑事案子需要白小姐协助。
白牡丹　　谢谢你们没有把我叫到派出所讯问，而是到我家里来调查。不过，你们到我家里来，我也很矛盾。
乔丽娜　　什么矛盾，矛盾什么？
白牡丹　　来者都是客，至少要准备一些香烟、水果、点心之类，尽点地主之谊；但是，你们又是来办案的，我只有几杯咖啡，请自便。
丁小军　　谢谢。
苗　震　　既然白小姐知道我们来意，我们就请白小姐回答几个问题。
白牡丹　　我愿意配合。
苗　震　　前两天，12号，你在哪里？
白牡丹　　12号是我三十二岁小生日，我在白沙镇宾馆办了几桌生日宴。
苗　震　　是中午还是晚上？
白牡丹　　中午。
苗　震　　之后呢？
白牡丹　　生日宴，两点半结束，三点我就驱车到了上海；下午四点半入住宾馆。晚上谈了两笔生意。第二天早上，五点半退房，七点不到，回到了白沙镇。
乔丽娜　　入住在哪个宾馆？
白牡丹　　浦江宾馆。8003房间。请稍等，这是发票。
乔丽娜　　上海到白沙镇不过个把小时的路程，白小姐为什么还要住宾馆呢？
白牡丹　　中午喝了点酒，驱车到上海，不得已而为之，已经冒险了；晚上又喝了点酒，我不想犯我父亲的错误，酒后再加疲劳驾驶，白白送了性命。
苗　震　　据我们了解，白小姐同时入住江浦宾馆。
白牡丹　　浦江，江浦，毕竟是两个宾馆。警官，我是个普通小女子，没有修道学艺，不会分身术，怎么可能入住两个宾馆呢。
乔丽娜　　请你看一看，入住江浦宾馆登记时的身份证号码，是不是你的？
白牡丹　　又是利用我的身份证，去干鸡鸣狗盗的勾当。
苗　震　　请你解释一下。
白牡丹　　两年前，我的身份证被盗了。

乔丽娜	怎么被盗的？
白牡丹	经过是这样的，我父亲车祸死了之后，我辞了公职，接手父亲办的微型轴承厂。第一次同客户谈生意，签合同，有种成功的喜悦，一个人到饭店庆祝一下，临走时我到卫生间去，我把手提包寄放在服务台，想不到等我取包时，已经被人冒领走了。为此，我同饭店还打了一场官司。
苗　震	什么饭店，还记得吗？
白牡丹	当然。我学的是法律专业，打过官司的单位是不会忘记的。是百乐大酒店。总经理叫夏永强。这件事白沙镇派出所都知道。因为我现在的身份证是补发的。
乔丽娜	白小姐对我们的提问好像都有准备。
白牡丹	是的。老生常谈，你们不是第一次了。
苗　震	已经有几次？
白牡丹	前面已经有过两次，都是拿着我的身份证登记，然后在入住的宾馆里作案。还好只是劫财，没有伤人。不知道这一次怎么样？
乔丽娜	白小姐，你身上的香水很好闻！
白牡丹	我喜欢玫瑰香。
乔丽娜	白小姐也喜欢金发。
白牡丹	赶时尚，其实已经落后了，不过，我喜欢。
乔丽娜	也喜欢在头发上抹一点香水。
白牡丹	我的皮肤对香水有过敏反应，通常我在头发上抹一点。
苗　震	白小姐，我们需要你几根头发，你不介意吧。
白牡丹	只要有利于你们破案，不要说是几根头发，就是要我身上的血也可以。不过，我真是想了解一下，这一次又拿走了人家什么？
丁小军	手机、电脑、十万现金。
白牡丹	还不少。
乔丽娜	头发。
白牡丹	我马上剪给你。
解　说	从白牡丹家出来，苗震排兵布阵，兵分三路，乔丽娜去税务、银

行了解白牡丹的经营状况；丁小军到百乐大酒店核实手提包被冒领的真假；苗震回到803对白牡丹的头发进行DNA的比对。侦查紧张有序地进行着。

（丁小军数着：十五、十六、十七……）

乔丽娜　你们在干什么？

丁小军　等着你呢。

苗　震　都回来了，来，汇总一下侦查情况。

乔丽娜　等一等，让我泡杯茶。

苗　震　丁小军，你先说吧。

丁小军　百乐大酒店的情况出人意料。

乔丽娜　有什么重大发现？

丁小军　我本来以为事隔两年多，况且酒店里每天发生枝枝节节，鸡毛蒜皮的事，大家可能记不起来或者淡忘了，摸排起来估计十分困难。哪里想到一提起这件事，男男女女五六个服务员记忆犹新，像昨天发生的一样。一致认为那只包是她自己拿走的，绝对不是别人冒领的。都认为白牡丹是贼喊捉贼。

乔丽娜　那么官司是谁赢的？

丁小军　庭外调解，酒店赔了白牡丹五千元钱。所以酒店员工至今愤愤不平，说是那个女人凭着漂亮和法律知识，占了便宜。

苗　震　乔丽娜，你呢？

乔丽娜　税务没有问题。银行方面，有值得怀疑的地方。

苗　震　什么问题？

乔丽娜　一般来讲，她是企业，经济往来不是划账就是支票。但是白牡丹不时地有现钞存入，最为可疑的是案发那天，就是12号的上午十一点，她有十万现金存入银行。正好，和死者被劫的现钞数目一样。

丁小军　苗头，白牡丹就是飘着玫瑰香的女人，现在看来八九不离十了。

乔丽娜　苗头，你逆向思维的判断，正确，英明，师傅到底是师傅。

〔苗震，拨打电话。

苗　震　喂，我是苗震，凶杀现场的头发和白牡丹的头发，DNA比对结果

　　　　　出来了吗？出来了，叫老张拿来了……
老　张　别急，我来了，我来了，检验单给你，破案在眼前了。
丁小军　怎么样？相同吗？
苗　震　百分之九十六相同。
乔丽娜　白牡丹是犯罪嫌疑人确定无疑了。
苗　震　乔丽娜去办逮捕证！
乔丽娜　乔丽娜明白！
苗　震　丁小军，你打电话到白沙镇派出所，请他们协助一下，先把白牡丹监控起来。
丁小军　丁小军明白！
苗　震　（内心独白）一个犯罪嫌疑人能够做到如此镇定自若吗？如果她不是犯罪嫌疑人，怎么可能有几乎完全相同的DNA？
　　　　［汽车发动声。
乔丽娜　苗头，逮捕证开好了，出发吧。
苗　震　再等一等。
乔丽娜　等什么？
苗　震　让我想想。
丁小军　刚才雷厉风行，怎么现在犹豫了？
乔丽娜　逮捕令都开好了，走吧。
苗　震　（吼）急什么！
乔丽娜　你要想，谁又不让你想了，什么态度……想好了再叫我。
　　　　［砰的关门声。
苗　震　丁小军，打开电脑。
丁小军　电脑打开了。
苗　震　一搜网站。
丁小军　搜什么？
苗　震　有关DNA的介绍。
　　　　［手机声。
白牡丹　喂，我是白牡丹，开着车呢，等会我打给你……
　　　　［敲门声。

刘　刚　请进！

乔丽娜　气死人了！

刘　刚　怎么啦？案情发展有麻烦了？

乔丽娜　刘队，你评评理。白牡丹两年前制造了百乐大酒店事件，从此拥有了两张身份证，白牡丹在两个宾馆先后登记入住，又先后退房，为的是搅乱视线，逃避侦查；白牡丹案发当天有十万现钞存入银行，这和朴全胜被劫的数字相等；白牡丹的形象同我们对犯罪嫌疑人的模拟像几乎完全一样，身上也是飘着勾魂的玫瑰香！更为重要的，白牡丹的头发和案发现场的头发DNA比对，基本相同，更是铁证如山！白牡丹就是犯罪嫌疑人是明摆着的，逮捕证也开好了，夜长梦多，兵贵神速，马上拘捕白牡丹才对，可是苗头举棋不定，临到上轿穿耳朵，还要想一想，你说这生活怎么做！

刘　刚　乔丽娜，你是谁带出来的？

乔丽娜　这是两码事。

刘　刚　好，好，两码事。苗震是谁带出来的？

乔丽娜　是你。可是你也这样优柔寡断，你就不是刘刚了。

刘　刚　注意，相信他，就是相信我。

乔丽娜　一个刑警只相信事实，只相信证据。

刘　刚　我带出来的徒弟，他要想一想，肯定有他的道理。

乔丽娜　DNA都肯定了的事实，还有什么怀疑的道理。

刘　刚　你信不信，问题恐怕就出在DNA。不是他不相信科学，而是另有原因。回去吧，苗震还等着你呢。

苗　震　乔丽娜。

乔丽娜　到。

苗　震　好了，别给我看脸色了，啊！乔丽娜你还记得吗？

乔丽娜　没头没脑的，记得什么？

苗　震　今年春节警民联系会上著名演员梁家兄弟演唱，你把哥哥当成弟弟，又把弟弟当成哥哥，两个人站在一起，你也分不清谁是哥哥，谁是弟弟。

乔丽娜　他们是双胞胎呀。

苗　震　那么百乐大酒家有没有可能，有个面貌相同的人把白牡丹的提包冒领了呢？

乔丽娜　你是说白牡丹也有一个双胞胎的姐妹？

乔丽娜　DNA怎么解释？

苗　震　刚才我在网站上查询了DNA的相关知识，又请教了一下技术部门，才知道世界上没有DNA相同的人，但是双胞胎例外，她们的DNA可能基本相同。

乔丽娜　你知道白牡丹有双胞胎姐妹？

苗　震　不知道。

乔丽娜　退一步白牡丹有双胞胎姐妹，为什么手足相残，为什么要用她亲姐妹的身份证来作案呢？

苗　震　因为不知道，所以在没有排除这个可能之前，不能对白牡丹采取行动。所以叫你们等一等。

〔洪茂旦恢复男装，匆匆而来。

洪茂旦　苗探长，苗探长，我有个重要情况报告。

苗　震　洪茂旦，什么情况？

洪茂旦　我和我的女朋友又恢复了恋爱关系。

乔丽娜　我说洪茂旦，你到我们这里来报喜啊。

洪茂旦　不是的，你听我说，我看到了飘着玫瑰香的女人了。

乔丽娜　在哪里？

洪茂旦　在老鸿祥金店，我带女朋友选购钻戒，突然闻到一股熟悉的玫瑰香，回头一看，我的妈呀，我看到那个女人也在买钻戒，出手阔绰，买了一只五万元的钻戒。

苗　震　就她一个人吗？

洪茂旦　陪她来的，还有一个男的。

乔丽娜　那个男的看清楚了？

洪茂旦　没有。他戴着眼镜，身子有点像那天指认我杀人的那个……

苗　震　阿六头！

洪茂旦　我的注意力在那个女人身上，没有注意男的。吃准了女的，我就丢下女朋友，悄悄地退出老鸿祥，叫了一辆出租车，飞奔到你们

	这里来报信，你们赶快去，也许能够逮住她。
	［老张走进来。
老　张	小苗，有个叫白牡丹的找你。
洪茂旦	奇怪，她怎么送上门来了。我看来者不善，你们小心。
苗　震	白牡丹在哪里？
老　张	在接待室。
洪茂旦	出租车费能报销吗？
	［脚步声。
白牡丹	警长。
苗　震	白小姐找我？
白牡丹	这是电脑、手机、十万元现钞。我都送来了。
解　说	白牡丹拿着手提电脑、时尚手机、十万现钞，独自来到803，这个惊人之举，想说明什么？目的是什么？犯罪嫌疑人是她，还是另有其人，请往下看《勾魂的玫瑰香》第三集。

第 三 集

苗　震	白小姐，你这是干什么？
白牡丹	你们走后，我心里惶恐不安，有一种说不出的负罪感。
苗　震	宾馆里的生活既然不是你做的，你为什么产生负罪感呢？
白牡丹	是呀，我也对自己这么说，但是这种负罪感就是排解不开。毕竟凶手是以我的名义作的案，所以我想补偿被害者。
乔丽娜	前两次你也是这样做的吗？
白牡丹	前两次我没有这种感觉，所以也没有这样做。
乔丽娜	那为什么？
白牡丹	第一次把我拘留了三天，第二次把我叫到派出所审讯。虽然我能够理解警方的行为，但是我还是充满了逆反心理，对罪犯仇恨，对警方不恭。我理直气壮，没有一星一点负罪感，没有。
乔丽娜	但是，你今天的行为，叫人不可理解。

白牡丹　是的，我也不理解自己，冥冥之中有种力量支配着，鬼使神差的，我就这么做了。也许很荒唐，但是，还是请你们把这些东西交给受害者。

乔丽娜　恐怕受害者的损失你赔不起。

白牡丹　还有什么？你说，我赔。

乔丽娜　命，还有一条人命。

白牡丹　什么？

苗　震　犯罪嫌疑人把被害人杀死了。

白牡丹　没有想到，如此丧心病狂！

［办公室。

丁小军　洪茂旦，车费给你。

洪茂旦　丁警官，不对，我越想越不对。

丁小军　我把来回车费都给你了，还有什么不对。

洪茂旦　我不是说车费，我是说飘着玫瑰香的女人不对。

丁小军　怎么不对。

洪茂旦　这个女人是金发，金店里的女人是黑发。

丁小军　那你看错了。

洪茂旦　没有呀，性感的嘴唇，迷人的酒窝。金发变黑发，黑发变金发。这个女人变幻莫测，魔鬼，是魔鬼。

［接待室。

苗　震　白小姐有没有双胞胎姐妹？

白牡丹　我上无姐姐，下无妹妹，更没有什么双胞胎姐妹了。

苗　震　白小姐，我们需要了解一下你的家史。你的家史，恐怕同本案有关。

白牡丹　既然感兴趣，我就说说。我生在20世纪70年代，那是个不幸的年代。我一出生，就由祖母抚养。

苗　震　父母呢？

白牡丹　父亲叫白荣贵，是轴承厂的工程师，因为海外关系等多种原因，被打成反革命，我出生时，父亲正在白茅岭农场劳改。

乔丽娜　母亲呢？

白牡丹　母亲生我时因为难产，死了。所以，从小我和奶奶相依为命。父亲平反后，到合肥求生，一直到九十年代，在香港的祖父死了，父亲继承了一笔可观的遗产。之后，随着改革开放，父亲在投资环境很好的白沙镇注册经营微型轴承厂，我们就成了名副其实的白沙镇人。

乔丽娜　你没有结婚？

白牡丹　我有过婚姻史。

苗　震　你家里还有什么人？

白牡丹　奶奶。

苗　震　白小姐，恕我直言，恐怕你没有完全了解你的家史。

白牡丹　你这样认为，凭什么？

苗　震　白小姐，两年前，在百乐大酒家，你的提包被人冒领了？

白牡丹　千真万确。

苗　震　谁敢冒领？谁会冒领到？只有一种解释，冒领人的体貌特征和你十分相像。

丁小军　就在刚才，有人在老鸿祥金店，看到一个人同你十分相像，他以为是你。

乔丽娜　这里还有一张犯罪嫌疑人的模拟像，你看像不像你？

白牡丹　像，一个模子里刻出来的！可我确实没有双胞胎姐妹，也没有堂妹表姐。

苗　震　恐怕要打扰你奶奶了。因为，只有你奶奶才知道真相。

白牡丹　希望你们二上白沙镇。

〔轻轻的《梁祝》

〔楼上下来的脚步声。

白牡丹　苗探长，对不起。

乔丽娜　提只古老的小皮箱下来，干什么？

苗　震　老太太不想见我们？

白牡丹　奶奶年轻时是个大美女，现在生了一种医治不好的抖抖病，不愿意见外人。她听到有人利用我的身份证谋财害命后，忍无可忍了，终于有话要说了。

乔丽娜　　你拿出小皮箱干什么？
苗　震　　看来老太太要说的话都在这只箱子里了？
白牡丹　　三十多年了，我也从来没有打开过，我也不知道家里还有这只皮箱。警官，你帮我打开吧。
乔丽娜　　愿意效劳……
白牡丹　　这是什么？
乔丽娜　　唔，是你父母的离婚证书。
白牡丹　　啊，不可能呀。
丁小军　　你只知道母亲是难产死的。
乔丽娜　　其实是和你父亲离婚走的。你母亲叫紫金桂。
白牡丹　　我妈的照片……抱着两个女儿的合影。
乔丽娜　　是双胞胎姐妹。背后有说明。
白牡丹　　（念）一刀两断，恩断义绝。牡丹归你，玉兰归我。永不干扰，永无瓜葛。
苗　震　　白小姐，你有个叫玉兰的妹妹。
白牡丹　　我不理解，父亲和奶奶为什么要瞒我！
丁小军　　这里有两封信，寄到浦东高桥的。
白牡丹　　那是我老家。
丁小军　　收信人是白牡丹姐姐。写信人叫紫玉兰。
白牡丹　　是妹妹写给我的，我从来没有看到过。
乔丽娜　　那你看看。
白牡丹　　好的……
乔丽娜　　怎么流泪了。
　　　　　［白牡丹失声痛哭，跑上楼。
丁小军　　这是一个妹妹写给姐姐的求救信。第一封信中，告知她母亲得了不治之症，请求姐姐给予经济上支援，给妈妈看病。第二封信是报告妈妈病危，妈妈临死之前希望看一眼姐姐。信中充满痛不欲生，哀哀相求的字眼。可惜，这信是寄到高桥老家的，老祖母肯定对她们的母亲怀恨在心里，所以把信没收了，不让白牡丹看到。
乔丽娜　　是不是可以作这样的判断，自从妈妈死后，紫玉兰就混迹江湖，

　　　　她对姐姐恨之入骨，冒领提包，用姐姐的身份证作案，都是精心设计，有意安排的。紫玉兰一方面利用她漂亮作资本，勾引男性，实施抢劫；一方面加害在她看来无情无义的姐姐白牡丹！
　　　　〔楼上下来的脚步声。
乔丽娜　白小姐，你没事吧？
白牡丹　谢谢你们，把我从梦中叫醒。
乔丽娜　白小姐，你想出门吗？
白牡丹　对不起，我要去寻找我的妹妹。
苗　震　白小姐，你的妹妹由我们去找，我们可以找到她。

解　说　虽然这几年居民的居住地发生了很大的变化，苗震他们还是依靠信上提供的讯息，依靠完整的户籍，依靠群众，很快找到了紫玉兰的家，找到了紫玉兰这个人。不过人在疗养院。没有传讯，苗震悄然地也入住了疗养院，借机接近紫玉兰。
　　　　〔疗养院。江南丝竹音乐。
乔丽娜　丁小军，看到了吗？
丁小军　黑发披肩，穿着病号衣衫，坐在靠背长椅上，休闲地晒着太阳，吃着口香糖，眼飘四方。紫玉兰！
乔丽娜　苗头看到了吗？
丁小军　看到了，苗头也穿着病号衣衫，在白玉兰树下，打着太极拳。
乔丽娜　苗头漫不经心地踱到紫玉兰面前了。
丁小军　看苗头的本事了。
苗　震　小姐，我能坐下吗？
紫玉兰　没关系，坐吧。
苗　震　小姐，你真漂亮。
紫玉兰　谢谢。
苗　震　你的头发真像瀑布一样。唔，还有幽幽的玫瑰香，好闻。
乔丽娜　丁小军你看，紫玉兰不经意的，十指梳理头发了。
丁小军　可能几根断发飘落下来了。
乔丽娜　苗头拾起头发了。包在手纸里，捏成团了。

苗　震　　断了几根，可惜了。头发反反复复染，要发脆的。小姐怎么称呼？
紫玉兰　　紫玉兰。你呢？
苗　震　　苗震。
紫玉兰　　瞄准！当兵的？
苗　震　　好眼力。复员了。当保安。
紫玉兰　　可惜了。应该当警察。什么病？
苗　震　　胆结石。
紫玉兰　　让我替你搭搭脉。
乔丽娜　　紫玉兰习惯地朝苗头贴近了。
丁小军　　苗头伸出手，让她切脉。
苗　震　　紫小姐你是什么病？
紫玉兰　　高血糖。
苗　震　　糖尿病！麻烦。我怎么样？
紫玉兰　　你有心病，心脏可能有点毛病。
苗　震　　紫小姐会切脉，我会看手相。一报还一报，来，我帮你看看手相。
乔丽娜　　苗头为紫玉兰看手相了。我该登场了。
丁小军　　小心点，装护士要像护士，千万不要被看穿。
乔丽娜　　放心，看我的。
苗　震　　紫小姐，护士向我们走来了。
紫玉兰　　别理她。
乔丽娜　　紫玉兰，量一量血糖。
紫玉兰　　我没有见过你。
乔丽娜　　我是实习的。你看，我的胸牌。
紫玉兰　　唔，乔立雅，实习生。
乔丽娜　　请你把中指给我。
紫玉兰　　量吧。
　　　　　〔血糖机鸣叫。
紫玉兰　　多少？
乔丽娜　　六点二。
苗　震　　血糖控制很好。（抛纸团）

乔丽娜　别乱抛纸屑，请你们注意环境卫生。
苗　震　对不起，对不起。
紫玉兰　别理她，继续帮我看手相。
苗　震　我自小学的麻衣相，灵得很的。
丁小军　乔丽娜，得手了？
乔丽娜　沾血的试纸、沾血的棉花球，还有几根断发都放在塑料盒里了。
丁小军　好，赶快交给老张。
　　　　〔疗养院里的丝竹音乐。
紫玉兰　苗先生，我的手相妙不妙？
苗　震　紫小姐二十八岁前，多灾多难，事事不顺，父母双亡。
紫玉兰　有点噱头。
苗　震　二十八岁之后，时来运转，财源滚滚……
紫玉兰　（放荡地大笑）……
苗　震　不对吗？
紫玉兰　往下看，往下看。
苗　震　紫小姐命里注定，没有兄弟，没有姐妹，独根独苗……
紫玉兰　不对！
苗　震　唔，不对，这条线和那条线交错，应该有个姐妹……就是有，也是冤家对头！别动……为什么反应这么强烈，紫小姐，又不对吗？
紫玉兰　三十二岁以后呢？
苗　震　三十二岁之后，我就不便说。
紫玉兰　为什么？
苗　震　天机不可泄漏！
紫玉兰　往下说，往下说……不论是福是祸，我请客。
苗　震　你想知道婚姻、财富，还是寿命？
紫玉兰　婚姻不担心，财富不担心，看看我的寿命线吧。
苗　震　对不起，紫小姐，我的同事来看我了。
丁小军　苗经理，大家叫我来看看你。
紫玉兰　你不是保安吗？
苗　震　保安公司经理。

紫玉兰　那我走了。
苗　震　紫小姐，他是我的部下，没关系的。你的寿命线很长很长，如果太太平平，可以活到八十八岁，百岁也有可能。
紫玉兰　你这是什么意思？什么叫太太平平？
苗　震　紫小姐最近好像不太平……
紫玉兰　我血糖稳定，吃得下睡得着，不太平，笑话得很哪。
苗　震　恕我直言，你最近有血光之灾！
紫玉兰　是吗？不会吧。
苗　震　别介意，我借花献佛，这束花送给你。
紫玉兰　什么意思，你到底是什么人！
苗　震　小丁，陪我走走。
丁小军　苗头，什么血光之灾，紫玉兰是人精，你这不是通风报信吗？
苗　震　这叫敲山震虎。说说你做的生活有什么收获。
丁小军　我们依法对她的家实施了搜查。
苗　震　结果一无所获。
丁小军　你怎么知道的。
苗　震　紫玉兰不是一般的对手。
丁小军　我认为应当马上逮捕她。
苗　震　凭什么？你说她拿了白牡丹的身份证，身份证在哪里？你说她是杀害朴全胜的凶手，证据呢？还是耐心等待，我们已经取得了她的血样，取得了她的头发，只需要等待检验结果了。
丁小军　乔丽娜来了。
乔丽娜　苗头，紫玉兰逃跑了。
苗　震　好，敲山震虎起作用了！
丁小军　是不是马上监控车站、码头、机场！
苗　震　既然她逃跑，她知道我们会在车站、码头、机场布控，所以她不会去的。
丁小军　她会逃到哪里去呢？
苗　震　犯罪嫌疑人有犯罪行为的心理定式，或者说行为习惯。紫玉兰一伙运用逆反思维反侦查，已经到了炉火纯青的地步，你认为她得

　　　　　手之后会去西安、兰州，她却在你眼皮底下住进疗养院；你认
　　　　　为她闻风而逃，亡命天涯，她肯定不会走远，而会躲在你的眼皮
　　　　　底下。
乔丽娜　那你知道她躲在哪里了？
苗　震　躲在我们认为她最不会去的地方。
乔丽娜　那我们快点行动吧。
苗　震　急什么，等DNA比对结果出来，掌握了证据之后再行动。
　　　　〔轻轻的《梁祝》。
白牡丹　苗探长，是什么风又把你们吹到白沙镇。三上白沙镇了吧？
苗　震　白小姐，我们的侦查已经有了结果。你的身份证在紫玉兰手里，
　　　　　杀害朴全胜的也是她。
白牡丹　恭喜你们。
苗　震　希望你把她交出来。
白牡丹　探长，你不会搞错吧。自出娘胎我没有见过她，她也不知道我住
　　　　　在这里。
苗　震　应该这样认为，你母亲死后，她一直在追踪你，你的情况她了如
　　　　　指掌。
白牡丹　她对我只有仇恨，没有亲情，她怎么会到我这里来呢！
苗　震　白小姐，我理解你此刻的心情。姐妹相认，却又面临生离死别。
　　　　　但是，你必须作出法与情的选择。
白牡丹　她没有来，没有来，这里没有我的妹妹！
　　　　〔紫玉兰从楼梯上走下来。
紫玉兰　白牡丹，你不要装腔作势了！不是你举报，他们做梦也不会知道
　　　　　我在这里！
苗　震　你错了。是你的思维模式告诉我们，你一定会躲在这里。
紫玉兰　你，保安公司经理！
苗　震　803探长，苗震。
紫玉兰　血光之灾，我认了，走吧。
苗　震　慢，蓝色幽灵有两个。还有一个人。阿六头下来吧。
　　　　〔阿六头慢慢地下楼。

阿六头　苗探长，就是死，也让我死个明白。你是怎么知道我的？
苗　震　你是华东地区的代理人，而华东地区六个城市出现了蓝色幽灵；你为了侵吞朴全胜今年五百万的利润，所以对自己的老板下手了。从案发当天起，我们已经对你实施了监控。牵动荷叶带动藕，你和紫玉兰同时落网，岂不顺理成章，也合情合理，你说是吧。
乔丽娜　走吧。
紫玉兰　姐姐，我这一辈子，叫你第一声，也是最后一声。这是你的身份证，我已经用不到了。
白牡丹　妹妹！妹妹！
〔警笛声。警车呼啸而去。

呜咽的单簧管

第 一 集

［单簧管的乐曲。

解　说　这是个情人节，太阳当空，春风拂面，年纪五十八岁的孙百强，手捧五十五朵玫瑰花，向五十五岁的顾彩娣求婚。

［门铃声。
顾彩娣　谁呀？
孙百强　彩娣，是我，孙百强。
顾彩娣　百强，我给你开门。
［开门。
孙百强　彩娣！
顾彩娣　你拿这么多玫瑰？
孙百强　不多不少，五十五朵。
顾彩娣　你这是干什么？
孙百强　向你求婚！
顾彩娣　百强，谢谢你。
孙百强　彩娣！你答应了！
顾彩娣　百强，我不能接受你的玫瑰。
孙百强　怎么，你不答应。
顾彩娣　对不起，百强。

孙百强 彩娣，我跪下了，嫁给我，结婚吧，求你了。
顾彩娣 起来，起来！
孙百强 你不答应，我就不起来了，跪到天黑，跪到明天！
顾彩娣 百强，你不要逼我。
孙百强 逼你！彩娣，你是不是不爱我了？
顾彩娣 再等等，再等等，好吗？
孙百强 彩娣，你不是十七八，我也不是二十三。你已经五十五，我已经五十八了。
顾彩娣 我知道，我知道……再等等，啊，再等等！
孙百强 你还要我等到哪一天？等到七老八十，等到进火葬场吗？
顾彩娣 别这么说！不吉利的话，不要说。
孙百强 彩娣，你说，你要我等到哪一天！
顾彩娣 百强，我实话告诉你……
孙百强 你想告诉我什么？
顾彩娣 志祥他又不学好了。
孙百强 回潮了。又吸毒了！
顾彩娣 你怎么知道的？
孙百强 你不告诉我，自有人会告诉我的。
顾彩娣 谁告诉你的？
孙百强 志祥经常和我往来，我能不知道吗。昨天晚上，志祥还睡在我家里，这五十五朵玫瑰，向你求婚，都是志祥为我策划的。
顾彩娣 他是为了骗你的钱。
孙百强 你的孩子也就是我的孩子，钱的问题免谈，免谈。
顾彩娣 拿了你多少钱？不，骗了你多少钱？
孙百强 我把钱给他，也是心甘情愿的。
顾彩娣 不可以的！不可以的！你这是害他呀，百强！
孙百强 我只要你告诉我，还要叫我等到哪一天！一个月还是一年？
顾彩娣 你又逼我了！
孙百强 我不逼你，你自己说！
顾彩娣 只要志祥把毒瘾彻底戒掉了，我一定嫁给你。

孙百强　我们结了婚，一起帮助志祥戒毒，一起帮他戒毒，啊。
顾彩娣　不，我不想把你拖下无底洞，我不想害你。
孙百强　你一定要等志祥彻底戒了毒，再肯嫁给我。
顾彩娣　我保证说到做到。
孙百强　你这是给我们的婚期判无期徒刑！
顾彩娣　不会的。
孙百强　你是给我们的幸福判死刑啊！
顾彩娣　不会的，不会的。
孙百强　你看到有几个人戒毒成功的。
顾彩娣　有成功的，有成功的。别人不能，我相信志祥能！
　　　　〔敲门声又起。
李志芳　妈！妈！
顾彩娣　百强，快起来，志芳来了。
李志芳　妈，快开门。
　　　　〔开门。
顾彩娣　志芳，你慌慌张张地干什么！
李志芳　妈，派出所打电话给我……
顾彩娣　什么事？
李志芳　叫你马上到派出所去一下。
顾彩娣　派出所！知道什么事吗？
李志芳　不知道。大概哥哥又出事了。
顾彩娣　志芳，你陪妈妈一起去。
李志芳　不，我不去，我不去。
顾彩娣　志芳，你怎么啦？
李志芳　我讨厌派出所，再说我还有事。
孙百强　彩娣，我陪你去。
顾彩娣　不要。
孙百强　为什么？
顾彩娣　百强，你走你的。
孙百强　我不是担心你吗！

顾彩娣　我们家的事，你，请你少插手！
孙百强　你这样说话，伤我心啊！

解　说　顾彩娣为了儿子吸毒的事，不知道多少次走进派出所了，每一次都是脚绑铅，心沉重。这次当她忐忑不安地赶到派出所时，接待她的不是民警，而是刑警803的探长苗震和警官乔丽娜。

苗　震　认识一下，我是刑警803，探长苗震。
顾彩娣　苗探长。
苗　震　这位是我同事。
乔丽娜　我叫乔丽娜。
顾彩娣　乔警官。
苗　震　请问，怎么称呼你？
顾彩娣　我叫顾彩娣。
苗　震　李志祥是你什么人。
顾彩娣　是我儿子。
苗　震　你儿子是干什么的？
顾彩娣　他是吹单簧管的。
苗　震　唔，单簧管演奏员。
顾彩娣　是的。单簧管演奏员。
乔丽娜　来，喝杯茶。
顾彩娣　谢谢。警官，是不是李志祥，他，他又犯事了？
苗　震　是的。
顾彩娣　你们要对李志祥强制戒毒？
苗　震　不是。
顾彩娣　叫他去劳教？
苗　震　不是。
顾彩娣　判他刑了？三年、五年、八年？探长，随便你们处理他，我都没有意见。
苗　震　都用不到了。

顾彩娣　苗探长，李志祥怎么了。他怎么了？
苗　震　他死了。
　　　　〔单簧管呜咽的声音。
顾彩娣　他死了！
乔丽娜　顾彩娣，你想哭，你就哭出来吧。
顾彩娣　我没有眼泪了……
苗　震　流干了！
顾彩娣　好几年了，流干了。
苗　震　节哀顺变吧。
顾彩娣　我儿子什么时候死的？
苗　震　今天早上四五点钟！
顾彩娣　连天亮都等不及，他是不想看到太阳了！
乔丽娜　太阳不属于他的。
顾彩娣　苗探长，我求你……
苗　震　你说。
顾彩娣　请你出具一张证明。
苗　震　你要死亡证明？
顾彩娣　让我最后尽一个母亲的责任，为他收尸，为他火化，为他安葬！
乔丽娜　你不想再去看你儿子一眼？
顾彩娣　不了！
苗　震　还是去看看他吧。
顾彩娣　吸毒死的！我害怕看到他，我也不想看到他！请你出具死亡证明吧。
苗　震　现在还不能出具死亡证明。
顾彩娣　为什么？
苗　震　为了破案！
顾彩娣　他不是吸毒过量死的吗？
苗　震　他瞳孔有缩小的现象，皮肤也发黑，的确有吸毒过量的症状。
顾彩娣　那还要破什么案？
苗　震　因为李志祥直接死亡原因是窒息。
顾彩娣　窒息！

苗　震　　他是被人杀死的。
乔丽娜　　说得明白一些，李志祥是被人勒死的。
顾彩娣　　是谁杀了他？
苗　震　　把你请来，就是想听听你的意见。谁会杀害你的儿子？
乔丽娜　　仔细想想，啊！
顾彩娣　　多多，只有王多多才会杀死他！

解　说　　顾彩娣不假思索，脱口而出，那么肯定地说出犯罪嫌疑人是王多多，这使苗震他们吃惊。

苗　震　　顾彩娣，王多多和你儿子有仇吗？
顾彩娣　　没有仇。
苗　震　　有怨吗？
顾彩娣　　没有怨。
苗　震　　他们是什么关系？
顾彩娣　　同学，同事，比亲兄弟还要亲的朋友。
苗　震　　那你怎么认为是王多多杀了你的儿子？
顾彩娣　　因为我家志祥吸毒是他害的。
苗　震　　嗯！
顾彩娣　　第一颗摇头丸是王多多给他吃的。
乔丽娜　　请你说得具体一些，好吗？
顾彩娣　　那是几年前……
　　　　　〔剧烈的音乐。
　　　　　〔舞步震动地板声。
　　　　　〔音响渐弱。
王多多　　志祥，你看他们这些人？
李志祥　　摇头晃脑，不知道疲倦的。
王多多　　听说腾云驾雾，飘飘欲仙，感觉好极了。
李志祥　　是吗？
王多多　　听说眼睛一闭，面前都是美女。

李志祥　这么神奇吗？
王多多　给你。
李志祥　什么？
王多多　仙丹。
李志祥　这东西就是摇头丸？
王多多　来一颗吧。
李志祥　不吃。
王多多　不想做神仙？
李志祥　吃上瘾，不是闹着玩的。
王多多　这你不懂了，一两次绝对不会上瘾的。
李志祥　不怕一万就怕万一。
王多多　我先吃给你看。
李志祥　多多，你也别吃……
王多多　你怕，我不怕。
李志祥　你真的吃了！
王多多　吃了。让我也享受一下。
　　　　［舞蹈声更强更烈。
李志祥　多多，怎么样？
王多多　舒服，舒服？爽！
李志祥　真的？
王多多　志祥，我已经找到神仙的感觉了。
李志祥　神仙感觉是怎么样的？
王多多　身轻如燕，心旷神怡，眼睛一闭，身前身后都是美女；鼻子一嗅，都是山珍海味的香味。
李志祥　真的？
王多多　干吗骗你。
李志祥　给我一颗，让我试试。
王多多　不给。
李志祥　那我走了！
王多多　志祥，别走！

李志祥　不走可以。给我一颗。
王多多　好，好，有福同享，给你，给你。
　　　　　［讯问继续。
乔丽娜　原来这样。
苗　震　年轻人，出自好奇，误入歧途。
顾彩娣　多多不是好奇，他是有意引诱志祥吸毒。
苗　震　有意引诱？什么目的？
顾彩娣　为了夺妻。
苗　震　嗯，夺妻！怎么一回事？
顾彩娣　李志祥和王多多同时看中了一个姑娘。她叫吴佩玲。吴佩玲人很漂亮，打鼓打得特别好，唱歌也唱得好。她是张国荣的铁杆粉丝，所以不爱王多多，只爱李志祥。
苗　震　是不是你儿子的长相，很像张国荣。
顾彩娣　长得很像。
苗　震　她把喜欢张国荣的情感移到你儿子身上了？
顾彩娣　我家志祥性格温和，单簧管吹得好，是个很讨姑娘欢心的人。
苗　震　王多多干什么的？
顾彩娣　他吹萨克斯。
乔丽娜　长得难看吗？
顾彩娣　王多多五短身材，长相一般，人很热情，会献殷勤，但是没有女人缘。
苗　震　所以用了心机，施加手段。
顾彩娣　是的。他是引诱李志祥吸毒，并且让他吸上瘾。
苗　震　按照他的逻辑，只要李志祥吸上毒，吴佩玲就不会爱他了。
顾彩娣　他的本意是这样的。
苗　震　目的没有达到？
顾彩娣　是的。李志祥吸了毒，吸上了瘾，毒瘾越来越深，吃了摇头丸又吸冰毒，我也几次劝佩玲离开志祥，我李家不能害人家姑娘，做人得凭良心，是吗？但是吴佩玲不听我的，不离不弃，还是爱着李志祥。

苗　震　于是王多多就动了杀机。
顾彩娣　我想是的。
乔丽娜　可是没有证据啊。
顾彩娣　证据，证据是有的。
苗　震　什么证据？
顾彩娣　前天下午，志祥毒瘾发作，他在家里摔碗，他一直这样的，没有钱买毒品，就在家里摔碗，好像摔碗的声音可以解除他一些痛苦。
　　　　［砰砰砰的摔碗声。
顾彩娣　儿子，你摔吧，只要你心里好受，你就摔吧。
　　　　［砰！
顾彩娣　这是家里最后一只碗了，这是妈的吃饭碗，你也摔了。从今以后，妈也不要吃饭了，妈去死，妈死给你看！
李志祥　妈，我扛不住了！你杀了我吧！杀了我，杀了我！
顾彩娣　妈不要你死，妈要你戒毒。
李志祥　我答应你，我戒毒。让我再吃一次，给我钱，一千元，一千元。
顾彩娣　妈已经没有钱了。不要说一千元，一百元都没有了。
李志祥　你还有一只金戒指呢？
顾彩娣　上个月不是给你偷走了吗！
李志祥　妈，你给我想想办法。
顾彩娣　妈已经一无所有了。
李志祥　妈，你有，你有。
顾彩娣　只有老命一条了，你要，你就拿去。
李志祥　妈，你有房产证。
顾彩娣　什么，你想卖房子。
李志祥　这房子迟早会属于我的，你就让我预支吧，让我预支，预支！
顾彩娣　卖了房子，你住到哪里去？
李志祥　我什么地方都可以住。
顾彩娣　那你妹妹呢？
李志祥　妹妹，她是要嫁人的。
顾彩娣　那我呢？你叫我住到哪里去？

李志祥　孙百强有房子，他爱你，爱得死去活来，你住到他家里去，我把你送过去！
顾彩娣　畜生！
　　　　［打志祥。
李志祥　妈，你打我！
顾彩娣　你还是人吗？
　　　　［敲门声。
李志祥　谁？
王多多　是我！
李志祥　妈，是多多，王多多……
王多多　开门！开门！
李志祥　妈，你别开门，别开门！
　　　　［门越敲越烈。
顾彩娣　来了，来了！
王多多　伯母，多日不见。
顾彩娣　他们是谁？
王多多　是我请来的几个朋友。
催命鬼　我叫催命鬼。
活阎王　我叫活阎王。
顾彩娣　你带他们来干什么！
王多多　讨债！这是借条，一共十三张，不多不少，十九万五千元。
顾彩娣　志祥借你的？
王多多　这都是志祥亲笔写的，有他的签名，志祥是不是？
李志祥　是的。是的。妈，是我陆续问多多借的。
王多多　现在看在同学，朋友的分上，我不要利息，只要本金。志祥一拖再拖，已经拖了几年了。今天可是你约我来拿钱的。
李志祥　多多，对不起，你再……
催命鬼　再什么！李志祥，你还想拖！
李志祥　喔唷，喔唷，你别揪我衣领，我，我……透不过气来了！
活阎王　想挨打呀！

李志祥　别打！痛死我了！
顾彩娣　你们怎么可以在我家里打人！
王多多　打是轻的！
李志祥　妈，你把房产证给多多吧！
顾彩娣　没有！休想！
王多多　伯母，那我就不客气了。
顾彩娣　你想怎么样。
王多多　我把志祥带走。你要念母子情分，你就拿房产证来赎人。
催命鬼　房产证不拿来，你就准备为你儿子收尸吧。
顾彩娣　多多，你想杀人吗？
李志祥　妈，催命鬼、活阎王他们是杀人不眨眼的，你把房产证拿出来，救救我吧，救救我！
王多多　伯母，实话告诉你，这十九万五千元，十万是我问别人借的，你把房产证拿出来，救了志祥，也救了我啊！
顾彩娣　房产证，没有！
王多多　那，别怪我不客气了。带走！
李志祥　妈，你不能见死不救啊！妈！妈！
　　　　〔李志祥惨烈的叫声由近及远。

解　说　顾彩娣的指证是有根有据的，王多多既有杀人的动机，也有杀人的言行。那么，李志祥是不是被王多多杀害的呢？且听《呜咽的单簧管》第二集。

第 二 集

　　　　〔单簧管的呜咽声。
解　说　苗震和乔丽娜根据顾彩娣提供的线索，对王多多进行了侦查，他们悄悄然地来到了王多多的住处。

　　　　〔小号声。

苗　震　打扰一下。
嘟　嘟　你找谁？
苗　震　我找多多。
嘟　嘟　我就是嘟嘟。唷，您是龚老师，天下第一小号手龚老师吧。我发给你的短信收到了是吗？龚老师，你请坐，我给你泡茶。
苗　震　别忙。
嘟　嘟　那我给你吹一曲，你看我够不够资格做你的学生。
　　　　［吹奏。
苗　震　打住，打住！
嘟　嘟　我吹得不好吗？
苗　震　我不是天下第一，小号专家。
嘟　嘟　你别客气。
苗　震　我也不是龚老师。
嘟　嘟　那你是谁？
苗　震　刑警803。
嘟　嘟　不要吓我，刑警找我干什么？
苗　震　你不是多多。
嘟　嘟　我是嘟嘟。
苗　震　你不是王多多！
嘟　嘟　我是黄嘟嘟。
苗　震　黄嘟嘟？
嘟　嘟　其实，我真名叫黄杜儿，父亲姓黄，母亲姓杜，我是他们儿子，所以叫黄杜儿；我学小号，学了三个月，启蒙老师只叫我吹一个1，所以人家叫我黄嘟嘟。
苗　震　对不起，我要找住在这里的王多多，吹萨克斯的王多多。
嘟　嘟　王多多不在家。
苗　震　你知道，他到哪里去了？
嘟　嘟　海南。
苗　震　旅游？
嘟　嘟　不，逃难！

苗　震　你怎么知道的？
嘟　嘟　他告诉我的。
苗　震　他怎么告诉你的？
嘟　嘟　今天早上天蒙蒙亮，他才回家。
苗　震　天蒙蒙亮，几点？
嘟　嘟　五点多吧。
苗　震　五点多？你怎么知道的？
嘟　嘟　他没有带大门钥匙，打手机把我叫醒的，是我为他开的门。七点不到，他又把我叫醒。
苗　震　为什么？
嘟　嘟　叫我帮他养的京巴喂食，散步。
苗　震　这么说，他要出远门。
嘟　嘟　对。他说到海南去。不是去旅游，而是逃难！
　　　　〔飞机起飞的轰鸣声音。
乔丽娜　苗头，苗头，我是乔丽娜。
苗　震　你说。
乔丽娜　去海南的航班已经起飞了。
苗　震　王多多截住了吗？
乔丽娜　没有！
苗　震　什么，没有？
乔丽娜　王多多没有上机。
苗　震　他不是买了去海南的机票吗？
乔丽娜　一个小时前退票了。
苗　震　确认了吗？
乔丽娜　确认了。
苗　震　他在哪里退的票？
乔丽娜　国航第一售票处。
苗　震　离他家很近。
乔丽娜　他跟我们捉迷藏了。你说，怎么办？
苗　震　我们杀他个回马枪！

乔丽娜　你以为王多多回家了？
苗　震　凭感觉。
　　　　［小号声。
　　　　［音碎。
苗　震　嘟嘟！
嘟　嘟　你们怎么又来了？
苗　震　王多多是不是回家了？
嘟　嘟　不知道。
乔丽娜　不肯说！
嘟　嘟　打死我也不说。
　　　　［吹号。音破。
乔丽娜　唷，难听死了。
苗　震　嘟嘟，你怎么越吹越差了。没有进步呀。
嘟　嘟　你没有看到我的小号被摔坏了！
乔丽娜　喔唷，真的摔坏了！
苗　震　被谁摔坏的？
嘟　嘟　被你！
乔丽娜　小小年纪，怎么学会诈人啦！
嘟　嘟　谁诈人了。
苗　震　我明白了。
嘟　嘟　你明白什么？
苗　震　王多多回来，他知道你告诉我们他去海南避难了，于是他突然大怒，摔坏了你的小号。
乔丽娜　所以你说是我们害了你，是吗？
嘟　嘟　不知道，不知道，一百个不知道。
乔丽娜　这么说王多多是回家了。
嘟　嘟　我可没有说。
苗　震　嘟嘟，你把他叫出来，我们为你讨个公道。
乔丽娜　叫他赔你小号。
嘟　嘟　不可能的。

乔丽娜　为什么？
嘟　嘟　他放下行李就走了。
苗　震　他到哪里去了？
嘟　嘟　不知道。
乔丽娜　你害怕了，不敢说了！
嘟　嘟　我怕什么。
乔丽娜　那你说，他到哪里去了？
苗　震　别问了，嘟嘟不会知道的；就是知道了，胆子小，也不敢说了。
嘟　嘟　谁说的！
乔丽娜　那你说王多多到哪里去了？
嘟　嘟　他去找佩玲姐姐去了。
乔丽娜　他告诉你的？
嘟　嘟　我猜的。
乔丽娜　没有根据，瞎猜！
嘟　嘟　谁说没有根据！
乔丽娜　什么根据？
嘟　嘟　我听到他跟佩玲姐姐打电话的。
　　　　〔打鼓声。
　　　　〔大鼓、小鼓，鼓声如雷。
乔丽娜　苗头，这个吴佩玲，长得是很漂亮。
苗　震　鼓打得也好。
乔丽娜　看来王多多不在这里。
苗　震　她这里也会有线索。
乔丽娜　你的意思先别抛出王多多。
苗　震　因势利导，看她反应再说。
乔丽娜　明白。我去叫她。
苗　震　别打扰她。
乔丽娜　什么，打扰？
苗　震　让她把套路打完。
乔丽娜　你很欣赏？

苗　震　尊重艺术。
　　　　〔鼓声骤停。
吴佩玲　谁在外面？
乔丽娜　是我们找你。
吴佩玲　我不认识你们，走吧。
乔丽娜　我们认识你，鼓手吴佩玲，李志祥的女友。
吴佩玲　我不想见人。
乔丽娜　可是我们必须见你。
吴佩玲　我没有情绪，知道吗，我真的没有情绪。
苗　震　是王多多破坏了你的情绪？
吴佩玲　我和他没关系。
苗　震　那是李志祥破坏了你的情绪？
吴佩玲　已经好几天了，手机不肯接，人也找不到，好像蒸发了似的，叫人提心吊胆的……我对你们讲这些干什么！
苗　震　你不想知道李志祥的情况吗？
吴佩玲　你们知道？
乔丽娜　是的。
吴佩玲　是他叫你们来找我的是吗？快告诉我，他在哪里？
乔丽娜　他在冷藏室。
吴佩玲　开什么玩笑！
乔丽娜　真的！
吴佩玲　一个大活人，怎么进冷藏室？
乔丽娜　他死了！
吴佩玲　你再说一遍！
乔丽娜　李志祥已经死了。
吴佩玲　不，他不会死，不会死的！
　　　　〔单簧管欢快的声音。
吴佩玲　你们听，你们听！
乔丽娜　听什么？
吴佩玲　这是他吹的单簧管，听到吗，啊，他吹的，怎么说他死了呢！

乔丽娜　幻觉。这是你的幻觉。
吴佩玲　不，我听得清清楚楚的。告诉我，你们是谁？
乔丽娜　我们是刑警803！
吴佩玲　警察，警察为什么欺骗我？
乔丽娜　我们没有欺骗你。李志祥的确死亡了，因为你是他的未婚妻，所以我们来找你。
吴佩玲　我不相信！
苗　震　这是李志祥死亡的照片！
乔丽娜　吴佩玲，你看看。
　　　　［单簧管呜咽。
吴佩玲　请你们告诉我，志祥怎么死的！怎么死的！
乔丽娜　他是被人勒死的！
吴佩玲　勒死的？
乔丽娜　是的。
吴佩玲　哥！你真的下毒手了！哥！你不该呀不该，把志祥杀了！

解　说　吴佩玲看到李志祥死亡后的照片，丢下鼓棒，拔腿就跑，她跳上出租车，扬长而去，苗震驾车，匆匆跟随而去。

　　　　［两车追赶声。
乔丽娜　苗头。
苗　震　什么？
乔丽娜　吴佩玲叫哥是指谁？是她亲哥哥还是王多多？
苗　震　你说呢？
乔丽娜　如果是她亲哥哥，她当着我们的面怎么会叫出声呢？
苗　震　搞艺术的人，都是激情型的，忘乎所以。
乔丽娜　她明知我们跟在后面，还会带我们去吗？
苗　震　李志祥的死讯，对她来说晴天霹雳，恐怕她头脑里一片空白，早就忘了我们的存在了。
乔丽娜　我看，这是一个头脑简单的人。

苗　震　应当说是个以自我为中心的人。
乔丽娜　她爱李志祥爱得疯狂了。个性偏执。
苗　震　鼓女多情啊，也难得。
乔丽娜　苗头，你看，她拐进小区了。
苗　震　这里不是王多多的家。
乔丽娜　难道是她亲哥哥的家。
　　　　［敲门。
吴佩玲　哥！哥！开门！开门。
吴佩君　有门铃不按，敲什么门！
吴佩玲　开门。
吴佩君　来了！来了！
　　　　［开门。
吴佩君　佩玲，杀气腾腾地干什么！
吴佩玲　杀！我杀你的青花瓶！
吴佩君　放下，放下，别拿我的青花玉春瓶！
吴佩玲　我偏拿了。
吴佩君　你高高举起，想干什么？
吴佩玲　我要他死！
吴佩君　不要！不要！
吴佩玲　不要可以，必须依我一个条件。
吴佩君　我答应你，我答应你。什么条件，你说。
吴佩玲　老实告诉我，李志祥是不是你杀死的？
吴佩君　你疯了！快把青花玉春瓶放下！
吴佩玲　回答我，是不是你杀了李志祥！
吴佩君　把青花玉春瓶放下！
吴佩玲　我要你的青花玉春瓶，粉身碎骨！
　　　　［打碎青花瓶。
吴佩君　老天哪，你摔了我的镇宅之宝，起码要二十万啊！
吴佩玲　李志祥的命值多少，你说！
吴佩君　李志祥是吸毒鬼，他的命是狗尿堆，分文不值，怎么可以和我的

　　　　　青花玉春瓶相提并论！
吴佩玲　这么说，你承认了？
吴佩君　承认什么？
吴佩玲　是你杀了李志祥！
吴佩君　李志祥死了？
吴佩玲　你满意了！
吴佩君　死得好！死得好！
吴佩玲　好，我的命也不要了，你也拿去吧！
　　　　［撞向吴佩君。
吴佩君　别撞我！你疯了！疯了！哪有妹妹撞哥哥的！
苗　震　吴佩玲，冷静一点！
乔丽娜　吴佩玲，放开你哥！
　　　　［吴佩玲哭泣。
吴佩君　怎么多了两个人？你们是谁？
苗　震　这是我的证件。
吴佩君　是刑警啊！佩玲，我是你亲哥哥啊，你怎么可以把刑警带到我家里来！你不义啊！
吴佩玲　是你先不仁！
吴佩君　你怎么可以指控我是杀人凶手！
吴佩玲　不是你还有谁！
吴佩君　杀人偿命，要判死刑的！我在你心里的分量难道还不如一个吸毒鬼吗？啊！你正是魔鬼附身，头脑进水，不分是非，不分亲疏了！
苗　震　吴佩君，请你坐下。
吴佩君　这是我的家，请你们出去！出去！
乔丽娜　（猛喝）吴佩君，坐下！
吴佩君　在我家里发号施令！你们想怎么样？怎么样？
苗　震　我们只想和你谈谈。
吴佩君　没空，不想谈！
乔丽娜　依法询问你。
吴佩君　我犯什么法了，啊！

乔丽娜　坐下。老老实实，回答问题。
吴佩君　莫名其妙！飞来横祸！我的青花玉春瓶！
苗　震　姓名？
吴佩君　吴佩君。
苗　震　年龄？
吴佩君　三十九岁。
苗　震　职业？
吴佩君　无业。不，不，专业收藏家。
苗　震　李志祥是不是你杀的！
吴佩君　这个李志祥自从缠上我妹妹，弄得我们老吴家也鸡犬不宁。你们看，我这个家四室二厅，一百八十六平方，够宽敞的了，可是我妹妹为了李志祥不要住家里，宁愿住出租屋；她每个月至少有五六千元的演出收入，可是常常弄得身无分文，还不时地伸手问我要钱！吸毒，吸毒，李志祥吸毒，也毒害了我和妹妹的亲情！毒害了我吴家！冤哪，我比窦娥还要冤！
苗　震　吴佩君，我问你，李志祥是不是你杀的！
吴佩君　我恨不得将他千刀万剐！挫骨扬灰。
苗　震　正面回答我。
吴佩君　可是我没有杀害他！我拿汝窑发誓，我没有杀他。正确地说，我还来不及杀他。不对，以我收藏家的命去换一个吸毒鬼的命不值得，太不值得了，这好比……
乔丽娜　好比什么？
吴佩君　拿汝窑碗去换一只塑料碗，太不值，不合常理。
　　　　［乔丽娜低声问苗震。
乔丽娜　苗头，要不要将他们分开讯问。
苗　震　不必。面对面更好。
乔丽娜　明白。（转而讯问）吴佩玲，你指控你哥哥杀害李志祥有没有证据？
吴佩君　佩玲，这是杀头之罪，你不要胡说八道！
乔丽娜　吴佩君，不要威胁你妹妹。

吴佩君　佩玲，你不能冤枉我！
乔丽娜　吴佩玲，你要明白，包庇是有罪的。
吴佩玲　我该怎么办！
吴佩君　佩玲，保护我！
乔丽娜　吴佩君，你想干什么！
苗　震　吴佩玲，那我再问你一遍，你指控吴佩君杀害李志祥有没有证据？
吴佩君　佩玲，想明白了，我是你亲哥哥！
乔丽娜　吴佩玲，李志祥看着你呢！到底有没有证据？
　　　　〔单簧管呜咽。
吴佩玲　有！我有证据！
吴佩君　唔，完了！完了！

解　说　吴佩玲和吴佩君是兄妹关系，按常理，没有铁的证据，妹妹是不可能指控亲哥哥的，那么吴佩玲拿出什么证据呢？且听《呜咽的单簧管》第三集。

第 三 集

〔单簧管的呜咽声。

解　说　吴佩玲深爱着李志祥，爱得疯狂，以致兄妹反目。那么，她对亲哥哥的指控，到底是大义灭亲，还是捕风捉影呢？且听吴佩玲指控吴佩君杀害李志祥的根据。

〔打鼓声。
吴佩君　佩玲！佩玲！
吴佩玲　哥，你来了。
吴佩君　别打鼓了。
吴佩玲　怎么啦？
吴佩君　李志祥呢？（喊）李志祥！

吴佩玲　哥，你喊什么，志祥不在我这里！
吴佩君　这个吸毒鬼，这个贼！
吴佩玲　哥，你怎么啦，张口骂人，闭口也骂人！
吴佩君　骂他是轻的，我还要杀了他。
吴佩玲　你凭什么？
吴佩君　凭什么？他偷了我一只青花碗！明代的青花碗。
吴佩玲　哥，你别冤枉他。志祥做人不偷不盗不抢。
吴佩君　吸了毒，君子也会变小人，会偷会盗会抢！
吴佩玲　哥，我不想和你吵架。
吴佩君　告诉我，他在哪里？
吴佩玲　不知道！
吴佩君　你不肯说，我只能到派出所去报案了！
吴佩玲　什么，你要去报案。
吴佩君　凭这只青花碗的代价，至少判他三年徒刑！
吴佩玲　哥，你不能去报案。
吴佩君　那你告诉我，他在哪里？只要追回青花碗，我可以不报案。
吴佩玲　这只青花碗是不是爷爷传下来的？
吴佩君　是的。
吴佩玲　一共一对？
吴佩君　是的。两只。
吴佩玲　那好，一只是你的，一只是我的，对不对。
吴佩君　你想和我分家呀？
吴佩玲　哥，我明明白白告诉你，那只青花碗是我的，是我送给了李志祥，是我叫李志祥去拿的，根本谈不上偷，所以你不能去报案。就是报案也没有用。
吴佩君　小妹，我也明明白白告诉你，我不但要报案，还要你和他一刀两断，彻底地一刀两断。
吴佩玲　凭什么？
吴佩君　凭你是我一母所生的亲妹妹！
吴佩玲　我的事你别管！

吴佩君　我不管，眼睁睁看着你嫁给一个魔鬼，我这个当哥哥的还是个人吗！（缓了一下口气）小妹，你只要听哥的话，和他一刀两断，我就不去报案了，啊！哥出钱，送你到美国去留学，好不好？啊！答应哥，我就不去报案了！

吴佩玲　可以。

吴佩君　那好，好！一言为定！

吴佩玲　但是我有一个条件。

吴佩君　什么条件？

吴佩玲　你把我和志祥一起送到美国去！

吴佩君　你还要和他捆绑在一起。

吴佩玲　你不答应就什么话都不要说了。

吴佩君　我告诉你，李志祥是火坑啊！

吴佩玲　是火坑我也要跳！

吴佩君　李志祥是魔鬼！

吴佩玲　是魔鬼我也要嫁！

吴佩君　不可以，不可以！绝对不可以。

吴佩玲　别大声嚷嚷！亲爱的哥哥，你怪吃力的，免了，别管了。

吴佩君　那好，我不管，让派出所去管，让刑法去管。你等着！

吴佩玲　哥，你不能去。

吴佩君　你别拖我。

　　　　〔王多多来了。

王多多　你兄妹俩拉拉扯扯，怎么啦？

吴佩君　多多，你来得正好，你告诉佩玲，青花碗是不是李志祥偷的？

王多多　佩君哥，在佩玲面前，你别叫我做难。

吴佩君　你老实说。

王多多　是的。是志祥偷的。

吴佩君　听到吗？

王多多　青花碗已经出手了。

吴佩君　啊！出手了！卖了多少钱？卖给谁了？

王多多　佩君哥，我不想卷入你们之间的矛盾。佩玲，慢点我再来找你，

　　　　　　我走了。
吴佩君　多多，你别走。
王多多　别为难我！
吴佩君　我问你，你是不是男人？
王多多　这还用问吗？
吴佩君　你是不是喜欢佩玲？
王多多　这还用问吗？
吴佩君　那你就救救佩玲！
王多多　我怎么救啊！
吴佩君　我给你十万元。
王多多　十万，你给我？
吴佩君　君子一言，驷马难追。
王多多　这是干吗？
吴佩君　请你帮我办件事。
王多多　什么事？
吴佩君　你想办法把吸毒鬼做了！
王多多　做了！
吴佩君　对，做了！让佩玲死了心。
王多多　佩君哥，你别这样想，也别这样说。
吴佩君　嫌钱少吗？只要你有胆量做了他，我就把妹妹嫁给你。
王多多　佩君哥，借一步说话。
　　　　[单簧管呜咽。
　　　　[继续讯问。
苗　震　吴佩君，吴佩玲说的可是事实？
吴佩君　佩玲，你怎么可以兜底翻！兜底翻！
苗　震　正面回答我，这些话你说了没有。
吴佩君　话是我说过的。
苗　震　十万元买凶杀人。
吴佩君　不，不！
乔丽娜　坐下！

吴佩君　佩玲，我是你亲哥哥啊，你怎么可以这样对待我。
苗　震　你很爱你妹妹是吗？
吴佩君　是的，我很爱她。
苗　震　因为你爱她，不愿意看到她和吸毒的李志祥恋爱。
吴佩君　对，对！
苗　震　但是你妹妹不听你的劝告，还是痴心于李志祥。
吴佩君　对，对。
苗　震　于是你把仇恨记在李志祥身上。
吴佩君　对，对。
苗　震　李志祥偷了你的青花碗，成了导火线。
吴佩君　对，对。
苗　震　促使你丧失理智，不顾王法，痛下决心，雇凶杀人！对不对！
吴佩君　对！对！
乔丽娜　李志祥是你杀的？
吴佩君　不，不……我没有，没有，李志祥不是我杀的！
苗　震　不是？
吴佩君　不是。
苗　震　十万元钱你给王多多了？
吴佩君　没有。
苗　震　没有！
吴佩君　那是我口出狂言，故作姿态，一来吓吓佩玲的，二来解解我心头的愤怒。想不到言多必失，佩玲当真，落个把柄！
苗　震　吴佩君，王多多要你借一步说话，这一步借到哪里去了？
吴佩君　小巴黎咖啡馆！他喝咖啡，我会钞。
苗　震　王多多跟你说了什么话？
吴佩君　王多多告诉我李志祥把青花碗卖给了扬州古董商人范恰恰。他告诉我一共只卖了一万五千元。警官，你要知道，那可是明代官窑青花碗，存世不多，国宝级的，按目前的行情至少可以卖到五万元，作孽啊，只卖一万五，这个吸毒鬼。
苗　震　王多多还跟你讲了些什么话？

吴佩君　他告诉了我李志祥的去向。
苗　震　李志祥去哪里了。
吴佩君　在王多多家里。
苗　震　你去找他了。
吴佩君　是的，当然，我去找他了。
　　　　［单簧管的呜咽。
王多多　志祥，有人找你。
李志祥　谁！
吴佩君　是我！
李志祥　多多，你不够朋友，出卖了我。
王多多　丑媳妇迟早要见公婆面。
李志祥　你什么意思？
王多多　你想想，躲得了初一躲得了十五吗？
李志祥　躲！说得好，我躲母亲，我躲妹妹，我躲佩玲，什么人我都躲！
王多多　你们谈，我不便介入，我进里间去了。
　　　　［王多多进内室。
　　　　［关门声。
李志祥　佩君哥，你找我！
吴佩君　精神不错，啊。
李志祥　刚刚用过。
吴佩君　坦白吧。
李志祥　坦白，我坦白。趁你上厕所之间，我拿了你的青花碗！
吴佩君　这叫拿吗？
李志祥　是，不叫拿，是偷，偷，偷……佩君哥，你是不知道，毒瘾发作，比死还难过，实在没有办法，所以……做了小人，我把青花碗卖了，一万元还给了王多多，两千元买了冰毒，这里还存下三千元，你拿走吧。
吴佩君　我不要钱。
李志祥　谢谢佩君哥，宽宏大量。这三千元，几天之后，我还要用他消费。
吴佩君　看看你，人不人，鬼不鬼的样子。

李志祥　我知道，我本是废人一个，一个废人。
吴佩君　同你这种人无话可说，无理可讲。跟我走吧。
李志祥　到哪里去。
吴佩君　派出所。
李志祥　脚镣手铐等着我，是吗？
吴佩君　知道就好，走吧。
李志祥　这世不能还你青花碗，来世赔你汝窑碗。请你高抬贵手，看在佩玲面上！
吴佩君　你不提佩玲倒也罢了，提起佩玲我恨不能杀了你！
李志祥　你等等！
吴佩君　你想干什么？
李志祥　拿把刀。
吴佩君　你拿刀干什么？
李志祥　这把刀是不锈钢的，寒光闪闪，十分锋利，我自杀没有勇气，你就把我杀了，杀了干净！
吴佩君　你以为我不敢吗！
李志祥　佩君哥，不要客气，杀！
　　　　［摔刀的声音。
李志祥　你终究没有胆量。
吴佩君　废话少说，跟我走，到派出所，投案自首，少判你两年官司。
李志祥　派出所我不去。蹲大牢，没有那东西，比死还难过。
吴佩玲　不去也可以。
李志祥　谢谢。
吴佩君　答应我一个条件。
李志祥　什么条件？
吴佩君　从今以后和佩玲一刀两断，永远不往来。
李志祥　你知道，现在我只爱两样东西，一样是毒品，一样是佩玲。
吴佩君　什么！佩玲在你眼里成了东西了。
李志祥　自从我吸上了它，变成了瘾君子，什么人情、亲情、友情、爱情，都变成东西了。

吴佩君　李志祥！你爱她就不要害她了。
李志祥　我承认，害了她，害了佩玲。
吴佩君　现在放在你面前只有两条路。
李志祥　你说，哪两条路？
吴佩君　一条到派出所投案自首。
李志祥　还有一条？
吴佩君　和佩玲一刀两断！
李志祥　这么说，要毒品就不能要佩玲；要佩玲就不能要毒品。
吴佩君　你还离得开毒品吗？
李志祥　想离，做梦也想离，但是离不开。
吴佩君　那你就离开佩玲，离开佩玲！
李志祥　儿女情长，也难啊，佩君哥！
吴佩君　我不想和你再说什么了，你等着，我现在就报案。
　　　　〔拨打手机。
李志祥　别打110了！
吴佩君　你想好了。
李志祥　毒品、佩玲，两者选一。
吴佩君　你说，你选什么？
李志祥　我虽然不愿意，但是没办法，只能选择毒品！
　　　　〔单簧管呜咽。
苗　震　这么说，李志祥答应离开你妹妹了？
吴佩君　他写了保证书……警官，你看。
乔丽娜　（念）留恋毒品，离开佩玲。再要往来，任凭处置。保证人李志祥；见证人王多多。写于二月十一日。
苗　震　二月十一日？
乔丽娜　情人节之前三天。也是李志祥死亡前三天。
苗　震　吴佩君，你拿到保证书之后到哪里去了？
吴佩君　当然到扬州。去找古董商人范恰恰。
苗　震　找到了。
吴佩君　找遍九巷十八街，找了两天两夜，最后在瘦西湖旁边的古董店里

	找到了范恰恰。花了六万元买到了青花碗。
乔丽娜	你不是说青花碗值五万元吗？怎么花了六万元。
吴佩君	你不搞收藏，不懂行规。一只值五万，一对要翻四番，可值二十万。
苗 震	什么时候回来的？
吴佩君	昨天晚上。
苗 震	谁能证明？
吴佩君	我一个人来来去去，叫什么人证明？
乔丽娜	没有人证明？
吴佩君	喔，有，我有证明。警官，你看这是我买回来的青花碗，这是最好的证明。
乔丽娜	就是只碗？
吴佩君	还有，这是我在扬州的住宿发票，这是来去的长途汽车票。请警官明察！佩玲！
吴佩玲	哥！
吴佩君	你冤枉我了！
吴佩玲	我……对不起！
	［吴佩玲撒腿就跑。
乔丽娜	吴佩玲，你别跑呀！
吴佩君	佩玲，哥原谅你！
解 说	吴佩玲感到无法面对哥哥，夺门而出，她晕头转向，她不识东南西北，她身不由己地来到了李志祥的家，她真真切切地听到了李志祥吹的单簧管，她激奋异常。
	［单簧管的声音。
吴佩玲	志祥！志祥！
顾彩娣	是佩玲！
吴佩玲	伯母，志祥没有死！志祥没有死！
顾彩娣	没有死！

吴佩玲　他在房间里吹单簧管，这不是幻觉，真的，是他在吹！
顾彩娣　这是我放的录音。
吴佩玲　录音！
顾彩娣　志祥的录音！
吴佩玲　伯母！
　　　　［吴佩玲痛哭。
顾彩娣　他走了，不会再回来了！我李家对不起你……
吴佩玲　不！
顾彩娣　佩玲，别哭，志祥他不值得你哭！
吴佩玲　不！
顾彩娣　他自己糟蹋自己啊！
吴佩玲　伯母，他是受害者！是受害者！
顾彩娣　受害者！也害别人啊！
　　　　［绞毛巾的声音。
顾彩娣　佩玲，擦把脸吧。
吴佩玲　伯母，你陪我去看看志祥好吗？
顾彩娣　不要去看了。
吴佩玲　为什么？
顾彩娣　看了更让人心痛。
吴佩玲　我想最后看他一眼。
顾彩娣　把他忘了吧。
　　　　［门铃响。
顾彩娣　谁来了？
　　　　［苗震、乔丽娜进来。
乔丽娜　顾彩娣，是我们。
顾彩娣　是警官，请进……我介绍一下，她是志祥的女朋友……
乔丽娜　不必介绍了，我们专程来找吴佩玲的。
顾彩娣　你们认识？
苗　震　吴佩玲，为了慎重，我们查阅了你哥哥小区的监视录像，你哥从扬州回家后没有出过小区，所以排除了你哥哥作案的可能性。

吴佩玲　那是谁杀害了志祥。
苗　震　我们希望你协助我们侦查犯罪嫌疑人。
吴佩玲　说，要我做什么？
苗　震　请你帮助我们找到王多多。
吴佩玲　王多多！
乔丽娜　他刚才不是给你打过电话吗？
吴佩玲　是的。
乔丽娜　希望你帮我们找到他。
吴佩玲　不！
乔丽娜　什么？不！
吴佩玲　借十个胆给王多多，他也不敢杀害志祥啊！
顾彩娣　佩玲，话不能这么说。
吴佩玲　伯母，你也认为王多多杀了志祥？
顾彩娣　知人知面不知心啊！

解　说　吴佩玲可以毫不犹豫地指控亲哥哥，但是她却不认为王多多会杀害李志祥。那么，吴佩玲会不会协助刑警去寻找王多多呢，且听《呜咽的单簧管》第四集。

第 四 集

解　说　苗震他们说服了吴佩玲，果然在一个意想不到的地方找到了王多多。（一片诵经声）王多多一片虔诚地跪在菩萨面前，念念有词地祈祷着什么。乔丽娜悄悄地跪在他身边。

乔丽娜　施主，你在求什么？
王多多　无可奉告。
乔丽娜　让我猜猜。
王多多　菩萨面前，不要妄猜。
乔丽娜　你在求财。

王多多	不。
乔丽娜	求福。
王多多	不。
乔丽娜	今天是情人节，你想求个好姻缘？
王多多	不是全部。
乔丽娜	这么说你是请求菩萨为你消灾。
王多多	笑话，我有什么灾。
乔丽娜	灭顶之灾。
王多多	你是什么人？
乔丽娜	有缘和你相识的人。
王多多	我认识的人很多，就是不认识你，一个陌路人。
乔丽娜	你叫王多多。会吹萨克斯。你和李志祥是朋友，但是你想把他的女友吴佩玲夺过来。
王多多	你是谁？
乔丽娜	我是一个能掐会算的人。
王多多	菩萨面前，见鬼了。恕不奉陪！
乔丽娜	跪下。
王多多	你想干什么？
乔丽娜	我有一个问题要问你。
王多多	你想问什么？
乔丽娜	菩萨面前无诳言，你必须老实回答我！
王多多	你问吧。
乔丽娜	你是不是为了夺取吴佩玲，杀害了李志祥？
王多多	你到底是什么人？
乔丽娜	刑警803！
王多多	你找错人了！
乔丽娜	王多多，你还想跑吗？
王多多	你想干什么？
乔丽娜	依法对你实施强制讯问。

解　说　苗震把王多多带到了刑警803办公室，对他实行强制性的讯问。王多多激动地吼叫着。

王多多　我没有犯法！我没有犯法！
乔丽娜　那让事实说话吧。
王多多　什么事实，啊，什么事实！
苗　震　王多多，有些问题要请你回答。
王多多　你们问吧。
苗　震　就近及远，好吗？
王多多　随便。我可以坐下吗？
苗　震　当然。
王多多　我可以抽支烟吗？
苗　震　这里是无烟办公室。
乔丽娜　你可以喝茶。
　　　　[王多多喝茶声。
苗　震　经过查实，你今天要到海南去。
王多多　是的。
苗　震　是去旅游，还是去避难？
王多多　是去避难。
苗　震　避什么难？
王多多　躲债。
苗　震　躲什么债？
王多多　这几年我陆续问苏州的姑妈借了十万元钱，最近我姑夫生肺癌，姑妈急需要我这笔钱，讲好今天来取钱，而我实在拿不出这么多钱还她，我没有办法面对我的姑妈，所以买了机票，到海南去躲债。
苗　震　怎么又退了飞机票不去了？
王多多　还没有到飞机场，我接到姑妈发来的短信，说我姑夫的病情急剧恶化，她寸步不能离开，要我把钱送到苏州去。我觉得良心上对不起姑妈，所以退了飞机票，心里想无论如何，向朋友借一些钱，多多少少还一些钱过去，就是还不出钱，去看看姑夫，安慰安慰姑妈也是应该的。
乔丽娜 那你为什么不去筹钱？
王多多 我筹钱了，给朋友打了不少电话，包括给吴佩玲，开口求人难。
乔丽娜 没有借到钱，是吗？
王多多 借到不多。
乔丽娜 到庙里烧什么香？
王多多 到庙里烧香，是祈祷菩萨保佑我姑夫。因为，我从小失去父母，是姑夫母把我养大的。烧香拜菩萨，聊表我一点心意。
乔丽娜 请你把手机打开。
王多多 干什么？
乔丽娜 看看你姑妈发来的短信。
王多多 不相信我是吗？好，给你看。
〔打开手机。
〔开机的音乐。
〔姑妈的声音：多儿，你姑夫病情急剧恶化，我不能离开，希望你火速将钱送到苏州。姑妈。
王多多 看到了吗？
乔丽娜 看到了。
王多多 你们还想怎么样？
苗　震 我们还想给你姑妈打个电话，你不介意吧。
王多多 你们想告诉我姑妈，我是杀人犯吗？我姑妈是有心脏病的！
苗　震 别激动。
王多多 请你们人性化一点好吗？
苗　震 人性化，说得好。帮你请个假。不要让你姑妈望眼欲穿地等着你，可以吗？
王多多 那就请吧。
〔拨打手机。
姑　妈 喂喂！
乔丽娜 你是王多多的姑妈吗？
姑　妈 我是王多多姑妈。你是谁？

乔丽娜　我是王多多的朋友。
姑　妈　噢，多多有女朋友了，好，好。
乔丽娜　姑妈，姑夫的肺癌确诊了吗？
姑　妈　专家会诊，切片检查，一应俱全，不会错的。
乔丽娜　现在怎么样了？
姑　妈　正在抢救。姑娘，多多启程到苏州了吗？
乔丽娜　还没有。
姑　妈　急煞人了，我这里等着用钱，叫他快把钱送来。
乔丽娜　恐怕一时三刻来不了。
姑　妈　为什么？他答应好今天还债的。
乔丽娜　姑妈，你别急，因为多多也病了。
姑　妈　多多得了什么病？
乔丽娜　发高烧。
姑　妈　这么巧……姑娘，叫他别着急，病好了，再到苏州吧。
乔丽娜　好，我转告多多。再见。
　　　　[关机。
王多多　我不骗你们吧。
苗　震　对，你很老实。
王多多　我从来不会说谎。
苗　震　很好，那我问你，是不是你引诱李志祥吸毒的？
王多多　什么，引诱！说我引诱他吸毒，这不公平。
乔丽娜　为什么不公平？
王多多　他是有独立思考的行为人。
苗　震　那就换句话说，第一颗摇头丸是你买给他吃的是吗？
王多多　那是出于好奇，赶时髦。
苗　震　你自己吃了吗？
王多多　吃了。
苗　震　你怎么没有上瘾？
王多多　我，我吃的不是摇头丸。
苗　震　不是摇头丸，那是什么？

王多多　形状好像摇头丸的维生素。
乔丽娜　让别人吃摇头丸，自己吃维生素，够狡猾的。
苗　震　你是有心让李志祥吃上瘾的是吗？
王多多　这种死无对证的事……叫我说什么！
苗　震　不是死无对证，我们可以调查，分析，推理，求证。
乔丽娜　告诉你，死人也会说话的。
王多多　为了这件事，我已经付出了惨痛的代价。
乔丽娜　什么代价？
王多多　李志祥一直问我借钱，开始是我主动借钱给他吸毒，后来他是逼着我借钱给他吸毒，再后来我自己没有钱了，就向姑妈借钱给他吸毒。
苗　震　你为什么一而再，再而三地借钱给他呢？
王多多　因为我们是好朋友，磨不开情面。
苗　震　还有呢？
王多多　他吸上毒，我有一份责任，觉得对不住他，所以迁就他。
苗　震　还有什么原因吗？
王多多　还有，还有什么？
苗　震　你说呢？
乔丽娜　王多多，不要避重就轻，看你老实不老实了。
王多多　我，我盼望吴佩玲终有一天离开他。
乔丽娜　这才是你的目的，是吗！
王多多　但是尽管李志祥吸毒吸得倾家荡产，吸得债务累累，吸得业务荒废，吸得人不像人鬼不像鬼，吴佩玲像中了邪似的，她就是不放弃李志祥，她就是看不上我王多多。
苗　震　于是，你就下毒手杀害了李志祥。
王多多　这样推理不对的。
苗　震　为什么不对？
王多多　你们要是追究李志祥吸毒的原因，我是有一部分责任，我愿意领罪，应该怎么判，你们就怎么判，我王多多罪有应得，不会叫冤。你说我杀了李志祥，没有根据，我不服，死也不会承认的。
乔丽娜　你要证据是吗？

王多多　我坚信不会有的。我没有杀人，哪来的证据！
乔丽娜　三天前，是谁扬言要杀死李志祥，又是谁把李志祥从他家里带走的？
王多多　这不是证据。
乔丽娜　那是什么？
王多多　那是李志祥策划的一场戏。
乔丽娜　李志祥策划的一场戏！
王多多　这是做给他妈妈看的一场戏，是李志祥逼他妈妈拿出房产证的苦肉计。

解　说　王多多的回答出乎人的意外，也不无道理。王多多描述了这场李志祥策划的所谓苦肉计的经过。
　　　　[王多多家。
　　　　[萨克斯的声音。
王多多　志祥别吹了。别吹我的萨克斯。
李志祥　怎么啦？
王多多　我姑夫病了。
李志祥　是你的姑夫，同我没有关系。
王多多　怎么没有关系，我姑妈已经问我催债了。
李志祥　是问你讨债，不是问我讨债。
王多多　这十万元钱都是为你借的，你不是不知道，白纸黑字，你是有借条的。
李志祥　借条怎么啦？
王多多　借债还钱，还啊！
李志祥　要命一条，要钱没有。
王多多　死猪不怕开水烫，是吗！你这个样子，我只能不客气了。
李志祥　到法院告我？
王多多　告你没有用。
李志祥　到我家里去闹。
王多多　到你家里也是闹不出什么名堂的。
李志祥　那你想怎么样？

王多多　去找吴佩玲。叫她为你还债！
李志祥　你掐我软肋是吗！
王多多　是你逼我的。
李志祥　千万别去找她！
王多多　那你说怎么办？
李志祥　办法是有的。
王多多　去偷？
李志祥　不！
王多多　去抢！
李志祥　不！
王多多　凭你，还有什么办法？你说。
李志祥　你先给我五百元，让我解解馋，提提精神，然后把办法告诉你。
王多多　把钱给你，只怕肉包子打狗，有去无回。
李志祥　我保证三天内还清你的债务。
王多多　你真的有办法？
李志祥　请你再相信我一次。
王多多　我只能给你两百元。
李志祥　也好，也好！快把钱拿来！
王多多　别猴急，你先说话，什么办法？
李志祥　你把催命鬼、活阎王叫来。
王多多　把他们叫来干什么？
李志祥　帮我演一场戏。
王多多　什么戏？
李志祥　苦肉计！

〔呜咽的单簧管。
〔继续讯问。

苗　震　苦肉计！
乔丽娜　是不是杀气腾腾地到李志祥家里去逼债！
王多多　是的。当着他母亲的面，骂他打他扬言要杀他，目的只有一个，逼着他母亲拿出房产证。

乔丽娜　他打算卖房子。
王多多　是的。一百多平方，又在内环线之内，至少可以卖到一百多万元；即使一时卖不掉，也可以拿房产证作抵押贷款，至少可以贷到几十万。还掉十几万，还有几十万可以供他享受一阵子。
乔丽娜　如意算盘。没有达到目的。是吗？
王多多　是的。警官，我讲的句句事实，催命鬼和活阎王可以作证。
乔丽娜　催命鬼、活阎王是什么人？
王多多　是牌友。
乔丽娜　牌友？
王多多　一起玩麻将的朋友。
乔丽娜　为什么叫催命鬼、活阎王？
王多多　催命鬼叫朱富贵，因为他性子急，老是催别人快点出牌，所以大家叫他催命鬼；活阎王叫盛之民，因为他单吊自摸率高，所以大家叫他活阎王。
乔丽娜　是这样吗？
王多多　我这里有他们的手机号，不信，你们可以去查。

解　说　王多多讲得有头有尾，合情合理，也不排除他事先有了准备，于是苗震提高声音，加快语速，接二连三地提问他，不让他有思考之后回答的余地，从而让他露出破绽。

苗　震　你们把李志祥带到了哪里？
王多多　带到我家里。
苗　震　为什么又到吴佩君家里？
王多多　借钱。向他借钱的。
苗　震　那你去干什么？
王多多　李志祥一个人去，吴佩君不会给他开门的。
苗　震　借到吗？
王多多　气氛不对，没有开口。
苗　震　李志祥偷青花碗，你为什么不阻止？

王多多　我拦阻了，被他推开了。
苗　震　你怎么又去找吴佩玲？
王多多　希望吴佩玲出面问她哥哥借钱。
苗　震　你同吴佩君到了哪里？
王多多　咖啡店。
苗　震　为什么又在吴佩君面前出卖李志祥？
王多多　这不是出卖。我不想让吴佩君认为我和李志祥合谋偷了他的青花碗。

解　说　王多多的回答都是脱口而出，无懈可击，印证了苗震他们已经了解的事实经过。于是，苗震放慢节奏讯问他最为关键的问题。

苗　震　昨天晚上，你在哪里？
王多多　昨天晚上！
乔丽娜　说得详细一些。
王多多　下午四点钟左右，我到国航第一售票处买了一张飞机票。之后，买了些熟食和啤酒到家里，四个人当夜饭吃。六点半，去了仙霞阁麻将馆打麻将，一直打到凌晨五点我才回家，黄嘟嘟为我开的大门，我简简单单地收拾了行李，之后就匆匆离家了。
苗　震　仙霞阁，几号房间？
王多多　201房间。
苗　震　李志祥也去麻将馆了？
王多多　没有。催命鬼、活阎王不要他去。我们躲开了他才去的。
苗　震　李志祥去哪里了？
王多多　他说，他去找孙百强。
乔丽娜　孙百强！
王多多　他母亲的男朋友。
乔丽娜　你也认识孙百强？
王多多　很熟悉。噢，想起来了。
苗　震　想起什么？
王多多　是不是孙百强……

乔丽娜　怎么啦？别吞吞吐吐。
王多多　只是怀疑，没有根据，不好说。
苗　震　说吧，怀疑什么？
王多多　我怀疑孙百强。
苗　震　怀疑他什么？
王多多　孙百强有杀害李志祥的动机。
乔丽娜　什么动机？
王多多　本来孙百强和李志祥的母亲早就结婚了，因为李志祥吸毒，她的母亲不愿意拖累孙百强，耽误下来了。孙百强对志祥恨得要命，背后不叫他名字的。
乔丽娜　那叫他什么？
王多多　叫他杀胚的。
乔丽娜　杀胚！
王多多　有一次他和我一起喝啤酒，我开玩笑，问他什么时候结婚？
乔丽娜　他怎么回答的？
王多多　他一杯啤酒一口吞，长叹一声，拍打桌子，狠狠地说，杀胚不死，不会结婚，只会热昏！
　　　　[呜咽的单簧管。

解　说　经过证实，王多多他们当夜确实在仙霞阁打麻将，确实在五点零五分离开仙霞阁的，这就证明王多多没有作案的时间，也就排除了王多多作案的可能性，而孙百强却浮出了水面，是不是孙百强为了达到和顾彩娣结婚的目的，将李志祥杀害了呢？且听《呜咽的单簧管》第五集。

第　五　集

　　　　[呜咽的单簧管。
解　说　排除了吴佩君和王多多作案的可能，王多多对孙百强的怀疑引起苗震他们的高度重视，于是着手对孙百强进行侦查。而孙百强也得到李志祥的死讯，他急急地来到顾彩娣家。

〔敲门声。

顾彩娣　是谁？
孙百强　彩娣，是我，孙百强。
顾彩娣　百强，我没有情绪，你走吧。
孙百强　我有重要事情告诉你，快开门。
　　　　〔开门。
顾彩娣　百强，什么事？
孙百强　志祥死了！
顾彩娣　你怎么知道的？
孙百强　王多多告诉我的。
顾彩娣　王多多，他没有被警察抓走吗？
孙百强　他刚从803出来，警察已经审查过他了。
顾彩娣　不是王多多！
孙百强　不是。
顾彩娣　那会是谁杀了志祥？
孙百强　他们已经怀疑是我杀了志祥。
顾彩娣　为什么怀疑你呢？
孙百强　昨天晚上志祥睡在我家里。
顾彩娣　这是理由吗？
孙百强　我和你的关系他们也都知道了。
顾彩娣　这同志祥的死有什么关系？
孙百强　他们会推理呀。
顾彩娣　推理？怎么推！
孙百强　志祥吸毒，阻碍了我们结婚；杀了志祥，我们就可以生活在一起了。所以，我有杀志祥的动机。
顾彩娣　也是王多多告诉你的？
孙百强　王多多旁敲侧击，话中有话，我是听出来的。
顾彩娣　那你杀了志祥没有？

孙百强	除非你叫我杀他。
顾彩娣	虎毒不食子,志强再不成器,我也不可能杀他呢!
孙百强	亲骨肉啊!我也是爱屋及乌,早已把他当作自己的孩子了。
顾彩娣	我相信你不会伤害我的孩子。
孙百强	可是803不相信啊!
顾彩娣	说清楚就好了。
孙百强	我只怕说不清楚啊!浑身是口也说不清楚啊。
顾彩娣	怎么会呢?
孙百强	他们问我,你想和他妈结婚是吗?我说是的;他妈因为志祥吸毒,所以不愿意和你结婚是吗?我说是的。他们又说,为了达到结婚的目的,你就杀了志祥是吗?
顾彩娣	你说不是的!
孙百强	他们就会说,昨晚志祥睡在你家里,不是你杀的还有谁?
顾彩娣	见到风就会雨吗?
孙百强	他们会铆牢我的。政策攻心,疲劳轰炸,屈打成招,扛不住的。
顾彩娣	百强,803不会这样做的。
孙百强	你忘了,三十年前我因为审讯时扛不住,吃了冤枉官司!要是没有这场冤枉官司,你早就是我的妻子了。
顾彩娣	过去的事别提了。
孙百强	就说现在,你要早点跟我结婚也就没有这一出了。
顾彩娣	百强,你陪我到803去。
孙百强	我不去。
顾彩娣	你不去我去!

〔803办公室。

刑　警	苗头,有人找你。
苗　震	谁呀?
顾彩娣	苗探长,是我。
乔丽娜	是顾彩娣,你坐。
顾彩娣	谢谢。
乔丽娜	你是不是要求见你儿子最后一面?

顾彩娣 不，不是我心狠，而是没有勇气。

苗　震 可以理解。

顾彩娣 我是有件事求你们。

乔丽娜 什么事，你说？

顾彩娣 你们不要再去查凶手了。

乔丽娜 这是为什么？

顾彩娣 我认为是多多杀了志祥，查下来不是的；佩玲认为是她哥哥杀了志祥，查下来也不是的。

乔丽娜 我们是依法侦查，实事求是，谁是凶手，需要证据说话。

顾彩娣 一个吸毒的人死了，死了就死了，劳师动众的，不值得。

乔丽娜 人命关天，这怎么可以呢。

顾彩娣 社会上少了一个祸害，家里也落一个清静！我以一个母亲的名义要求你们不要再查了，可以吗？

乔丽娜 不可以。

苗　震 顾彩娣，你是为了孙百强来找我们的吧！

顾彩娣 探长，你怎么知道的？

苗　震 噢，是我们叫王多多把你儿子的死讯告诉他的，我们也知道他来找过你。

顾彩娣 苗探长，百强不会杀害志祥的。

苗　震 理由呢？

顾彩娣 虎毒不食子啊！

乔丽娜 什么，什么，顾彩娣你说什么，虎毒不食子，什么意思？

顾彩娣 志祥是百强的儿子。

乔丽娜 怎么回事？你说清楚。

顾彩娣 百强是我初恋的情人。我们正要谈婚论嫁时，说他监守自盗，新房没进，进了牢房，吃了好多年的冤枉官司。

乔丽娜 这么说，当时你已经怀孕了？

顾彩娣 那个时期，一个未婚先孕的姑娘是大灾大难啊。

乔丽娜 你就和别人结婚了？

顾彩娣 在我师傅的张罗下，我匆匆忙忙地结了婚。百强平反出狱，我已

乔丽娜	经是两个孩子的母亲了。

乔丽娜　你觉得对不起孙百强是吗？
顾彩娣　我丈夫得了不治之症，常年卧床，一拖就是十多年，百强没有少帮忙。
乔丽娜　孙百强依然对你有感情。
顾彩娣　我丈夫亡故后，我答应百强等儿女工作之后和他结婚，但是志祥却吸上了毒，于是我想等志祥解了毒，再和他结婚。
乔丽娜　孙百强知道李志祥是他儿子吗？
顾彩娣　不知道。
乔丽娜　为什么不告诉他。
顾彩娣　我是想把一个健健康康、完完整整的儿子交给他，让他们父子相认。
乔丽娜　你把这段隐私告诉我们，你想证明什么？
顾彩娣　孙百强不会杀害志祥。
乔丽娜　你这个理由不成立。
顾彩娣　血缘天生的，父子有天性，百强特别喜欢志祥，志祥也特别喜欢百强。志祥和志芳不一样。
乔丽娜　志芳是你女儿吧。她怎么啦？
顾彩娣　志芳不愿意我再婚，为了避开百强，半年前有家不归，情愿住到小姐妹家里去。
乔丽娜　有这事！
顾彩娣　志祥却是催着我和百强结合。有几次百强亲我，被志祥看到了，他只当没有看见。再说，百强心地善良，为人老实，我了解他，他不会对我的孩子下毒手的。
苗　震　你是害怕我们侦查孙百强，伤害到你们之间的感情是吗！
顾彩娣　已经家破人亡了！请求你们不要再毁灭我活下去的一点勇气，一点希望了。
苗　震　这样吧，顾彩娣，你让孙百强主动跟我们谈一次。
顾彩娣　有必要吗？
乔丽娜　他可能会给我们提供一些破案的线索。
顾彩娣　他胆子很小的。

苗　震　我们只要求他实话实说。
顾彩娣　我已经叫他来了。
乔丽娜　那好呀，人呢，他人在哪里？
顾彩娣　在你们大门口等着呢。
乔丽娜　走，我跟你一起去把请他上来。
　　　　［车水马龙声。
　　　　［顾彩娣呼叫。
顾彩娣　百强！百强！
乔丽娜　他走了！
顾彩娣　千万不要以为他是畏罪潜逃。
乔丽娜　逃是逃不了的。
顾彩娣　求求你们别去抓他，我会把他送来的。

解　说　顾彩娣话虽这么说，双腿却发软，身不由己地瘫坐下来。

乔丽娜　顾彩娣，你别急，我派车子送你。
顾彩娣　不，不。
乔丽娜　那我给你叫辆出租车吧。
顾彩娣　不用，不用！我顶得住。

解　说　顾彩娣挣扎着站立起来，一步一挪地朝公交车站走去。乔丽娜担心地望着顾彩娣远去的身影，突然有一个声音呼叫着乔丽娜。

孙百强　警官！警官！
乔丽娜　你叫我吗？
孙百强　是的。
乔丽娜　你是谁？
孙百强　我叫孙百强。
乔丽娜　呀，顾彩娣找你去了。
孙百强　我是有意躲开她的。

乔丽娜　为什么呀？
孙百强　彩娣在旁边，我和你们说话不方便。
乔丽娜　走，我们上去说。
　　　　〔呜咽的单簧管声。
苗　震　孙百强，你把昨天晚上的事说一下。
孙百强　昨天夜上大约七点左右，我刚烧好夜饭，端上小菜，志祥来了。
　　　　〔孙百强家里。
李志祥　孙伯伯。
孙百强　唷，志祥呀，来得早不如来得巧，来，来，吃夜饭。
李志祥　我在多多家里吃过了。
孙百强　你们都是小光棍，能有什么吃的，你看看我这个老光棍，蒸了蒜泥扇贝，苔条红皮花生，生炒鱼肚，还有你最爱吃的白切羊肉，外加豆腐干。
李志祥　那我陪你喝一杯。
孙百强　我喝白的，你喝红的，怎么样？
李志祥　我陪你喝白的。
孙百强　来，洋河大曲，限量供应，各人一杯。志祥，你东张西望看什么呀。
李志祥　双人床是新买的吗？唔，还添了柚木大橱梳妆台。
孙百强　志祥，你没有看到里里外外都装潢过了吗？
李志祥　看到了，焕然一新啊！
孙百强　我现在是万事俱备只欠东风了。
李志祥　我今天来就是帮你借东风的。
孙百强　你妈同意和我登记了？
李志祥　你要进攻！
孙百强　怎么进攻啊？
李志祥　我给你出个主意。
孙百强　你说，你说，什么好主意？
李志祥　明天是情人节，知道吗？
孙百强　你不说，还真不放在心上。

李志祥　你呢,去买五十五朵红玫瑰,去向我妈求婚。单膝跪下,你嫁给我吧。

孙百强　你妈会同意吗?

李志祥　还有我呢,我再来个推波助澜,逼也要逼我妈同意。

孙百强　志祥,我听你的。

李志祥　不过有件事你也要听我的。

孙百强　你说,什么事。

李志祥　你把我妈的户口迁过来。

孙百强　那是一定的。

李志祥　再把那边的房子过户到我的名下。

孙百强　志祥,你放心,我这边的房子迟早也是你的。

李志祥　孙伯伯,来,祝你明天求婚成功,干杯。

　　　　　〔呜咽的单簧管。

　　　　　〔讯问继续。

乔丽娜　李志祥的目的,还是要那套房子。

孙百强　酒逢知己千杯少啊,我和志祥有说有笑,这顿晚饭,前前后后吃了三个小时,一直到晚上十点钟才结束。

苗　震　他睡在你家里?

孙百强　是的。我们睡在一张床上。

苗　震　一张床上,你不知道他死吗?

孙百强　不知道。我真的不知道。

乔丽娜　这可说不通。

孙百强　我是搞水产批发的,早上三点三刻我就起床离家到批发市场,那里的老板、客户都可以证明我。我走的时候,他还好好的。

苗　震　孙百强,在你们喝酒的这段时间里,还发生过什么事吗?

孙百强　噢,他吸过一次毒。

苗　震　当着你的面?

孙百强　不,背着我。

乔丽娜　你没有阻止他?

孙百强　劝是劝过的,和风细雨,话说重了,我怕和他吵翻,影响我和彩娣的关系，难啊！
苗　震　当夜还发生过其他事吗？
　　　　〔犹豫。
孙百强　还有什么，没有什么了呀。
苗　震　孙百强，我告诉你……
孙百强　我知道，坦白从宽，抗拒从严是吗？
苗　震　李志祥是你的儿子。
孙百强　啊！
乔丽娜　你的亲生儿子。
孙百强　真的吗？
乔丽娜　刚才顾彩娣亲口说的。
苗　震　不用怀疑，是真的。
孙百强　我有儿子！
苗　震　我相信你也希望我们找到杀害你儿子的凶手吧。
乔丽娜　看你满头虚汗，诺，给你手纸，擦一擦。
苗　震　孙百强，当夜在你家里还发生过什么事情？看到的，听到的，做过的，都说吧。
乔丽娜　怎么，还不愿说啊！
孙百强　我是怕呀！心惊胆战！
苗　震　你怕什么？
孙百强　我怕彩娣已经失去了儿子，再有打击，她会扛不住的。
乔丽娜　还发生过什么事？
孙百强　志祥的妹妹……
乔丽娜　李志芳，她怎么了？
孙百强　她打来过电话。
　　　　〔孙百强家。
　　　　〔电话响。
李志祥　孙伯伯，电话响了。
孙百强　我来接，我来接……喂，是志芳啊，喔，你找志祥？
李志祥　别说，别说我在这里。

孙百强　志芳，志祥不在我这里，真的，手心手背都是肉，怎么会骗你呢。你打他手机……喔，他关机了……志芳，如果志祥来，我叫他给你打电话，我保证，志芳，你听我说……
〔电话。空音。
孙百强　脾气真大，话没说完，她把电话搁了。
李志祥　别理她。
孙百强　志祥，她毕竟是你妹妹，你要待她好一些。
李志祥　她烦！来，我们继续喝酒。
〔讯问继续。
苗　震　孙百强，他们兄妹不和吗？
孙百强　不和，不和。已经有大半年了，志芳还搬出了家。
乔丽娜　顾彩娣说，李志芳离家，为了不想看到你和她亲热。
孙百强　那是彩娣蒙在鼓里。
乔丽娜　真正原因是什么？
孙百强　志芳也吸上了毒！她是为了不让彩娣知道，看出痕迹，所以住到小姐妹家里去的。
苗　震　这同李志祥有关系吗？同她兄妹不和有关系吗？
孙百强　我本不想说，现在都说了吧。志祥吸毒，把家里吸穷了，志芳恨之入骨，处处干涉他，想方设法不让他吸，于是志祥把毒品放在志芳的茶里饭里，让志芳也吸上毒，上了瘾！
乔丽娜　简直是丧心病狂！毒杀亲情啊！
苗　震　毒瘾上来，没有人性的。
孙百强　一点不错。这下好，你吸我吸，也谈不上干涉反对了，只是苦了他们的母亲。
乔丽娜　李志芳吸毒，你为什么不告诉顾彩娣？
孙百强　告诉她，她还活得下去吗？我是留有余地。
乔丽娜　什么余地？
孙百强　我只是想和彩娣结了婚，我就可以名正言顺地帮助他们兄妹戒毒。
苗　震　你告诉李志祥不在你家里，李志芳不一定相信吧。
乔丽娜　恐怕也不会罢休。

孙百强　是的。我上班去，一推门，发现一个人蜷缩着身体躺在我门口。
乔丽娜　是李志芳！
孙百强　可怜哪，毒瘾发作，连敲门的力气都没有了。
乔丽娜　你怎么办？
孙百强　我把她扶进房间，叫醒了志祥，我就上班去了！
苗　震　你走了。
孙百强　也许我不应该走，但是我不想夹在他们兄妹中间，所以我走了。
苗　震　这时几点？
孙百强　凌晨四点左右。
苗　震　孙百强，请你帮个忙。
孙百强　警官，你说。
苗　震　这几天希望你不要上班了。
孙百强　你要我做什么？
苗　震　你要陪在顾彩娣身边，尽量开导她，安慰她，千万不要发生意外。

解　说　孙百强提供了重要线索，苗震他们立即对李志芳进行侦查，在她小姐妹的住所找到了她，李志芳呆呆地坐在窗口，面对苗震的讯问，她对杀害亲哥哥供认不讳。

李志芳　我毒瘾发作，苦苦哀求他给我毒品，他就是不肯给我，我被激怒了，我疯狂地搜他身，他推开我，夺门而出，奔向小区的三角地，我追了上去，用腰带勒住了他的头颈。
　　　　［疯狂的逼问声。
李志芳　你给不给？
李志祥　不给。
李志芳　给不给？
李志祥　不给。
苗　震　他随着一声声的不给，你腰带越勒越紧，直到李志祥停止呼吸。
乔丽娜　你从李志祥身上搜取了毒品和现金，回到了住所，全不顾你哥哥横尸地上。

李志芳　我恨他！他害我！也害了我妈！

　　　　　〔呜咽的单簧管。

孙百强　彩娣，这是儿子吹的？

顾彩娣　儿子吹的。好听吗？

孙百强　好听。只是太悲惨了。

顾彩娣　这辈子只能听悲惨的声音了。

　　　　　〔单簧管的声音。

红牡丹奇案

第 一 集

[电话铃响。

[急促的报案声。

报案人　喂喂，我要110，我要110！

110　　　这里是110。

报案人　（慌慌张张）吓煞人了，吓煞人了……110同志，吓煞人了！

110　　　别紧张，什么事，请你慢慢说。

报案人　小豹子客厅里停了具死尸！

110　　　你是说小豹子家里有具死尸！

报案人　是的，是的，还是女的。

110　　　你是说，是具女尸？

报案人　我不会看错的，还赤身裸体的……只穿一条内裤，喔唷，恶心，腻心，作孽呀！

110　　　怎么恶心、腻心，怎么作孽了？

报案人　110同志，我告诉你，小豹子的一只脏手闲不住，摸啊摸啊，摸着女尸的胸部。

110　　　女尸是小豹子的什么人？

报案人　浑身不搭介的。小豹子上无父母，下无姐妹，他是一人吃饱全家饱，枯庙里旗杆独一根。

110　　　请你告诉我，小豹子家在哪里？

报案人　横江，横江知道吗？
110　　你说。
报案人　横江第三座桥，朝南小转弯，再大转弯，苦楝树旁边就是小豹子的家。
110　　你能告诉我你的名字吗？
报案人　那就不要了，不要了，得罪人的！
110　　谢谢你报案！我们刑警马上会过来的。
　　　　〔嘟嘟嘟。挂断电话的声音。

解　说　刑警803的丁小军和乔丽娜奉命出警，他们在当地民警协助下，将小豹子的家团团包围，透过窗户，一只八仙桌上横陈着一具女尸，一个四十多岁的男子，弯着腰，两只手不停地抚摸着女尸的胸部，嘴里喃喃地说着。
小豹子　漂亮，漂亮，喜欢，喜欢。

乔丽娜　丁小军，大门好像没有上锁。
丁小军　准备，冲进去！
乔丽娜　好！
　　　　〔踢开门的声音。
乔丽娜　别动！
　　　　〔民警呼应：别动！别动。
丁小军　把手举起来！
小豹子　别吵，别吵，漂亮妹妹，睡着了！
丁小军　小豹子，把手举起来！
小豹子　叫你们别吵，你们还吵！
民　警　我们是警察，别动！举起手！
小豹子　你们别动，你们把手举起来！
乔丽娜　当心！他操家伙了！
丁小军　小豹子，把扁担放下！

小豹子　我打你们！我打你们！出去！出去！
　　　　［挥动扁担，呼呼响。
乔丽娜　小军，当心！
丁小军　闪开。
　　　　［夺下扁担。扁担扔在地上声音。
乔丽娜　把他按住！
小豹子　妈呀！妈呀！
乔丽娜　把他铐起来！
小豹子　（气喘吁吁）救命！救命！
丁小军　乔丽娜，我把小豹子带到派出所审讯。
乔丽娜　好的。侦查现场，协助陆法医验尸，都交给我好了。
民　警　小豹子，走！
　　　　［小豹子挣扎着。
丁小军　把他押上车。
　　　　［小豹子气喘声。
民　警　真是只豹子呀！力气真大，上车！
　　　　［手铐击车窗。
丁小军　当心，别让他把车窗敲碎了。
　　　　［警车启动。拉响警笛。
　　　　［后面跟来一辆帕萨特。
　　　　［帕萨特不停鸣号：嘟嘟、嘟嘟。
民　警　丁警官，后面有辆帕萨特，好像在追我们。
丁小军　旁边靠一靠，让他先走。
　　　　［嘟嘟。
　　　　［帕萨特超前。停在警车前面。
民　警　喂，帕萨特，让你朝前走了，你干吗停车？
　　　　［帕萨特主人走出轿车。
颜立凤　警官，抱歉，请你熄火吧。
民　警　你是什么人，向我下命令！
丁小军　看看她，想干什么！

小豹子	小姑姑！小姑姑，救救我，救救我！
丁小军	小姐，你是什么人？
颜立凤	没有听到吗？我是小豹子的姑姑！
丁小军	你，二十多岁的姑娘，怎么是小豹子的姑姑？
颜立凤	你没听说三岁当太公的吗？年纪轻，辈分在这里。
丁小军	你想干什么？
颜立凤	请问怎么称呼？
丁小军	刑警803警官丁小军。你呢？
颜立凤	我叫颜立凤。
丁小军	颜小姐想干什么？
颜立凤	请问警官同志，小豹子犯了什么罪？
丁小军	你无权过问。
颜立凤	我有权过问。
丁小军	是谁给你的权力，说说吧。
颜立凤	因为我是小豹子的法定监护人。
丁小军	监护人！也不应该妨碍我们公务。
颜立凤	顺便告诉丁警官，本人还是个律师。我以双重身份，要求警方告诉我小豹子犯了什么法。法律赋予我有知情权。
丁小军	那我告诉你，小豹子有杀人嫌疑。
颜立凤	有什么证据？
丁小军	被害人停尸就在他家里。
颜立凤	停尸在他家里，不等于人是他杀的。
丁小军	是不是他杀的，必须依法侦查才有结论。
颜立凤	警官，他是一个严重痴呆人，一无民事责任能力，二无刑事责任能力。他做过什么？为什么这样做？他没有记忆，他语无伦次，你们在他身上能侦查出什么？只会搅乱你们侦查思路，所以我请求你们放了他。
丁小军	你既然是律师，你应该懂得小豹子是不是有刑事责任能力也要走司法程序认定。
颜立凤	我有充分证据证明被害人不是小豹子杀害的。

丁小军　什么证据？
颜立凤　我有目击证人。
丁小军　目击证人在哪里？
颜立凤　请你们跟我来。
丁小军　好吧。
颜立凤　等等。
丁小军　怎么啦。
颜立凤　我有一个请求。
丁小军　你说。
颜立凤　请丁警官坐在我车上，你一个人去。警车不能跟去，千万不能跟着去。
丁小军　为什么？有充分理由吗？
颜立凤　我的目击证人吃了两年冤枉官司，刚刚无罪释放，获得国家赔偿，胆子吓小了，对警方免不了有抵触情绪。
丁小军　我尊重你的意见。目击证人叫什么？
颜立凤　叫颜秋生。
　　　　［二胡独奏《二泉映月》。
颜立凤　秋生叔！秋生叔！
颜秋生　立凤呀，小豹子家去过了吗？
颜立凤　刑警803已经走在我前面了。
颜秋生　那小豹子怎么样了？
颜立凤　当然作为犯罪嫌疑人被带走了。
颜秋生　完了完了！他是个痴呆，他不会保护自己。
颜立凤　他就是正常人，停尸在家里，铁证如山，也有口难辩呀。
颜秋生　这可是人命关天呀，立凤，你要想办法救救他。
颜立凤　我救不了他，能救他的只有一个人？
颜秋生　谁？
颜立凤　秋生叔，是你呀。
颜秋生　我！
颜立凤　只有你是目击证人，只有你可以证明小豹子没有杀人。

颜秋生　立凤，我感谢你为我打赢了官司，为我争取到了国家赔偿，可这是人命关天的事，你不要为难我。

颜立凤　秋生叔，乡里乡亲的，难道你见死不救吗？

颜秋生　不是我不想救，我是怕呀，我怕做证人再把自己做进去。

丁小军　不会的。只要实事求是，怎么会呢！

颜秋生　怎么，车子里还有人？

　　　　［丁小军走出车门。

丁小军　认识一下，我是刑警803的丁警官。

颜秋生　立凤，你没有经过我的同意，怎么把警察带来了。

丁小军　听颜律师讲，你可以证明小豹子没有杀人，所以我是来取证的。

颜立凤　秋生叔！

丁小军　当然，如果你不能证明小豹子没有杀人，我可以马上走人。

颜秋生　警官，请留步。

丁小军　怎么啦？

颜秋生　我能证明，小豹子没有杀人。

丁小军　那小豹子家中的女尸从哪里来的？

颜秋生　是小豹子从横江里捞起来的。

丁小军　是你亲眼看到的吗？

颜秋生　是的，是我亲眼看到的。

丁小军　你能讲得具体一些吗？

颜立凤　秋生叔，你仔细回忆一下。说得越具体越好。

颜秋生　好，我说。上午我参加村里的民乐排练后，十一点回家烧饭，十一点一刻，我走到桥西头，看到小豹子在横江里一边游泳，一边摸鱼。

　　　　［扑通、扑通的游泳声。

颜秋生　小豹子，水还凉，你不要命了，游什么泳，快起来。

小豹子　秋生公公，我摸鱼，摸鱼。

颜秋生　水色不好，不会有鱼的，快起来。

小豹子　有，有，我摸到了一条大鱼。

颜秋生　在哪里呀？

小豹子　好的，给你看。
颜秋生　啊！是死尸！
小豹子　不，大鱼。
颜秋生　小豹子，快放手！
小豹子　我不放。
颜秋生　快放手！
小豹子　不放，不放！
颜秋生　还不放手。
　　　　〔折断树枝声。
颜秋生　你看我手里拿的什么？
小豹子　树枝。
颜秋生　你再不放手，我打你了。
小豹子　打我也不放。
　　　　〔树枝抽打声。
小豹子　你真打啊！
颜秋生　放手！放手！
小豹子　打死我也不放！
　　　　〔起水响。
颜立凤　你打他，他还不放手？
颜秋生　他要放手倒好了。
　　　　〔气喘吁吁夹杂脚步声。
颜秋生　小豹子从竹篓里抱起女尸，一个劲地往家跑。
丁小军　你没有跟上去？
颜秋生　没有。我敢吗？
丁小军　你也没有报警？
颜秋生　没有。我怕呀。
丁小军　为什么？
颜秋生　我是有过教训吃过亏的人。瓜田李下，我怕说不清，多一事不如少一事。
丁小军　你就回家了？

颜秋生　不回到家还能怎么样？不过，回到家之后我还是心惊肉跳啊，我知道小豹子这下闯祸了，我突然想起立凤是他监护人，又是律师，所以我给立凤打了个电话。

颜立凤　秋生叔打电话时，我在市里的医院里；接到电话，我就赶了过来，想不到你们走在我前面了。

丁小军　颜秋生，你可不可以带我到现场去看一下？

颜秋生　好的。噢，我还做了一件事。

丁小军　什么事？

颜秋生　小豹子抱着女尸回家走的时候，我用手机拍了下来。你看。

丁小军　颜律师，我把小豹子交给你。你必须把他监护起来。

[隐隐《二泉映月》声音。

乔丽娜　丁小军，你把小豹子放了！

丁小军　面对一个高度痴呆的人，你能侦查出什么名堂？再说，已经有充足的证据证明，那具女尸是小豹子从横江里捞起来的。

乔丽娜　抛尸沉江。

丁小军　可以判断横江是第二现场。乔丽娜，你在小豹子家发现了什么？

乔丽娜　仔细侦查，没有发现什么。从第三现场留下的一条水迹来看，小豹子把受害人从江里捞起，一路回家，把死尸放在八仙桌上，再也没有移动过。

丁小军　尸检结果呢？

乔丽娜　死者是个大美人。

丁小军　年龄？

乔丽娜　初步判断为二十八九岁。

丁小军　身高？

乔丽娜　一米七六。

丁小军　肤色？

乔丽娜　白净细腻。

丁小军　形象？

乔丽娜　鹅蛋脸，柳叶眉，樱桃小口，鼻梁高挺。

丁小军　东方古典美女。

乔丽娜　说句公道话，比名演员还漂亮。
丁小军　死亡时间？
乔丽娜　凌晨四点左右。
丁小军　死亡原因？
乔丽娜　被勒死的。
丁小军　凶具？
乔丽娜　大提琴的琴弦。
丁小军　琴弦！
乔丽娜　不是情杀，就是仇杀。
丁小军　情杀的理由？
乔丽娜　死者除了一条内裤，全身裸露，可以判断这是犯罪嫌疑人抛尸之前故意袒露的。
丁小军　是不是被强暴了？
乔丽娜　没有发现精液。倒是发现被害人的乳房上，以乳头为中心，文刺着两朵玲珑剔透的红牡丹。
丁小军　乳房上文着红牡丹？不可思议。
乔丽娜　这个敏感部位文牡丹，是为了自我欣赏吗？
丁小军　不会吧。
乔丽娜　我仔细观察了被害人的手指和脚趾。
丁小军　怎么样？
乔丽娜　都是经过专业人员精心修剪过的。
丁小军　可以理解为受害人从事的是一种不正当的职业。
乔丽娜　所以有理由怀疑为情杀。另外，从她内裤里发现三只牌。
丁小军　内裤里放牌。
乔丽娜　可以认为犯罪嫌疑人故意放的。
丁小军　什么牌？
乔丽娜　麻将牌。
　　　　　[把牌一只一只丢在桌上。
丁小军　中、发、白。这是自动麻将牌。
乔丽娜　所以另外一种可能是仇杀。

丁小军　你是说，死者可能是赌场常客。
乔丽娜　并且是高手。
丁小军　可不可以这样理解，她经常用中、发、白三张牌来出老千。
乔丽娜　输红眼的赌徒将她杀害了。
丁小军　自古以来色和赌往往联系在一起的。
乔丽娜　不管怎么说，首先要搞清楚死者的身份。
丁小军　既然我们已经拍下了死者的照片，认定她是谁，已经有了把握。
乔丽娜　告诉你，死者是整过容的。
丁小军　什么，整过容？
乔丽娜　实际年龄恐怕不止二十八九岁。
丁小军　移形变容，实际容貌也不会怎么美是吗？
乔丽娜　这对我们认定死者身份增加了难度。
丁小军　不管怎么说，两朵牡丹三只牌是客观存在，是实实在在的切入点。
乔丽娜　当然，这是有利条件。
丁小军　那你从两朵牡丹着手，到文身店排摸。
乔丽娜　你是说，我们分头侦查。
丁小军　对。我从三张牌着手，到麻将馆去侦查。

解　说　犯罪嫌疑人智商很高。两朵牡丹三张牌，一根丝弦一只篓，看上去破案的线索很多，实际上布下迷魂阵，很有可能把警方引向死胡同。侦查结果怎么样呢？且听《两朵牡丹三只牌》的第二集。

第 二 集

解　说　丁小军在案发地点周围的四个区，布下一张大网，动用各区警力，对所在区麻将馆发及高级娱乐场所，进行地毯式的侦查，以期确认死者的身份。

赌徒赵　二饼。
赌徒钱　碰。

赌徒孙　该我摸牌了。
赌徒赵　阿三，摸牌就摸牌，你干吗手发抖？
赌徒孙　输怕了！（摸牌）喔唷，摸到这张倒霉牌，要出冲了。
赌徒赵　别装模作样，知道你挺张了。
赌徒钱　阿三，出牌呀。
赌徒孙　等等，让我看看台面。
赌徒赵　我搞不懂了，别人摸牌出牌的时候你在干什么，到你出牌的时候总是磨磨蹭蹭的。
赌徒孙　我就是喜欢这样，怎么啦！
赌徒赵　叫你爽气一点。一张牌要摸半天，犯得着费这么大劲，九筒也要被你摸成白板了
赌徒钱　别多嘴了。（啪一声打出牌）北风。
赌徒钱　阿三打北风，要不要？没人要，瑶琴，你摸。
赌徒李　吵好了吗？吵好了，我就摸牌了。
赌徒钱　摸吧，摸吧。
　　　　〔把牌翻打在桌面上。啪一声。
赌　徒　唔，发财。
赌徒李　不好意思，全风向，和了。
赌徒赵　刚才阿三打北风，你怎么不和的？
赌徒李　上家牌，和他干什么？
赌徒孙　人家手气好，付钱吧。
赌徒钱　等等。我手里有一对红中，你怎么还有三只红中。
赌徒赵　瑶琴，你把手摊开。
　　　　〔啪。一只牌落地。
赌徒钱　一只牌落在地上了。阿三，拾起来看看。
赌徒孙　是只三索。
赌徒赵　好呀，丢了三索，补上红中，全风向和了。
赌徒钱　难怪十场麻将九场赢。
赌徒赵　瑶琴，你敢作弊呀，你自己说，怎么办？
赌徒李　老娘就是作弊了，怎么办，送我到派出所去，你们敢吗！

赌徒孙 你把赢的钞票全部吐出来。

赌徒李 吐出来？你别做梦了！

赌徒孙 （扔牌）告诉你，今天你不吐出来，别想走出这扇门！

赌徒李 （冷笑）老娘就走了！

赌徒钱 阿三拦住她！

赌徒赵 手脚不清爽，还凶兮兮的，太不像话了！

赌徒李 你们三个谁手脚清爽了吗？

赌徒赵 我们可是规规矩矩的，偷鸡摸狗的事从来不做的。

赌徒李 （冷笑）从来不做？你们哪一个没有摸过老娘，说呀！

赌徒甲 这是两码事。

赌徒李 讨便宜是要付出代价的！

赌徒乙 想斩冲头呀！

赌徒李 对，你们都是冲头，我就斩你们了！阿三，闪开！

〔别走！别走！

〔拦住她，拦住她！

丁小军 你们谁也别想走。

赌徒赵 警察！

赌徒孙 警官，你来得正好。这个女人作弊……

丁小军 都坐下。

赌徒赵 警官，我们不是赌博，是玩玩的。

丁小军 是玩玩还是赌博，你们到派出所去说明白。现在先说说，她怎么作弊了？

赌徒孙 她手中藏着红中，替代三索做成全风向。

丁小军 这位女士，恐怕口袋里还有其他风向吧。拿出来。

赌徒孙 抄！我来抄！

赌徒李 别动手动脚的。

赌徒孙 不抄，可以，自己把牌掏出来。

〔赌徒李扔出牌。

赌徒孙 果然还有只白板。

丁小军 女士，怎么作弊的，你给我表现一下。

赌徒李　不，不。
丁小军　别客气，让我开开眼界。
赌徒李　其实熟能生巧，很方便的。喏，就这样把牌换掉了。
丁小军　你们三个都没有看到她换牌吗？
赌徒钱　我们只顾自己的牌，再说时间一长，晕头晕脑的。
丁小军　我手里也有三张牌，中、发、白，你们认得吗？
赌徒赵　自动麻将牌都是一样的。
赌徒钱　我们分不清。
丁小军　女士，你呢？
赌徒李　这是日本原装进口的。
丁小军　和国产的牌，有什么不一样？
赌徒李　尺寸一样，质地细腻，重量不一样。
丁小军　日本机器和国产机器有不同吗？
赌徒李　有。最明显的日本机撞牌声是连绵不断的。
　　　　［连续不断的撞牌机。
丁小军　那么国产机呢？
赌徒李　断断续续的，像这只国产机。
　　　　［断断续续撞牌声。
丁小军　哪些地方还在用进口机？
赌徒李　高档麻将馆。比方宾馆，还有高级娱乐场所。
丁小军　都是赌博专业户去的吗？
赌徒李　不一定。
丁小军　为什么不一定？
赌徒李　大多是老板，或者逢场作戏，或者谈生意，或者当休闲，当然也有专业赌徒。
丁小军　你去过吗？
赌徒李　去过。不常去。
丁小军　为什么？
赌徒李　同千万富翁亿万富翁拼不起。
丁小军　你不是有手段，可以做全风向吗？

赌徒李　不敢。在那些老板面前，我既输不起钞票，也输不起面子。
丁小军　你有多少年打麻将的历史了？
赌徒李　不多。有二十多年吧。
丁小军　这么说，你在麻将台上认识的人不少吧？
赌徒李　是不少。
丁小军　我这里有张照片，你认一认。来，你们一起来认一认。
赌徒孙　嘀，死人。
赌徒赵　这个女人，死了还这样漂亮！
丁小军　谁认识她？
赌徒们　不认得。
丁小军　女士，你呢？
赌徒李　没有见过。好像见过。
丁小军　仔细想想。
赌徒李　想不起来了。也许……
丁小军　也许什么？
赌徒李　也许诸太认识。
丁小军　诸太是谁？
赌徒李　她是香港人，有几亿身价，她每个月都要飞到这里住上十天半月的。
丁小军　飞来打麻将吗？
赌徒李　是的。她输赢无所谓，就是为了消遣。
丁小军　哪些人和她玩呢？
赌徒李　那可多了。她在演艺界有几十个干女儿、干儿子。每次来，他们都把搭子约好了。当然这些搭子都不是一般人，都是上档次的，在她身边可以说美女如云。
丁小军　据你知道，这位诸太现在香港还是在这里？
赌徒李　这我不知道，这要问问她干女儿赛宝玉了。
　　　　　［越剧：天上掉下个林妹妹……
赌徒李　赛宝玉！赛宝玉！
赛宝玉　咦，瑶琴，你怎么来了？

赌徒李　这位丁警官找你。
丁小军　你好，赛宝玉！
赛宝玉　怎么是警察找我，有什么事吗？
丁小军　你是诸太的干女儿？
赛宝玉　是呀，有问题吗？
丁小军　请问一下，诸太最近在上海吗？
赛宝玉　你来迟一步，她今天刚飞走。我干妈怎么了？
丁小军　没什么，只是想请她配合警方认个人。
赛宝玉　认个人？你去香港找她吧。我要练唱了，恕不奉陪！
丁小军　赛宝玉！
赛宝玉　还有事吗？
丁小军　我想诸太认识的人，你也认识吧。
赛宝玉　那倒是，差不多吧。
丁小军　那就有劳你，你来认一认。
赛宝玉　认哪一个呀？
丁小军　喏，就是这张照片上的人。
赛宝玉　啊！阿芳！不会吧。
丁小军　你仔细认认。
赛宝玉　是阿芳。她也是诸太的干女儿。
丁小军　麻将搭子吗？
赛宝玉　是的。阿芳她经常陪干妈打麻将。
丁小军　你最后见到她是什么时候。
赛宝玉　是上个月。这次干妈来，我没有看到她。
丁小军　阿芳胸部也有两朵红牡丹吗？
赛宝玉　这我不知道了。
丁小军　你有她的手机号吗？
赛宝玉　有的。
丁小军　请你联系一下，行吗？
赛宝玉　可以。

［拨打手机。

〔传来声音：对不起，对方已经关机。

赛宝玉 关机了。

丁小军 你知道她住在哪里吗？

赛宝玉 知道。

丁小军 麻烦你带我到她家里去看看。

赛宝玉 你不叫我去，我也得去看看。

〔叮咚！叮咚！

赛宝玉 阿弥陀佛，快开门！快开门。

〔叮咚！叮咚！

丁小军 没有人。

赛宝玉 阿芳真的死了！

丁小军 如果你认定照片上的人是阿芳，那么她的确遇难了。

赛宝玉 丁警官，我有个恳求。

丁小军 你说。

赛宝玉 让我去看看阿芳，也好对我干妈有个交代。

丁小军 正好。我们也想请你去认尸。

〔死尸停放处。

赛宝玉 阿芳，阿芳，哪个是阿芳呀。

丁小军 是这一具。

赛宝玉 阿芳，你怎么会这样的！

丁小军 别激动。你从头到脚，仔仔细细认一认。

〔仔细辨认。

赛宝玉 不像，不像。

丁小军 什么地方不像？

赛宝玉 脚！脚！

丁小军 脚怎么啦？

赛宝玉 阿芳从小练过平衡木，她的脚是很宽的，所以她穿的鞋，不是定做，就是干妈从香港给她带来。

丁小军 不错，死者的脚是狭长形的。你再认认。

赛宝玉 身长差不多，不过阿芳的身材要胖一些。

丁小军　面形呢？
赛宝玉　很像，真的很像。不过，像缺了点什么？
丁小军　缺什么？
赛宝玉　痣，少了一颗痣。
丁小军　痣？
赛宝玉　阿芳的右臂上有颗痣，铜钱大小的痣，这个人没有。
丁小军　还有吗？
赛宝玉　你能不能让我摸一下她右手的大拇指和食指。
丁小军　可以。
赛宝玉　吓势势的。
丁小军　别害怕。
赛宝玉　为了阿芳，我拼了！这位死去的姐姐，让我摸摸你的手，请你别见怪。
　　　　［摸死者右手。
丁小军　怎么样？
赛宝玉　不是阿芳，肯定不是阿芳！
丁小军　为什么？
赛宝玉　警官，你来摸一摸。
丁小军　叫我摸？好，我摸。
　　　　［摸手指。
赛宝玉　她大拇指上有没有老皮？
丁小军　没有。
赛宝玉　她食指上有没有老茧？
丁小军　没有。
赛宝玉　（戏腔）这就是了！她不是阿芳，阿芳不是她！
丁小军　你是说阿芳手指上有老茧？
赛宝玉　阿芳经常打麻将，每张牌都要摸呀摸的，日长时久，拇指和食指就会有老茧！
　　　　［轻音乐。
方隐灵　请你出去，出去！

乔丽娜　你这不是文身馆吗？
方隐灵　是的。是文身馆。
乔丽娜　来者都是客，为什么要我出去？
方隐灵　我们这里设备很差，技术也不到家，经常出事故。
乔丽娜　做生意只有自卖自夸，哪有自己说不好的。
方隐灵　请你高抬贵手，别找麻烦。
乔丽娜　我找你什么麻烦了？把你们老板叫出来。
方隐灵　我就是老板。
乔丽娜　为什么有生意不做？
方隐灵　哪有警察文身的！
乔丽娜　噢，因为我是警察。那我告诉你，爱美之心人人都有。（低声）我是悄悄地来，我也会悄悄地走。我都不怕，你怕什么？
方隐灵　真的不找我麻烦？
乔丽娜　怎么会呢。
方隐灵　那你想文在哪里？
乔丽娜　胸部。
方隐灵　你想文什么图案？
乔丽娜　牡丹。
方隐灵　警察小姐，文牡丹，你找对地方了。
乔丽娜　为什么？
方隐灵　因为本店文牡丹，可以以假乱真，不能说世界之最，可以说独步全国。我为三十多位明星，七十二位太太，一百多位小姐文过牡丹。
乔丽娜　你不是说设备差，技术不到家吗？
方隐灵　不是怕你来找我麻烦么。
乔丽娜　实话告诉你，我已经去了十多家文身店，都说你们这里文牡丹最好，所以诚心诚意找上门。
方隐灵　凭你诚心诚意，看得起本店，别人文一朵牡丹一万五，你警察小姐我减半，一朵牡丹七千五。外加我亲自动手，不用伙计。
乔丽娜　行。七千五就七千五。

方隐灵　请问警察小姐想文红牡丹、紫牡丹、黑牡丹，还是绿牡丹？
乔丽娜　红牡丹。
方隐灵　飒爽英姿，文红牡丹，好呀！那就请警察小姐选择一下花样吧。
乔丽娜　不用选择，我这里有样子。
方隐灵　你有照片。
乔丽娜　对，你就按照片上的花样文吧。
方隐灵　好的，好的。
乔丽娜　我有言在先，必须要达到同样的艺术效果！行吗？
方隐灵　行……吧！
乔丽娜　怎么，口气有些犹豫呀。
方隐灵　本店，本店！
乔丽娜　这两朵红牡丹是你们店文的吧！
方隐灵　不，不，不是本店文的。
乔丽娜　是推诿吧。
方隐灵　没有这个意思。我们店达不到这个水平。
乔丽娜　你文牡丹不是独步全国的吗？
方隐灵　独步全国那是本店的广告语，说实话，文得这样鲜活、精妙，我也第一次看到。
乔丽娜　这么说，这照片上的牡丹肯定不是你们店文的？
方隐灵　我哪敢欺骗警察。
乔丽娜　你是文身专家。
方隐灵　不敢当。
乔丽娜　你说说，哪家店可以文得这样精妙，这样鲜活。
方隐灵　请你等等。（喊）苏师傅！苏师傅！
苏师傅　叫什么叫，叫魂呀！师傅只能教你满师，不能一辈子做你保姆呀！
方隐灵　我是叫你出来，让你开开眼界。
苏师傅　叫我开眼界！
方隐灵　你看看人家文的牡丹。
苏师傅　我什么没有见识过，叫我开眼界，笑话，不看！

乔丽娜　师傅，你还是看看吧。
苏师傅　你是谁？嗯，是警察！隐灵！
方隐灵　师傅！
苏师傅　师傅是怎么给你立下规矩的，你忘了吗？
方隐灵　本店有三不接待，当官的不接待，当兵的不接待，当警察的不接待。
苏师傅　她是什么人！
方隐灵　她是……她是！
乔丽娜　不错，我是警察。
苏师傅　隐灵，你坏了师傅的规矩，送客！
方隐灵　乔警官，师命难违，实在对不起，你赶快走吧。
乔丽娜　慢！
苏师傅　没有什么慢不慢的，要想文身，另请高明！
乔丽娜　苏师傅，我是刑警803警官乔丽娜，这是我的证件，请你过目。
苏师傅　那又怎么样？
乔丽娜　这两朵牡丹，牵涉到一条人命！
苏师傅　什么，什么？
乔丽娜　实话告诉你，我不是来文身的，我是来侦查的！
苏师傅　什么，什么！
乔丽娜　我是来请教苏师傅的，希望你从专业的角度，给我一点帮助。
苏师傅　帮助！
乔丽娜　帮助我破案。
苏师傅　为什么不早说，隐灵快把我的眼镜拿来。
方隐灵　师傅，你不是说做生意要少惹麻烦吗！
苏师傅　协助警方破案这叫麻烦吗？这是责任！这是义务！
方隐灵　是，师傅！

解　说　这正是峰回路转，苏师傅能不能认定两朵玫瑰是什么地方，哪个高手纹的，从而为乔丽娜认定死者身份提供有价值的线索，且听《两朵牡丹三只牌》第三集。

第 三 集

解　说　苏师傅原来是澳门有名的文身师，多年前生了一种手抖病，自己已经不能操作，随着内地文身业的悄然兴起，便被请回内地，以授业为生，当他看了从死者胸部拍摄下来的牡丹，毋庸置疑地下了结论。

苏师傅　这两朵牡丹不是在中国文的。
乔丽娜　为什么？
苏师傅　现在国内文身，大多用文身机。机械文出来的图案死板，没有生命。而这两朵牡丹，文得有生气，有灵魂，有感情。
乔丽娜　你是说是人工纹的？
苏师傅　针法错落有致，下针深浅有度，用针粗细考究。机械做不到，只有人工做得到。
乔丽娜　难道国内没有人工文身高手吗？
苏师傅　中国在宋朝就有文身，那时叫刺青，最有名的莫过于《水浒传》里九纹龙史进身上的九条龙了。但是解放之后这种手艺已经失传了，最近几年才悄悄兴起，大多都用进口的文身机，哪有什么文身高手。
方隐灵　师傅，你不是家传的手工文身师吗？
苏师傅　即使国内有手工文身的高手，但是也没有这样鲜艳的药水。
乔丽娜　药水可以进口呀。
苏师傅　进口的药水也是大路货，最多保证你无毒，永不褪色。而要如此鲜艳，达到浓淡自如的地步，非高档药水不可，价格昂贵，很难进口，可能还会涉及专利。
乔丽娜　既然不是国内文的，那你看这两朵牡丹是在哪里文的呢？
方隐灵　师傅，是不是日本？
苏师傅　虽然说文身历史最悠久的是日本，但是现在日本并不流行文身。虽说欧美文身的历史不长，但是现在作为一种时尚，倒是非常流行。所以这两朵牡丹在欧洲文的可能性最大。

乔丽娜　具体是哪国呢？
苏师傅　不是英国就是法国。
乔丽娜　为什么？
苏师傅　因为这两个国家的药水最好。
乔丽娜　这么说这两朵牡丹是欧洲人的杰作。
苏师傅　操作的师傅不会是欧洲人，一定是中国人。
乔丽娜　怎么会呢？
苏师傅　你们看，这两朵牡丹，是像油画，还是像国画。
乔丽娜　活脱脱的国画。
苏师傅　没有中国画的基础是文不到这个水平的。所以我断定这两朵牡丹出自中国文身师的手。而这位中国文身师，一定久居海外，是华侨。
乔丽娜　这又为什么？
苏师傅　你看，整个牡丹以乳头为中心，又将乳头作为花蕊，这样浪漫的设计，是吸收了西方文化的结果。
方隐灵　警官，你只是让我们看了胸部的牡丹，有没有全身的照片。
乔丽娜　有。这张照片是死者的全貌。
方隐灵　啊！
乔丽娜　怎么？你认识她？
方隐灵　不，不。
乔丽娜　你很吃惊。
方隐灵　想不到是个死人。
乔丽娜　你是被吓着了。
方隐灵　师傅，这样漂亮的女人你看到过吗？
苏师傅　不是天使就是魔鬼。
乔丽娜　苏师傅，你这话是什么意思？
苏师傅　一个正经的女子，她肯花费这么多钱，让别人在她乳房上扎上千针万针吗？隐灵！
方隐灵　师傅。
苏师傅　你见过这个女子？

方隐灵　没有。
苏师傅　说谎。我看出你在说谎。
方隐灵　师傅,人命关天呀!
苏师傅　说!
方隐灵　好像见过。
苏师傅　(大声责问)到底见过没见过?
方隐灵　见过。见过。
乔丽娜　什么时候?
方隐灵　今年夏天。
乔丽娜　怎么见到她的?
方隐灵　她右臂上有块紫红色的胎记。
乔丽娜　臂上胎记!
方隐灵　有铜钱那么大。
乔丽娜　她要文身?
方隐灵　她要求文一朵玫瑰,把胎记掩盖掉。
乔丽娜　来过几次?
方隐灵　从设计到打样,一共来了三次。
乔丽娜　结果做了吗?
方隐灵　没有。
乔丽娜　为什么?
方隐灵　讲好天气凉快一些,秋季来做,但是一直没有来。
乔丽娜　她留下姓名电话了吗?
方隐灵　姓尹,有她的手机。
乔丽娜　请你联系一下。
方隐灵　好的。
　　　　〔拨打电话。
　　　　〔传来声音。嘟嘟嘟。
丁小军　乔丽娜,这位尹小姐的手机号和阿芳的手机号一样呀。
乔丽娜　这么说尹小姐就是阿芳。
丁小军　这么巧呀,我们两个人分头侦查,想不到集中到一个点上了。

乔丽娜　姓尹叫阿芳！
丁小军　文身师傅见到照片吃惊，赛宝玉见到照片也吃惊，都说像尹阿芳。可是，赛宝玉已经认过尸体了。尹阿芳不是死者，死者不是尹阿芳。
乔丽娜　你看有没有这种可能，两个人是姐妹关系？堂姐妹关系？姑表关系，姨表姐妹关系？
丁小军　你不是说死者整过容吗？
乔丽娜　是的。是整过容。
丁小军　那就相貌越像，越没有关系了。
乔丽娜　丁小军，我们忙乎了半天，碰到瓶颈了。
丁小军　现在看来这三只牌不过是犯罪嫌疑人故弄玄虚，把我们的侦查引向错误方向。
乔丽娜　死者在国外文的牡丹，在国内不可能找不到蛛丝马迹！要不，再去排摸一下美容院。
丁小军　死者既然到国外文身，也有可能到国外整容。
乔丽娜　连死者的身份都不能确定，怎么破案。
丁小军　等等！
乔丽娜　怎么啦？
丁小军　有了！
乔丽娜　是不是灵光乍现了，说出来听听。
丁小军　你想想，赛宝玉看了照片认错人，文身师看了照片也认错人。
乔丽娜　犯罪嫌疑人也有可能认错了人！
丁小军　对！犯罪嫌疑人也有可能错把尹小姐当作了死者。
乔丽娜　尹小姐手机关了，人也失踪了。
丁小军　尹小姐可能被错杀。
乔丽娜　那就是两条人命了。
丁小军　马上行动！
乔丽娜　怎么行动！
丁小军　再去证实一下，尹小姐有没有回家，
　　　　［门铃声。

　　　　　［室内有茶杯落地的声响。
乔丽娜　里面有人！
丁小军　（叩叩门）开门！开门！
　　　　　［鸦雀无声。
乔丽娜　（轻轻地）她不肯开门。
丁小军　尹小姐，我知道你在里面。我们是赛宝玉的朋友，请你开门。
　　　　　［开门。
尹小姐　宝玉！宝玉呢？
丁小军　尹小姐，赛宝玉刚才来找过你，你不在家，她正为你担心呢。
尹小姐　你们是谁？
乔丽娜　我们是刑警。
尹小姐　我没有报警，没有报警！
乔丽娜　尹小姐，你是不是受惊了？
尹小姐　不用你们管！你们走！你们走！
　　　　　［砰然关门声。
乔丽娜　丁小军，怎么办？
丁小军　看来她受到很大的刺激，情绪不稳定。
乔丽娜　是不是请赛宝玉来做做工作。
丁小军　也好。
乔丽娜　那就走吧。
　　　　　［轻轻叩门。
丁小军　尹小姐，你好好休息一下，等你镇定一下，我们再来谈谈，好不好！
乔丽娜　尹小姐，自己保重，当心一点，我们走了！
　　　　　［突然开门。
尹小姐　你们别走！你们别走！我怕呀，我怕呀！
乔丽娜　别紧张，别紧张。你怕什么呀？
尹小姐　我遭绑架了！
　　　　　［尹小姐失声痛哭。
乔丽娜　别哭，别哭。进屋吧，怎么遭绑架了，你详细说一说，我们为你作主。

［车水马龙声声。

［高跟鞋走路的声响。

［尹小姐打着手机。

尹小姐　干妈，我不是做美容吗，好了，好了，请你原谅，我已经从七星广场出来了，我马上就到……

［一辆车子突然刹车声。

［有人把尹小姐拖进车。

尹小军　你们干什么！干什么！

绑匪甲　把她的眼睛和嘴封起来。

［尹小姐呜呜地叫着，挣扎声。

丁小军　这是哪一天？

尹小姐　两天之前。

丁小军　什么时候？

尹小姐　傍晚。

丁小军　在哪里？

尹小姐　七星路。

丁小军　你记得绑你的是什么车？

尹小姐　我只顾打电话，没有注意。再说他们先从背后蒙住我的眼，我什么都没有看到。

丁小军　他们有几个人？

尹小姐　三个。一个开车，两个坐在我左右。

乔丽娜　他们把你绑上车之后，往什么方向走的？

尹小姐　西南，对，是往西南方向。

乔丽娜　车速呢？

尹小姐　开始很慢。开开停停。

丁小军　那是在市区。

乔丽娜　之后呢？

尹小姐　之后车速很快。

［"唰唰唰"的汽车行驶声音。

丁小军　　这是上了高速公路了。
乔丽娜　　在高速公路上大概走了多少时间？
尹小姐　　不知道。我吓昏了，再说我本来没有什么时间概念。
乔丽娜　　之后呢？
尹小姐　　车速又慢下来了。
乔丽娜　　怎么，又进市区了吗？
尹小姐　　不知道。我只是觉得四周寂静。
丁小军　　是不是感觉车子一跳一跳的？
尹小姐　　是的。
丁小军　　四周寂静，路面不平，那是乡间路。
乔丽娜　　大概走了多少时间？
尹小姐　　时间，有一段时间。
乔丽娜　　之后呢？
尹小姐　　他们停车了。他们把我推下车。他们把我推进了屋。
乔丽娜　　有什么感觉？
尹小姐　　我闻到一股难闻的霉味。
乔丽娜　　霉味！
丁小军　　你感觉到脚下铺的什么？是木板、是瓷砖，还是其他？
尹小姐　　好像是砖头。
丁小军　　是杂物间吗？
尹小姐　　不，是客厅。
乔丽娜　　你怎么知道是客厅？
尹小姐　　因为我感觉到有人从楼上走下来。
　　　　　〔沉重的一步一步下楼声。
绑匪甲　　你验货吧。
　　　　　〔绑匪头围着尹小姐走动，一步一步轻而有力的脚步声，察看着。
　　　　　〔尹小姐挣扎声。
绑匪头　　给你。
　　　　　〔绑匪头递大提琴弦。
绑匪甲　　这是什么？

绑匪头　大提琴的琴弦。

绑匪甲　用这么细的钢丝?

绑匪头　把她做了。

绑匪甲　行。

绑匪头　让我放段音乐,为她送行吧。

　　　　〔大提琴的演奏声。

绑匪甲　(悄声)喂,我是拿人钱财,替人消灾。别怨我,别找我。

　　　　〔尹小姐呜呜地挣扎声。

绑匪头　慢!

绑匪甲　怎么啦?

绑匪头　听了大提琴,她没有反应。

绑匪甲　你想怎么办?

绑匪头　把她衣服撕开了!

　　　　〔撕开衣服的声音。

　　　　〔尹小姐呜呜地挣扎声。

绑匪头　错了!

绑匪甲　什么错了?

绑匪头　你睁眼看看,这个女人的胸部有牡丹吗!

绑匪甲　没有。

绑匪头　盯了三天!

绑匪甲　我们看到她走进九星广场,又走出来,我们才动手。

绑匪头　还是错了!

绑匪甲　是!错了。

绑匪头　怎么办?

绑匪甲　我们马上再去。

绑匪头　等等。先把她处理了?

绑匪甲　也做了?

绑匪头　无冤无仇的,干吗呢。

绑匪甲　你说怎么处理?

绑匪头　小姐,对不起,误会了。

［尹小姐呜呜的声音。

绑匪头　这里是一万元钱，放在你口袋里，表示我的道歉。
　　　　［尹小姐呜呜的声音。
绑匪头　不过，我有个要求，不要报警，千万不要报警，把今天的误会都忘了，好吗！
　　　　［尹小姐呜呜地答应着。
乔丽娜　他们就这样把你放了吗？
尹小姐　没有。他们给我打了一针，我什么都不知道了。
乔丽娜　什么时候醒过来的？
尹小姐　今天中午。
乔丽娜　在什么地方醒过来的？
尹小姐　长江边的一片草地里。一个拾荒的人发现了我，救了我。拾荒的人给了我一百元钱，我才回到家。
乔丽娜　你身上不是有钱吗？
尹小姐　我醒来时，身上已经被搜得干干净净，一无所有了。
丁小军　尹小姐，你还听到过其他什么声音吗？我是说，他们把你推进屋里之后。
尹小姐　我神经崩溃了，哪注意啊。
丁小军　仔细想想。
尹小姐　好像屋外有蟋蟀的叫声。是的，有蟋蟀的鸣叫声。
丁小军　那几个绑匪讲的是什么话？
尹小姐　绑匪头子讲的是当地人的普通话。
丁小军　其他几个绑匪呢？
尹小姐　好像是苏北口音。
　　　　［大提琴的声音又起。
丁小军　地图！
乔丽娜　这是最新版的城市地图，给你。
丁小军　乔丽娜，你看，七星路朝西南，上高架，转入乡间路，应该是白沙镇。
乔丽娜　白沙镇，位置在白沙湖的边上。

丁小军　北去长江，东去横江。
乔丽娜　把尹小姐抛在长江边，把死者抛尸在横江里，顺理成章，的确很方便。
丁小军　犯罪嫌疑人在这一带作案的可能性也很大。
乔丽娜　我查了一下，白沙镇是一个新兴的卫星镇，有好几个高级别墅区。
丁小军　死者有经济实力，住在白沙镇的可能性也很大。
乔丽娜　但是，犯罪嫌疑人藏身的房屋，不是别墅区。尹小姐说有一股霉气？
丁小军　这就是说好久没有人住过的房屋。
乔丽娜　有蟋蟀鸣叫。
丁小军　可以断定这是在白沙镇的边上，四周是田野，是一座弃之不用，等待拆除的老房子。
乔丽娜　我同意你的分析。现在从哪里切入呢？
丁小军　第一，请白沙镇派出所配合，侦查别墅区，目的是继续确认死者身份。
乔丽娜　第二，从寻找白沙镇周围废弃的老房子切入，目的侦查犯罪嫌疑人。
丁小军　还是两条线同时展开，互为印证，加速破案。
乔丽娜　我去白沙镇派出所。
　　　　〔白沙镇派出所。
白所长　乔警官，我们白沙镇一共有五个高级住宅区。你把死者照片传送过来之后，我们立即进行了认真排摸。
乔丽娜　结果呢？
白所长　五个小区都没有见过这个人。
乔丽娜　一般来说，高档小区的业主来自四面八方，有的住在这里，户口却在外地。
白所长　是的。
乔丽娜　住在这里的业主，有的深居简出，有的早出晚归，有的一年住几个月，甚至几天。
白所长　你是认为我们有遗漏的可能。

乔丽娜　　是的。
白所长　　但是，这种可能性很小。
乔丽娜　　为什么？
白所长　　因为每个小区，每部电梯，每个楼层都装有摄像头，只要住在这里，没有人逃得过监控室的眼睛。何况死者容貌突出，更为引起人的注意。
乔丽娜　　难道我们的判断又错了。
白所长　　不知道我还能帮你什么忙？
乔丽娜　　你能不能陪我出去沿着白沙湖走一走。
白所长　　坐我的车吧。
　　　　　[蟋蟀的打鸣声。
丁小军　　老周，还有没有弃之不住的房屋？
老　周　　没有了。
丁小军　　你这么肯定？
老　周　　我是白沙镇动迁办公室主任，白沙镇没有拆掉的房屋都在我肚里，一共才这么几处，你都看了。
丁小军　　小河对岸不是孤零零的有幢房子吗，好像没有人活动的痕迹。
老　周　　唷，以小河为界，对过是江苏省的了。
丁小军　　走，过去看看。

解　说　　对白沙镇的排摸并不顺利，但是丁小军和乔丽娜并没放弃。结果如何，且听《两朵牡丹三只牌》第四集。

第 四 集

　　　　　[蟋蟀的鸣叫声。
解　说　　小河对岸是一幢两层小楼，果然是待等拆迁的老屋。老屋门前是一片不大的场地，老屋西面是一条南北贯穿的乡间路。

丁小军　　老周，这条路南面通往哪里？

老　　周　高速公路。

丁小军　北面呢？

老　　周　长江。

丁小军　老周，你看地上。

老　　周　车轮滚滚，都是车辙痕。

丁小军　你看这条车轮痕迹。

老　　周　转向老屋了。

丁小军　老屋有车辆进出呀。

老　　周　可能是来观察现场，准备拆房子的吧。

丁小军　我们到屋里去看看吧。

　　　　　［推开门。

　　　　　［吱呀声。

丁小军　啊呀？

老　　周　丁警官，怎么啦！

丁小军　一股霉气扑鼻而来呀。

老　　周　好久没有人住，当然有股霉味。

丁小军　客厅里铺的果然是砖头。

老　　周　这是20世纪80年代造的。那个时候，用砖头铺地也算是高档的了。

丁小军　老周，当心你脚下。

老　　周　什么？

丁小军　香烟头。

老　　周　要不要拾起来？

丁小军　别动。我来。（拾起烟头）唔，是苏烟。

老　　周　这里还有两粒纽扣。

丁小军　别动。我来，我来。

老　　周　地上有很多脚印！

丁小军　都是四十码的。

老　　周　丁警官，你一看就知道四十码？

丁小军　不信，给你卷尺，量一量。

老　周　　哎，我还真不信。（丈量）神了，是四十码。丁警官，奇怪呀！不是皮鞋印，也不是旅行鞋。

丁小军　　都是布鞋。

老　周　　现在谁还会穿布鞋呢。

丁小军　　都是四十码的脚印。

　　　　　［吱呀，吱呀的声音。

丁小军　　什么声音？

老　周　　噢，一扇破窗，没有关上，风吹吱呀响，也关不上了。

丁小军　　你知道这老屋是谁的？

老　周　　这里是苏家宅。

丁小军　　为什么不拆？

老　周　　具体情况，要问问这里的苏书记。

丁小军　　苏书记你熟悉吗？

老　周　　熟悉。要不要找他。

丁小军　　走，先到楼上看看。

　　　　　［狗吠声。

老　妪　　小虎，别叫。

乔丽娜　　白所长，这座小楼前有小河，后有青竹，没有左邻右舍，式样也很别致。

白所长　　自己造的。

乔丽娜　　围墙这么高！

白所长　　一来防贼，二来防隐私。

乔丽娜　　主人是谁？

白所长　　是个老太。

乔丽娜　　老太防隐私？

白所长　　还有一个孙子。

乔丽娜　　都有户籍吗？

白所长　　是外地过来的。

乔丽娜　　外地人怎么有本事买到这里的土地，并且还能造私房？

白所长　　我也弄不明白。实际上真正的主人，是个神通广大的人物。

乔丽娜　你是说真正的主人不是老太。
白所长　是别人送给老太的。
乔丽娜　为什么要送给老太呢？
白所长　不知道。但是一切手续完备。
乔丽娜　有几年了？
白所长　两三年吧。
乔丽娜　祖孙两人。
白所长　深居简出。
乔丽娜　不同别人交往吗？
白所长　现在的人哪，交往是反常，不交往是正常。
乔丽娜　没有亲朋好友吗？
白所长　有。来的都是轿车进轿车出的朋友。
乔丽娜　本地的？
白所长　大多是市里的朋友。
乔丽娜　我想进去看看。
　　　　〔音乐门铃响。
　　　　〔屋内传出声音。
老　妪　找谁呀？
乔丽娜　老太太，我内急，可不可以方便一下。
老　妪　对不起。家里没有人。
乔丽娜　你不是在家里吗！
老　妪　你有车，东面有公共厕所，只需三分钟。
　　　　〔狗又呜呜。
白所长　看来孙子不在家，老太很谨慎。
乔丽娜　白所长，你说她只有一个孙子。
白所长　是的。
乔丽娜　不对。
白所长　你有怀疑？
乔丽娜　你看，楼上，中间房间的窗帘。
白所长　没什么？

乔丽娜　仔细看。
白所长　哦，是粉红色的窗帘。
乔丽娜　是老太卧室吗？
白所长　太嫩气了。
乔丽娜　是她孙子卧室吗？
白所长　女人味太重了。
乔丽娜　恐怕是年轻女人的卧室。
白所长　刑警的眼睛果然与人不同。要不要进去盘问一下？
乔丽娜　人家不允许，强行进去，不妥吧。
白所长　回去，办个手续。
乔丽娜　还是等一等，让我同丁小军商量一下。
　　　　[蟋蟀打鸣声。
丁小军　乔丽娜，这里就是绑架尹小姐的指挥现场。
乔丽娜　也是杀害死者的现场吗？
丁小军　不排除这种可能。你在白沙镇发现了什么？
乔丽娜　发现了一幢神秘的小楼，我有种感觉。
丁小军　什么感觉？
乔丽娜　小楼的环境和横江女尸的气质很协调，值得进一步侦查。
丁小军　暂时放一放。
乔丽娜　你是想集中力量先侦查老屋的主人？
丁小军　老屋主人很有可能就是犯罪嫌疑人。
乔丽娜　就因为他是老屋主人吗？
丁小军　刚才我向这里的苏书记了解了一下。
乔丽娜　结果呢？
丁小军　老屋的主人很多地方与现场留下来的痕迹相吻合。
乔丽娜　哪些地方？
丁小军　第一，尹小姐说，绑架头子说的是当地普通话，符合老屋主人的说话特点；第二，我从老屋客厅里拾到苏烟的烟蒂，而老屋的主人正好习惯抽苏烟；第三，老屋的主人喜欢穿千层底的布鞋，老屋里到处都是布鞋脚印；第四，老屋的主人喜欢打麻将，这和中、发、白三只麻将牌有关联；第五，老屋的主人曾经学过大提琴，这同勒死死者的琴弦有关系。

乔丽娜　老屋的主人是谁？

丁小军　姓苏，名叫阿标。

乔丽娜　当地人。

丁小军　土生土长。

乔丽娜　现在在哪里？

丁小军　在上海。

乔丽娜　经商吗？

丁小军　沙湖娱乐总汇的老板。

〔钢琴陪奏声。

职　员　到我们沙湖娱乐总汇，吃喝玩乐样样有，进来一两天，保证你不会感到枯燥。

〔三个人的脚步声。

职　员　两位警察，这里就是我们董事长的办公室。

〔上海普通话：请进！

职　员　两位，里面请。

〔进办公室。

乔丽娜　丁小军，你看看这办公室的气派不小啊。

丁小军　怎么没有人？

〔脚步声。

乔丽娜　出来了。

颜立凤　丁警官，你好。

丁小军　是颜律师！

颜立凤　我们又见面了。

丁小军　怎么是你？

颜立凤　不必吃惊。我是这里的法律顾问。

丁小军　（怀疑）娱乐总汇的法律顾问？

颜立凤　你又看不懂了是吗？小秤砣也可以压千斤么。

乔丽娜　怎么，你们认识？

丁小军　小豹子的姑姑，监护人。
乔丽娜　我们不找法律顾问，请你叫苏阿标出来吧。
颜立凤　让你们失望了。
乔丽娜　什么意思？
颜立凤　董事长不在。
乔丽娜　刚才不是他的声音吗？
　　　　［录音：请进。
颜立凤　这是录音。董事长委托我来接待你们。
乔丽娜　他知道我们要来吗！是有人通风报信的吗？
颜立凤　我想你们一定是为横江死尸案而来的吧。
乔丽娜　你怎么知道的？
颜立凤　怎么知道的并不重要，重要的是你们通过我的当事人想了解什么？
乔丽娜　我们是依法讯问他，律师不能代替他，叫他出来吧。
颜立凤　不方便，也不可能。
丁小军　颜律师，如果他拒绝接受讯问，我们就要依法传讯。
乔丽娜　甚至拘讯。
颜立凤　你们怀疑我的当事人与横江女尸案有关吗？
丁小军　还和一件绑架案有关。
颜立凤　请问案发时间都在什么时候？
丁小军　三天前。
颜立凤　那就和我的当事人无关。
丁小军　你又有什么证据吗？
颜立凤　有，当然有。这是医院开出的病危通知书。请两位警官过目。
乔丽娜　脑梗。
颜立凤　我的当事人因为脑梗，五天前就住院了！
乔丽娜　怎么会呢，这么巧？
颜立凤　当然，我知道有些犯罪嫌疑人把医院当作避风港，你们肯定心有疑惑。但我们不会，千真万确，不必怀疑。
丁小军　我们必须见到他本人。
　　　　［两人走。

颜律师　就这么走了。
　　　　〔开门。摇曳。
乔丽娜　嗯，门怎么不开的？
颜立凤　自动的。开关在办公桌上。
丁小军　颜律师，请你开门。
颜立凤　丁警官，务必请留步！
丁小军　放心吧，如果苏阿标在抢救中，我们不会打扰他的。
颜立凤　也许我能回答你们想知道的问题。
丁小军　你不过是苏阿标的法律顾问。
颜立凤　我还是他的外甥女儿。
丁小军　你的身份真会变化，一会儿姑姑监护人，一会儿法律顾问外甥女。
颜立凤　还是嫡亲的舅舅。从高中到大学，是他培养我当了律师。他无儿无女，我是他最亲的亲人，他近几年的所作所为，也许我比他本人都清楚。
乔丽娜　你既然是律师，你应该知道你的每一句话都要负法律责任。
颜立凤　当然。我比谁都清楚。
乔丽娜　好吧，那就请你告诉我们苏阿标是怎么患病的？
颜立凤　这需要从头说起。两年前我的舅舅在他老家买了五百亩土地。
丁小军　就在白沙镇交界处吗？
颜立凤　是的。他想建造一所高级度假村。想不到金融风暴刮走了他预期的目标，资金周转困难，迟迟不能动工。
乔丽娜　这同他发病有关吗？
颜立凤　当然。五天前由我陪同，与当地有关领导商量合作开发的可能，当夜多喝了一点酒，我在送他回到宾馆的路上，发现他神志不清，口吐白沫，我马上送他到了医院，一经检查，开出了病危通知书。
乔丽娜　一起喝酒的有哪些人？
颜立凤　有土地局局长、规划局局长、投资办主任、银行行长。
乔丽娜　这么说苏阿标生病他们都是知道的？
颜立凤　不知道。
乔丽娜　不知道！

颜立凤	离开他们时,我舅舅只是舌头发硬,脚下打飘,醉酒状态。发病是在路上,除了医生外,我对其他人都保密,包括亲朋好友。
乔丽娜	为什么?
颜立凤	如果露出我舅舅病危的风声,债主们就会蜂拥而来,娱乐总汇就会破产。
乔丽娜	债主!这么说苏阿标在负债经营?
颜立凤	别看我舅舅家大业大,其实前几年由于手伸得太长,摊子铺得太大,现在只能拆东墙补西墙地经营。外面风光里面空,度日如年呀。
乔丽娜	我们对你说的会查实的。
颜立凤	你们能否告诉我,为什么怀疑我舅舅是犯罪嫌疑人。
丁小军	苏阿标平时讲什么话?
颜立凤	本地普通话。
丁小军	他平时抽什么烟?
颜立凤	苏烟。
丁小军	平时穿什么鞋?
颜立凤	布鞋。
丁小军	几码?
颜立凤	四十码。
丁小军	他会什么乐器?
颜立凤	大提琴。
丁小军	他平时打麻将吗?
颜立凤	打!
丁小军	他有一所老房子?
颜立凤	一所八十年代造的老房子。两层小楼,砖木结构。
丁小军	那我就告诉你,有两起案件发生在苏阿标的老屋。先说绑架案,据受害人指证,绑架头头讲的是本地普通话,符合苏阿标的语言特征,我们在老房子里拾到了苏烟的烟蒂,符合苏阿标的习惯,我们在老房子里发现了四十码的布鞋脚印;再说横江女尸案,我们在死者身上搜到三只麻将牌,作案的凶器就是大提琴的琴弦。

颜立凤　看来你们有足够的理由怀疑我舅舅是犯罪嫌疑人。但事实上他五天前就犯病住院抢救了。
丁小军　如果苏阿标五天前脑梗属实，那就只有一种可能。
颜立凤　什么可能？
丁小军　有人刻意诬陷、杀人嫁祸。
乔丽娜　这个人必须具备以下条件，第一，知道苏阿标回老家的日期；第二，知道苏阿标的老屋所在地；第三，知道苏阿标的爱好和生活习性。
颜立凤　我舅舅是聪明人，就是要做坏事也不会到自己的老屋里做，也不会在现场留下这么多的痕迹，请两位明鉴。
丁小军　颜律师，你舅舅有仇人吗？
颜立凤　我舅舅对朋友历来讲义气，生意场上只有对手没有仇人。我这个法律顾问，从来没有帮他打过官司，即使同顾客产生矛盾，也都采取和气生财，息事宁人的态度。如果有什么恩仇的话，只能发生在女人身上。
乔丽娜　苏阿标喜欢女人？
颜立凤　是的。喜欢漂亮女人，喜欢得要命。自从我舅妈故亡之后，越发不可收拾。为了女人花的钱，恐怕又可以造个娱乐总汇了。
乔丽娜　比方说？
颜立凤　比方说，三年前他在海南邂逅一个被人包养的二奶，因为喜欢她的肤色，白净细腻，就莫名其妙地把她送到法国去文身，送到韩国去整容，又千方百计地把她挖过来。
乔丽娜　挖过来是什么意思？
颜立凤　在白沙镇找关系，送人情，买土地，造小楼，来了个金屋藏娇。
乔丽娜　你讲的是不是白沙镇北面单独的一幢，前有小河，后有竹园，非常别致的小楼。围墙高高的，家里养了条牧羊犬。
颜立凤　单单这条狗，就花去十多万。
乔丽娜　还有一位老太太。
颜立凤　是的。我们叫她区婆婆。
乔丽娜　不是说区婆婆只有一个孙子吗？

颜立凤　什么孙子，是个女子。
乔丽娜　人家不是叫他秦公子吗？
颜立凤　她本名叫秦恭芝，平常喜欢男人打扮，人家叫她秦公子！
乔丽娜　为什么不结婚呢？
颜立凤　这就是我舅舅的毛病。一年之后，又同这个女人一刀两断，形同陌路了。
乔丽娜　见异思迁，移情别恋了。
颜立凤　说她是水性扬花。
乔丽娜　是秦恭芝招蜂引蝶了？
颜立凤　其实就是一个朋友的一句话。
乔丽娜　什么话？
颜立凤　说秦恭芝胸部有文身。
丁小军　这个朋友怎么知道的？
颜立凤　据说是他夫人和秦恭芝一起桑拿时看到的。
乔丽娜　文的是牡丹吗？
颜立凤　你怎么知道的？
乔丽娜　请你认一认这张照片。
颜立凤　这是横江女尸吗？
乔丽娜　是的。
颜立凤　啊呀，如果我早一点到小豹子家看到她，就好了。可惜我迟了一步，我送小豹子回家，你们已经把女尸从他家里拉走了。否则，你们可以少费一些周折了。
乔丽娜　请你肯定一下，秦恭芝是不是她？
颜立凤　是她！
　　　　［狗呜呜地低鸣声。
乔丽娜　你是区婆婆吧？
区婆婆　不敢当。
乔丽娜　我们是为秦恭芝来的。
区婆婆　你们要找秦公子？
乔丽娜　对。

区婆婆　他在楼上。
丁小军　什么，他在楼上！
区婆婆　是呀，他正在洗澡。
　　　　〔哗哗水声。

解　说　原以为死者的身份认定了，想不到秦恭芝却在家里洗澡。难道颜立凤指认错了，还是秦恭芝死而复生了？且听《两朵牡丹三只牌》第五集。

第 五 集

　　　　〔水的哗哗声。
区婆婆　秦公子，有人找你。
秦超东　谁找我呀？
区婆婆　下来吧。
　　　　〔脚步声。

解　说　随着一阵楼梯响，走下一位相貌堂堂的男青年，看上去只有二十出头。
秦超东　奶奶，是谁找我？
乔丽娜　是我们。
秦超东　小警察呀！
乔丽娜　你是谁？
秦超东　可笑，你们找我又不知道我是谁；既然不知道我是谁，又何必找我。
丁小军　别油腔滑调，正面回答，你是谁？
秦超东　怎么，审问我吗？
乔丽娜　这是我的证件。
秦超东　刑警！那又怎么样！
乔丽娜　我再问一遍，你是谁？

秦超东　　我是泰山集团秦董事长的大公子，人称秦大公子。
乔丽娜　　姓名？
秦超东　　秦超东。
乔丽娜　　年龄？
秦超东　　二十一岁。
乔丽娜　　哪里人？
秦超东　　济南。
乔丽娜　　你到这里来干什么？
秦超东　　你们管得着吗！
乔丽娜　　这里发生了人命案。
秦超东　　什么？人命案！
乔丽娜　　我们正在侦查犯罪嫌疑人！
秦超东　　我不是犯罪嫌疑人。
乔丽娜　　你既然到了这里，必须接受讯问。
秦超东　　倒霉，撞上枪口了。
乔丽娜　　走吧，到隔壁房间，单独接受讯问！
秦超东　　奶奶，你们不是保证我安全的吗！
　　　　　[狗的低吟声。
丁小军　　你叫区婆婆吧？
区婆婆　　是。
丁小军　　这里有张照片，你看看。
区婆婆　　恭芝！恭芝死了。
丁小军　　区婆婆，你，这么平静？一点也不悲伤？
区婆婆　　悲伤有用吗？
丁小军　　她不是你的孙女吗？
区婆婆　　我不是她奶奶。
丁小军　　什么？你不是她奶奶。
区婆婆　　是的。她不是我孙女！
丁小军　　你是她什么人？
区婆婆　　保镖。我只是她雇用的保镖。

丁小军　区婆婆，你今年高寿？

区婆婆　七十多了。

丁小军　雇一个七十多的老太太做保镖？

区婆婆　不相信？

丁小军　回答问题必须实事求是。

区婆婆　别看我一把年纪，别说你们学过擒拿格斗，动起手来，你们两个恐怕近不了我的身。

丁小军　是吗？有这么厉害吗？

区婆婆　这是一只白瓷茶杯，你能用手把它掐碎吗？

丁小军　不能。

区婆婆　我能。

　　　　〔格格响声。茶杯粉碎。

丁小军　老当益壮，果然功夫了得。

区婆婆　从小习武，没有金刚钻不敢揽下瓷器活。

丁小军　不过，雇用你，还有另外一层意思吧？

区婆婆　是的。祖孙相称，就成一个家，可以掩人耳目。

丁小军　为什么要掩人耳目呢？

区婆婆　做的生意，需要掩护！

乔丽娜　秦超东，你说你到这里来是和她谈恋爱。

秦超东　是谈恋爱。恋爱不犯法。

乔丽娜　她几岁，你几岁？

秦超东　年龄无关紧要。

乔丽娜　什么才紧要？

秦超东　她的美丽，她的优雅，使我着魔。

乔丽娜　恐怕是种交易吧？

秦超东　当然，严格讲，是种交易。

乔丽娜　说说，怎么交易的？

秦超东　和她一起喝喝茶，聊聊天，听她拉拉大提琴，一天五千元。

乔丽娜　唔，她会拉大提琴！

秦超东　是的。拉得可以。

乔丽娜　除了这些呢?
秦超东　如果和她过夜,再付两万元。
丁小军　区婆婆,这是明目标价!
区婆婆　是的。少不行,多不要。
丁小军　苏阿标和她分手后,她就做这种生意?
区婆婆　她只有美貌和胸部的牡丹是资本。除了这种无本生意,还能做什么?
丁小军　每天都接客?
区婆婆　不,一个星期只接待一次。
丁小军　客源呢?
区婆婆　天南地北,各式人等。
乔丽娜　秦超东,你是怎么认识她的?
秦超东　我是爸爸的一个区域经理介绍的。
乔丽娜　你一共来过几次?
秦超东　三次。
乔丽娜　今天怎么来的?
秦超东　是预约的?提前一个月预约的。
丁小军　区婆婆,为什么要预约?
区婆婆　想她的人太多了。都以见到她乳房上的牡丹花为荣,趋之若鹜,争先恐后。
丁小军　只要有钱,她都接待吗?
区婆婆　不是的。她要挑挑拣拣。不入眼的,钱再多,她也不接待。
丁小军　什么叫不入眼?
区婆婆　比方说酒气熏天,讲话粗俗,相貌难看的。
丁小军　这样不是得罪人吗?
区婆婆　是呀。有个山西煤老板丢下十万要在这里住三天,恭芝嫌他身上不干净,拒绝了。煤老板动粗,被我解决了。
丁小军　不怕他报复吗?
区婆婆　有其他山西客人帮着呢。再说,煤矿出事,煤老板官司惹身,也顾不得了。
丁小军　这样做,不是要影响她的生意吗?

区婆婆　不会的。这样做反而提高了她的身价。这些有钱人，花了钱不觉得堕落，而是得到了一个美女的垂怜，心理上有种安慰；当然，来的人也不把她看得低贱，对她很尊重。

乔丽娜　秦超东，你说上次来你看到她的大提琴被人砸碎了？

秦超东　是的。所以这次来，我给她买了一把新的。世界名牌。

乔丽娜　她听你讲了吗？谁砸的？为什么要砸？

秦超东　她讲了。她嘲笑一个客人没有文化，不懂音乐，不配和她交朋友，对他冷落，只是给他看了一眼胸前的牡丹，就把他推开了。这个客人恼羞成怒，砸了大提琴。

乔丽娜　是个什么人？

秦超东　她说是个打桩模子。炒外币的。

区婆婆　不是的，砸大提琴的，是个做水产生意的老板。

丁小军　做什么水产？

区婆婆　这里湖多，做湖鲜生意。恭芝嫌他身上一股鱼腥气，得罪了他，闹翻了。

丁小军　什么地方的人？

区婆婆　这个人倒是当地人。

丁小军　叫什么名字？

区婆婆　叫阿福。人家叫他湖鲜阿福。

丁小军　福是什么福？

区婆婆　当然是无锡大阿福的福。

丁小军　姓什么？

区婆婆　姓什么，这倒没有登记。

丁小军　来的客人都要登记吗？

区婆婆　我是保镖，当然要登记，万一出了事，有账可查。

　　　　〔吱呀吱呀的摇橹声。

买蟹客　阿福摇着船靠岸了。

买蟹客　都什么时代了还摇橹。

买蟹客　你不懂，这是保护水质。

阿　福　（吆喝）喂，三两以上雌蟹三十斤！谁要？

买蟹客　阿福，我要了。
阿　福　四两半的雄蟹五十斤。谁要。
买蟹客　（争先恐后争着）给我！给我！
传话人　阿福，别叫卖了，会长叫你马上去。
阿　福　会长叫我做啥？
传话人　两个黑猫警长要找你。
买蟹客　阿福，你犯法了吗？
阿　福　嗨！我是一等一的良民。无非想买便宜蟹。你们等等，我马上来。
　　　　[蟹吐沫的声音。
阿　福　喂，谁找我？
丁小军　你是湖鲜阿福？
阿　福　我是阿福。警察兄弟，你这是干吗？眼睛盯着我，从头看到脚！
丁小军　你喜欢穿布鞋？
阿　福　买的男人布鞋，我脚大。
丁小军　四十码。
阿　福　怎么知道的，你眼光不错。
丁小军　你抽的烟，是苏烟吧？
阿　福　不比中华差，要不要来一根？
丁小军　你还会拉大提琴？
阿　福　什么呀，乱七八糟的。你想买正宗的阳澄湖大闸蟹你就明说，干吗推车子转弯兜远路，我给你便宜一些就是了。
丁小军　别急，别急。
阿　福　你还想问什么？
丁小军　这几天你都在哪里？
阿　福　这几天大闸蟹开捕了，我都在湖上呀。
丁小军　有没有去白沙镇？
阿　福　白沙镇倒是我娘家。姑娘不断娘家路，有空就走走。不过，这几天白天黑夜忙得脚不着地，老头子抱我睡觉的时间都没有，没有时间回娘家了。
丁小军　阿福，你怎么用男人的名字？

阿　福　我爹生我一个，从小打扮成男孩。养我那年，田里大丰收，说我带来了福气，所以叫我阿福。喂，你问这些干什么？你到底买不买蟹，我忙着呢，没工夫跟你七搭八搭。

乔丽娜　丁小军，可以了。阿福嫂，没有你的事了，你忙去吧。

阿　福　不买我的蟹，乱七八糟的，这不是糟蹋我时间吗！

〔滋滋的蟹吐沫声。

丁小军　阿福，搞了半天阿福是女的！

乔丽娜　我也没有想到。是不是区婆婆弄错了。

丁小军　穿布鞋，抽苏烟，你说她有没有女扮男装，你记得吗，我们曾经破获过一起女扮男装，同性恋的凶杀案。

乔丽娜　你看这个阿福风风火火，粗粗糙糙，会是个玩弄风月的人吗？

丁小军　看来还得回到白沙镇，还得从区婆婆的登记簿上进行甄别，进行梳理。

乔丽娜　区婆婆的登记真真假假，不足为凭。

丁小军　去伪存真，还得下死功夫。

乔丽娜　我倒希望苏阿标能开口。只要弄明白谁会嫁祸于他，杀害秦恭芝的犯罪嫌疑人可能会迎刃而解。

〔嘟嘟，嘟嘟。汽车招呼声。

乔丽娜　谁在招呼？

丁小军　颜律师！

颜立凤　丁警官，我们有缘呀，又见面了。

丁小军　颜律师，你来干什么？

颜立凤　你说到阳澄湖能干什么，当然是来找阿福老板，买大闸蟹。

丁小军　你也认识阿福？

颜立凤　她是白沙镇人。同我舅舅一河之隔。

丁小军　你舅舅怎么样了？

颜立凤　抢救及时，起死回生，想吃大闸蟹了。

丁小军　你有没有告诉他秦恭芝被害的消息。

颜立凤　还不敢告诉他。怕他受不了刺激。

乔丽娜　还是我们去找他谈吧。

颜立凤　只要医生同意。
丁小军　那我们就到医院去吧。
颜立凤　没问题。你们稍等片刻,我拿了大闸蟹,就带你们去。
　　　　〔汽车开走。
乔丽娜　这倒是个好消息。
丁小军　苏阿标大病初愈,即便医生同意,我估计不能长时间讯问。
乔丽娜　还是集中一点,叫他回忆仇人。
　　　　〔嘟嘟。嘟嘟。
乔丽娜　颜律师来了。
丁小军　颜律师,走吧。
颜律师　走不了了。
丁小军　为什么?
颜律师　阿福邀请你们到她家里去吃大闸蟹。
丁小军　我们不去了。
颜律师　阿福有重要线索告诉你们。你们不去,别后悔。
丁小军　同横江女尸案有关吗?
颜律师　当然。有句话,你听好了。
丁小军　什么话?
颜律师　踏破铁鞋无觅处,得来全不费功夫。
　　　　〔滋滋的蟹的吐沫声。
阿　福　吃,吃,不要客气,边吃边谈。
丁小军　阿福,你有话要对我们说是吗?
阿　福　离开你们,走在路上想,你们不会无缘无故地找我。猛然一想,你们肯定找错人了,我是湖西阿福,你们要找的恐怕是湖鲜阿复吧。
丁小军　阿复是谁?
阿　福　他是我小学的同班同学。我叫阿福,福气的福;他叫阿复,复习的复。别人叫阿福,他也答应,别人叫阿复,我也回答。不过,我常常吃亏。
丁小军　那为什么?
阿　福　这个阿复呀,精灵古怪,他做坏事,别人找我。再说阿复从小喜欢捉鱼摸蟹，一手鱼腥气，不肯洗手的，往衣裳上一擦，弄得浑身是鱼腥气，别人一听阿复，就躲开他；有的人以为我也有鱼腥气，也躲开我，我一气之下，就宣布，我是湖西阿福，叫我湖西阿福才答应。

丁小军　这么说，阿复住在湖东？
阿　福　不，他住在湖北面。
丁小军　按理讲，你叫湖西阿福，他应该叫湖北阿复才合理，怎么叫湖鲜阿复了呢？
阿　福　因为后来阿复做白沙湖的水产生意，生意越做越大，圈子里的人都叫他湖鲜阿复了。
丁小军　这么说，阿复现在还在白沙湖？
阿　福　不在白沙湖了，到苏北宝应湖去了。去年还拿来三千多斤宝应蟹寄养在阳澄湖里，挑他赚了一笔。
乔丽娜　他为什么要离开白沙湖呢？
阿　福　同他堂兄不开心了。
乔丽娜　他堂兄是谁？
阿　福　喏，就是颜律师的舅舅，娱乐总汇老板苏阿标。
乔丽娜　为什么不开心？
阿　福　为了三只牌。中、发、白。
丁小军　嗯，三只牌，中、发、白！
阿　福　打麻将，阿复拿三只牌作弊，被别人当场捉住，塌台呀，也塌了苏家门的台，阿标不是堂兄吗，当着众人的面狠狠地骂了阿复一顿，逼着阿复跪在地上叩头谢罪，逼着阿复吐出赢了的钱，还一赔十，阿标出面又在娱乐总汇办了一桌道歉酒。事情虽然摆平了，阿复面子输光了，朋友圈子里臭烘烘了，据说他气得吐血，三个月不出门。后来离开了白沙湖，到了宝应湖。
丁小军　这么说堂兄弟也结下了仇？
阿　福　就是呀。前几年阿标在老家买了五百亩土地想办度假村，其中有三亩土地是阿复的，阿复作梗了，就是不肯卖。村里做工作，镇里做工作，都没有用，后来我出面，老同学么，答应他寄养宝应蟹，才勉强同意，整整拖了一年。不好意思，今年可没有寄养蟹了。

丁小军　这么说这个阿复报复性很强呀！

阿　福　你讲对了。从小这样。有一次他要抄我的算术作业，我没有答应，他就捉了条泥鳅放在我领口里，我还不敢报告老师。所以我们背后叫他阴司鬼。

丁小军　这么说堂兄弟两人变成死对头了？

阿　福　面子上过得去。他们苏家老宅婚丧喜事弟兄俩碰在一起，烟来酒往不要忒客气。

丁小军　颜律师，你不要光顾吃蟹呀。

颜立凤　你也不要光顾说话呀，这只雌蟹足有半斤八两，你吃。

丁小军　这些情况你没有给我们讲。

颜立凤　他们捉鱼摸蟹的时候我没养呢。

丁小军　三只牌的事情呢？

颜立凤　我是万宝全书缺只角，你是亡羊补牢为时不晚。

　　　　［远处传来《拔根芦柴花》的苏北民歌。

　　　　［近处"嗷啊嗷啊"的水鸟叫声。

乔丽娜　阿复老板，宝应湖不比白沙湖小啊。

苏阿复　乔小姐也知道白沙湖。

乔丽娜　有幸去过。

苏阿复　乔小姐，我们就在这里坐吧，一面可以欣赏湖光，一面品尝一下宝应小吃，一面还可以谈谈交易。

乔丽娜　阿复老板这么客气不敢当啊。

苏阿复　你是宝应湖水上派出所张所长介绍来的贵客，我哪敢怠慢。

乔丽娜　阿复老板，不好意思，我没有带什么东西，有些小礼物送给你，请你稍等一下，我从车上拿来。

　　　　［水鸟叫声。

乔丽娜　阿复老板，礼轻情重，希望你收下。

苏阿复　这是什么？

乔丽娜　一根烟蒂，一双布鞋，两颗纽扣，四根琴弦！还有呢，还有中、发、白，三只麻将牌！

苏阿复　乔小姐，你这是什么意思？

乔丽娜　意思很清楚，你用这些东西嫁祸于你堂兄苏阿标，以报羞辱之仇。

苏阿复　这些东西，不是我的。

丁小军　阿复老板，这只竹篓肯定是你的了。秦恭芝羞辱你身上有鱼腥味，所以你让她死了之后永远闻鱼腥味是吗？

苏阿复　对不起，我不知道你们在讲什么！

乔丽娜　苏阿复，你看看，从车上走下来的人，你认识吗？

苏阿复　区婆婆！

丁小军　还有人呢？

苏阿复　怎么是她，她没有死！

乔丽娜　她死了！被你用琴弦勒死了。

丁小军　这是被你绑架的尹小姐！

［苏阿复跳湖声响。

尹小姐　不好！他投湖了！

区婆婆　畜生！

乔丽娜　区婆婆，你想干吗？

区婆婆　我把他捞起来。

丁小军　他会游泳，死不了。

解　说　苏阿复在罪证面前承认了绑架尹阿芳，杀害秦恭芝，嫁祸于堂兄苏阿标的罪行，与此同时，丁小军和乔丽娜，顺藤摸瓜，把他雇用来的杀手也逮捕归案。